具身认知视域下的
先锋课程实施

王捷　主编

江西高校出版社
JIANGXI UNIVERSITIES AND COLLEGES PRESS
南昌

图书在版编目(CIP)数据

具身认知视域下的先锋课程实施／王捷主编.

南昌：江西高校出版社，2025. 3. -- ISBN 978 - 7 - 5762 - 5451 - 8

Ⅰ. D64

中国国家版本馆 CIP 数据核字第 2025GT6222 号

策 划 编 辑	陈永林	责 任 编 辑 黄 倩
装 帧 设 计	辉汉文化	责 任 印 制 涂 亮

出 版 发 行	江西高校出版社
社　　　址	江西省南昌市洪都北大道 96 号
邮 政 编 码	330046
总 编 室 电 话	0791 - 88504319
销 售 电 话	0791 - 88511423
网　　　址	www.juacp.com
印　　　刷	永清县晔盛亚胶印有限公司
经　　　销	全国新华书店
开　　　本	700 mm × 1000 mm　1/16
印　　　张	18.5
字　　　数	300 千字
版　　　次	2025 年 3 月第 1 版
印　　　次	2025 年 3 月第 1 次印刷
书　　　号	ISBN 978 - 7 - 5762 - 5451 - 8
定　　　价	88.00 元

赣版权登字 -07 -2025 -23

编 委 会

目　录

第一章 价值观教育的发展历程

价值观是基于人的思维感官而作出的认知、理解、判断或抉择，是个体认定事物、判断是非的一种思维或取向，能推动并指引一个人采取决定和行动，从而体现出人、事、物一定的价值或作用。价值观具有导向性，能够支配人的选择，进而影响人的言行。价值观包含知情意行各方面内容，具有整体性。尽管一些关键事件会对价值观产生影响，但总体而言，价值观具有稳定性。价值观由个人建构，取决于个体的体验和理解，属于心理的一部分，能发现但不一定能准确发现，体现了其根本特性——内隐性。在不同时代、不同社会生活环境中形成的价值观是不同的。一个人的价值观是从出生开始，在家庭和社会的影响下，逐步形成的，其所处的社会生产方式及经济地位，对其价值观的形成有决定性的影响。党的十八大首次对社会主义核心价值观的主要内容作出了简明扼要的凝练：倡导富强、民主、文明、和谐，倡导自由、平等、公正、法治，倡导爱国、敬业、诚信、友善，积极培育和践行社会主义核心价值观。但深究价值观教育的内核，其发展应追溯到古代道德教育，在长时间的演变中得以凸显。

第一节 道德教育的萌芽和历史发展

一、中国古代道德教育的发展历程

中国古代道德教育的发展历程可以分为四个时期：从原始社会到奴隶社会，主要是夏朝、殷商，这是中国古代道德教育思想的自发创始期；从奴隶社会向封建社会转化时期，主要是从周到春秋战国时期，是中国古代道德教育自觉期；从秦汉、魏晋、隋唐到宋元时期，是中国古代道德教育思想的成熟期；明清时期，是中国古代道德教育思想的滞后发展期。

（一）从黄帝、尧舜禹到夏商时期是古代道德教育自发创始期

在夏朝和殷商时期，中国道德教育表现为一种自发萌芽性，其尊天、尊祖、尊群的道德意识是自发形成和扩散的，这一自发性是道德教育思想孕育期的基本特征。从黄帝、尧舜禹到夏商是从原始社会转换为奴隶社会的过程。人们在强大的外在力量面前，深感外力的无法抗拒性，自己命运的不可预测性，于是陷入对外界力量的盲目与恐惧，从生活直觉中自发地出现尊天、尊祖和尊群的思想与行为，为了寻求对自身的保护，自发地维护天、祖、群的无上权威，神化大自然的伟力，形成承认天命、遵从天意、恪守天道、维护天威的思维指向，形成自然崇拜、祖先崇拜、图腾崇拜的社会心理，并自发地渲染与扩散。这个时期虽有思想观念，但缺少完整思想体系，行为的产生是思想道德观念中最常见的表达方式和传递方式。

（二）西周、春秋战国时期是古代道德教育自觉期

周朝开始，道德教育走向自觉，可以分为两个阶段：周朝是奴隶制的全盛期，出现了思想道德意识转换为思想道德教育的自觉，是道德教育的开创性自觉；春秋战国是奴隶制度崩溃、封建制兴起的过渡转化期，出现了具有探索性、开放性的自觉道德教育。

周朝的道德教育还主要是执政者所主导，春秋战国时期的道德教育呈现出鲜明的学术性、多元性、争辩性，既凸显了道德教育的政治性，也凸显了道德教育的文化性，并开始了道德教育自身的理论思考，出现了诸子蜂起、百家争鸣的思想开放性局面①。春秋战国时期形成了道德教育的社会性自觉，出现了道德教育理论学说百花齐放的局面。

（三）秦汉隋唐是古代道德教育成熟期

从秦统一中国到唐朝时期，古代的道德教育走向成熟，无论是社会主导思想的选择与确立，道德教育机制的构建与健全，还是道德教育运行的

---

① 余仕麟. 中国古代道德教育思想的历史演变及其思想精华［J］. 西南民族学院学报（哲学社会科学版），2001（1）：187-194.

科学与有效，都显示其在促进社会和谐、经济发展、国家强盛的历史进程中的巨大作用力。汉朝、唐朝时期，中国成为当时世界上最强盛的国家，并形成东方文明，对周边国家产生强大的文明影响力，一定程度上都能归因于道德教育功能发挥的作用。

秦汉时期道德教育的成熟首先表现在政治上，形成了上层与百姓的思想上的统一，以巩固中央集权。秦汉时期的思想道德教育以思想一元化维护政治上的一元化是很有效的，思想道德教育的制度化、规范化也是很成功的[①]。魏晋隋唐时期思想道德教育的成熟，则主要表现在开放性与丰富性上。魏晋南北朝以至隋唐，都坚持儒家思想的统治地位，并以儒家思想包容与吸收道、释、法等思想丰富自己，使儒家思想更具融合力与涵盖力，显示了儒家思想的开阔胸怀，并形成了以儒家思想为主导的多元圆融的道德教育的基本思路。这不仅适应政治需要与社会需要，为盛世增添了无限风采，而且从此以儒为宗、多元圆融的道德教育模式的社会适应性，在以后的历史发展过程中不断得到验证。

（四）宋元明清是古代思想道德教育滞后期

从宋朝开始，道德教育的保守性与滞后性相继凸显，面对新的生产关系的出现，这一时期的道德教育本应作内容变革的努力，却只作了同向深化的思考；本应强化道德教育促进社会维新、经济变革的时代责任，却只注重了巩固皇权、维护封建专制制度的政治功能。

明清时期，资本主义的生产关系快速发展，人们的价值观念急剧变化，为了挽回封建主义社会制度的颓势，就需要强化道德教育的社会作用力。但传统包袱沉重，统治者出于维持自身统治地位的需要，还是习惯于以强化道德教育的保守性来加强对全社会的思想控制，抑制新思潮的蔓延，抗拒新生产关系的发展，以延续封建主义的生存期，延缓中国现代化的进程，于是道德教育出现保守性、反思性、求变性交织在一起的复杂局面。

---

① 罗红娟. 论儒家教育思想的教育内容[J]. 现代语文（学术综合版），2013（1）：58-60.

二、现代德育

(一) 现代德育的产生

西方现代道德教育产生于 19 世纪末 20 世纪初，其代表人物是美国历史上最具影响力的哲学家、教育家杜威先生。他认为，道德是一种解决社会问题的过程，而并非固定、绝对的道德真理。早在 20 世纪初，他就强烈批判传统道德教育理念，主张道德教育应通过各科教学进行，讲求道德教育方法，遵循儿童心理发展规律，且应特别关注儿童的本能与冲动、儿童的智力判定，以及儿童的情感反应。

(二) 现代德育的滞碍

第二次世界大战带来了严重的破坏，现代道德教育也陷入了滞碍状态。这种历史背景，迫使人们开始重视科学技术的发展——人们认为科技能够解决社会问题，并一改往日注重道德教育的传统，促进了科技教育的兴盛。

(三) 现代德育的复兴

现代道德教育的复兴发生在 20 世纪 60 年代。由于第二次世界大战后，西方各发达国家过于重视科技的发展而忽视了对国民的道德教育，致使到 20 世纪 60 年代初的时候，西方资本主义国家在表面经济繁荣的情况下，产生了各种社会道德危机。于是一些有识之士认为，社会的混乱是学校教育不力的结果，学校的教育没有在帮助青少年承担社会责任、解决社会问题方面负起责任。在此背景下，越来越多的人呼吁政府和学校加强道德教育。至此，现代德育又重新开始复兴。

(四) 现代德育的繁荣

从中华人民共和国成立至今，由我国的道德教育新发展来看，新的时代已经开启。立足于中小学立德树人的新要求，新时代的新德育为培育和践行社会主义核心价值观、构建人类命运共同体作出贡献。

第二节　德行教育的显现与升华

教育的目的，在中国的传统中是要教人"成人"，即教人明白做人的道理和本分，懂得人之为人所应具有的"性德"，养成健全的人格，以在社会（与他人相处）中能够理事相宜、安身立命。儒释道三家对此都有其指归、阐述和践行，形成了中国文化以德行教育为核心的源远流长的人文教育传统。"德行"，是儒家惯常使用的一个范畴。在早期儒家关于"德行"的多种用法中，有一个非常重要的思考，即将"德行"等同于"德行教育"，将"德教"与"行教"理解为道德教育的两大基本维度，并以此对道德教育进行恰当的定位。儒家教育的纲领在于《大学》所谓"大学之道，在明明德，在亲民，在止于至善"。使人民有敦厚纯朴的性德，相互为亲、和谐相处、家庭和睦、社会安定、人民幸福、天下归仁，这是目的；达到目的的手段是教育教学，人民因教学而明"明德"，因践行而"成人"。后世诸儒及贤德坚守这样的人文教育两千余年，成就了本民族在世界文明史上辉煌的人文文明，以"礼仪之邦"卓立于世[①]。

一、古代德行教育

"德行"教育是儒家对道德教育的定位，道德教育是中国历代教育思想的精华。传统的中国教育十分重视伦理道德教育，早在四五千年前，就有专门管理教育事务的学官，称作司徒，主持"五教"：以父为义，以母为慈，以兄为友，以弟为恭，以子为孝。早期儒家对于"德行"的用法大致可以分为三类：其一，表明"德"之"行"的特质，是以外在的道德行为作为内在德行评价的依据；其二，突出"德"之于"行"的意义，《周易·系辞上》云："默而成之，不言而信，存乎德行。"这是以内在之"德"作为外在之"行"的依据；其三，以"德"作为"行"之限定，《诗·大雅·荡之什》云："有觉德行，四国顺之。"此处之"德行"，指

---

① 曹贤香，逢奉辉. 中国传统文化意义上的德行教育及其内容纲要：兼论其在当下教育过程及体系中的缺失与补正对策[J]. 天津市教科院学报，2009（5）：71-73.

称有德之政行。这三种用法贯穿于儒家典籍中，虽分别阐释了"德行"之一端，却没能阐明"德行"之全体①。先秦时期孔子对"德行"作了重要论述。《周礼》关于"德行"教育的思考得到孔子的认可。在孔子那里，"德行"被作为一种教学科目提出。孔子将"德行"列为教学四科之首，无疑是将"德行"正式等同于"德行教育"。在《周礼》中，"德行教育"之定位只是内蕴于道德教育体系的框架设计中；而在孔子这里，"德行"则取代道德教育而明确具有了"德行教育"的意蕴。

孔子最先明确提出"为政以德，譬如北辰，居其所而众星共之"，主张把国家统治方式道德化。"子以四教：文、行、忠、信"（《论语·述而》），四教中的文、忠、信均属德育。"不学礼无以立"，"志于道，据于德，依于仁，游于艺"，无不表明他对道德教育的极端重视。"仁"的出现频率极高，是孔子道德教育思想一以贯之的核心概念，贯穿孔子道德教育的始终②。战国中期的儒家大师孟子也非常重视道德教育，并发展了孔子的"德治思想"。他认为要培养"齐家、治国、平天下"的统治人才，最根本的问题是"修身"，首先完善自我道德发展才能够在更多领域产生正向影响。

二、改革开放四十年中国德育事业的发展

改革开放四十年是中国社会政治、经济、文化和社会建设等各方面取得重大进步的四十年。社会主义道德是一种新的道德类型。在这四十年里，学校德育工作步入正轨并有序地发展，并在改革中不断深化与发展，不断探索和完善新时代中国特色社会主义德育事业。从改革开放到新时代，我国学校德育的发展大致可以分为四个时期。

（一）学校德育的秩序恢复

改革开放后，教育工作方面首要面临的是整顿学校秩序，恢复以教学为中心。1981年8月，教育部召开全国学校思想政治教育工作会议，全面总结了新中国成立以来我国学校德育工作的历史经验，对一些重大问题进行了深入探讨和明确定位，提出了新时期加强学校德育工作的意见，对学

---

① 陈继红. 对儒家以"德行"教育促价值认同的思考[J]. 高校理论战线，2012（3）：75-78.
② 李永华，蔡炜琳. 孔子道德教育思想的逻辑结构与当代启示[J]. 深圳社会科学，2023（6）：134-144.

校德育走向正规化起到了决定性作用。

随着各级各类学校暂行工作条例的颁布，学校德育工作秩序逐渐恢复，学校办学行为也走向规范。1978—1979 年，我国相继颁布了对学校思想政治教育的开展作出规定的相关条例，为恢复学校德育工作秩序提供了依据和保证。思想政治课是学校德育的重要载体，中小学思想政治课程进行了重建。1981 年 3 月，《全日制五年制小学教学计划（修订草案）》正式颁布，政治课被列入教学计划，"这是新中国成立以来首次在教学计划中明确设立小学德育课程"①。1981 年 3 月，教育部下发《关于小学开设思想品德课的通知》，指出从当年秋季开始，小学各年级普遍设立思想品德课。1982 年 5 月，教育部出台《全日制五年制小学思想品德课教学大纲（试行草案）》，分解了小学一至五年级的教学要点，指出思想品德课以"五爱"（爱祖国、爱人民、爱劳动、爱科学、爱社会主义）为基本内容，着重培养小学生的爱国主义精神、集体主义精神和主人翁精神。

（二）新形势下学校德育的曲折探索

1982 年 9 月，党的十二大召开，提出要建设有中国特色的社会主义。根据党的十二大和十三大的战略部署，经济体制改革在全国范围内全面展开，市场经济所带来的变化也冲击着思想政治教育，学校德育在曲折探索中经受着严峻的考验。1986 年 9 月，党的十二届六中全会通过《中共中央关于社会主义精神文明建设指导方针的决议》，确立了社会主义精神文明建设的战略地位，指出以马克思主义为指导的社会主义精神文明是社会主义社会的重要特征，社会主义精神文明建设的根本任务是适应社会主义现代化建设的需要，培育有理想、有道德、有文化、有纪律的社会主义公民，提高整个中华民族的思想道德素质和科学文化素质。为完成这一任务，文件提出要树立和发扬社会主义的道德风尚，加强社会主义民主、法制、纪律的教育。该文件成为这一阶段加强和改进学校德育工作的总的指导方针和纲领性文件。

加强德育的制度化管理致力于整体推进学校德育工作。1988 年 12 月颁布的《中共中央关于改革和加强中小学德育工作的通知》是改革开放后中共中央对中小学德育工作部署的全面指导性文件。中小学德育工作的基

---

① 翟楠，薛晓阳. 小学思想品德课程 60 年：1949—2009[M]. 镇江：江苏大学出版社，2011：114.

本任务是，把全体学生培养成为爱国的，具有社会公德、文明行为习惯的，遵纪守法的好公民。在此基础上，引导他们逐步确立科学的人生观、世界观，并不断提高社会主义思想觉悟，使他们中的优秀分子能够成长为坚定的共产主义者。为贯彻《中共中央关于改革和加强中小学德育工作的通知》的要求，1990 年 4 月，国家教委印发了《国家教委关于进一步加强中小学德育工作的几点意见》，要求必须进一步端正办学指导思想，切实把德育放在学校教育工作的首要地位；切实加强思想和政治教育，尤其要把爱国主义教育放在十分突出的重要地位；要充分发挥思想品德课和思想政治课的作用，进一步优化校内校外育人环境，加强教师的思想政治工作和对中小学德育的领导。

（三）学校德育的进一步加强与改进

物质文明建设和精神文明建设两手抓，两手都要硬。精神文明建设必须紧紧围绕经济建设这个中心，为经济建设和改革开放提供强大的精神动力和智力支持。在世界范围内各种思想文化相互碰撞的背景下，要把社会主义精神文明建设提到更加突出的地位，其指导思想和要求就是培育有理想、有道德、有文化、有纪律的社会主义公民，提高全民族的思想道德素质和科学文化素质，团结和动员各族人民把我国建设成为富强、民主、文明的社会主义现代化国家。为此，要努力提高全民族思想道德素质，深入持久开展群众性精神文明创建活动，切实增加精神文明建设的投入，加强党对精神文明建设的领导。这对学校德育工作具有重要的指导意义。

1994 年 8 月 31 日，《中共中央关于进一步加强和改进学校德育工作的若干意见》印发，分析了新形势下对学校德育工作提出的更高要求。在经济体制发生重大变化的条件下，在进一步扩大对外开放条件下，在新旧体制转换过程中还存在各种矛盾，在社会生活中还有需要克服的消极现象的情况下，在人民生活水平有了较大改善和提高的情况下，在科学技术迅速发展、社会主义市场经济体制逐步建立的情况下，如何引导学生逐步树立正确的世界观、人生观和价值观，培养良好的道德品质，成为学校德育工作需要研究和解决的新课题。必须坚持把学校德育工作摆在素质教育的首要位置，树立育人为本的思想，将"思想政治素质是最重要的素质"的要求落实到教育工作中的各个环节，切实提高中小学德育工作的针对性和实效性。《小学生德育纲要（试行草案）》《中学德育大纲（试行草案）》《中小学德育工作规程》《中国普通高等学校德育大纲》等文件相继出台，按照小学、中学和高等学校的阶段性要求，对大中小学德育目标、德育内容、德育原则、德育途径、德育的领导与管理等方面作了全面的规划，体现了把学校德育作为一项系统工程建设的思想。德育课程是学校德育的主渠道，在学校德育中发挥着主导作用，课程标准的印发进一步科学规划了九年义务教育阶段小学思想品德课和初中思想政治课的教学内容体系，规范了义务教育德育课程的践行和实施。

（四）学校德育的完善与提升

2002 年 11 月，党的十六大胜利召开，标志着我国进入全面建设小康社会的新时期。和谐社会的提出使"以人为本"成为社会各项工作的主导价值，使新时期的学校德育朝着"立德树人"的方向完善和提升，确立"立德树人是教育的根本任务"。党的十八大报告指出："全面贯彻党的教育方针，坚持教育为社会主义现代化建设服务、为人民服务，把立德树人作为教育的根本任务，培养德智体美全面发展的社会主义建设者和接班人。"

2006 年 10 月，党的十六届六中全会通过的《中共中央关于构建社会主义和谐社会若干重大问题的决定》，第一次明确提出了"建设社会主义核心价值体系"这一重大命题。社会主义核心价值体系的基本内容包括四个方面：马克思主义指导思想，中国特色社会主义共同理想，以爱国主义为核心的民族精神和以改革创新为核心的时代精神，社会主义荣辱观。社会主义核心价值观是社会主义核心价值体系的内核，体现社会主义核心价值体系的根本性质和基本特征，反映社会主义核心价值体系的丰富内涵和实践要求，是社会主义核心价值体系的高度凝练和集中表达。2014 年 4 月，教育部印发了《教育部关于培育和践行社会主义核心价值观进一步加强中小学德育工作的意见》，针对当前的新形势新要求，就培育和践行社会主义核心价值观，进一步增强中小学德育的时代性、规律性、实效性，提出了具体的要求和策略。

新时代建设中国特色社会主义，"要以培养担当民族复兴大任的时代新人为着眼点，强化教育引导、实践养成、制度保障，发挥社会主义核心价值观对国民教育、精神文明创建、精神文化产品创作生产传播的引领作用，把社会主义核心价值观融入社会发展各方面，转化为人们的情感认同和行为习惯"[①]。

第三节　价值观教育的体系建设和突显

价值观教育是教育的重要组成部分，任何一个国家、一个时代的教育都离不开价值观教育。在我国，对价值观及其教育的阐发、引进、思考、探索和推广是最近三十年间发生的，它伴随着改革开放、社会主义市场经济的发展而发展，是教育对社会发展的真实回应和贡献[②]。虽然"社会主义核心价值观"概念是在 2012 年党的十八大上正式提出的，但是相应的价值观教育早已经在我国中小学日常教育教学活动中开展。所以，对我国中小学价值观教育的历史演进展开研究，不能只从党的十八大开始，而应追溯到新中国成立时期。

党的十八大之前价值观教育并没有成为一个专门的学术和实践领域，而是渗透在思想政治教育、道德教育等教育活动当中。根据历史阶段划分，价值观教育历程可以分为三个阶段：价值观教育的探索和奠基（社会主义革命和建设时期）、多学科并进研究（改革开放和社会主义现代化建设新时期）、价值观教育的蓬勃发展（中国特色社会主义新时代）。

一、社会主义革命和建设时期

建国初期，青少年价值观教育一直处于隐性发展阶段，在探索中奠基。该时期虽没有提出明确的价值观教育，但价值观教育涵盖在思想政治教育和德行教育之中。从建国初期到改革开放前，国家破除不少陈旧的价值观，树立许多社会主义的新型价值观，社会风气焕然一新。为实现新中国成立初期所制定的教育目标，培养德智体等方面全面发展的有社会主义

---

① 习近平．决胜全面建成小康社会　夺取新时代中国特色社会主义伟大胜利［M］．北京：人民出版社，2017：42.

② 蓝维，夏飞．价值观教育的确立与发展：价值观教育 30 年的历史回顾［J］．中国德育，2008，3（12）：18-21.

觉悟的有文化的劳动者，这一时期中小学价值观教育的内容是以爱国主义教育为主线，强调为人民服务、热爱劳动、勤俭节约和遵纪守法等品质。[①]

二、改革开放和社会主义现代化建设新时期

1978 年党的十一届三中全会以后，我国社会主义现代化建设进入了一个崭新的时期。在这一阶段，国家重新关注青少年价值观教育，推进青少年价值观教育的复苏与回归，激发青少年自我意识的觉醒，凸显青少年的主体价值。十四大报告明确指出，社会转型进入新的历史阶段，同时还提到"树立正确的理想、信念和价值观"。1993 年，《中国教育改革和发展纲要》明确规定将中小学教育从应试教育转向素质教育，价值观教育是素质教育的重点，获得了中小学教育工作者的积极关注。20 世纪 90 年代中后期，价值观教育以社会主义一元化价值观为导向，帮助青少年厘清物质追求与精神追求，奉献与索取，个人与集体、国家利益的关系。面对纷繁复杂的社会生活，面对不断涌现的现代生活方式和观念，如何教育和引导青年学会选择，便成了青年德育和价值观教育的一个新课题。在这样的背景下，青年德育工作进入了新的历史阶段，即在进一步加强和改进德育工作的思想指导下，全方位实施德育规划，系统落实德育目标，全面推进青年德育科学化、规范化建设。

进入 2000 年后，我国社会变革进入新阶段，综合国力不断提升，大国风范与大国地位日趋凸显，我国已经进入改革发展的关键期，经济体制深刻变革，社会结构发生巨大变动，多元的价值观念涌入我国[②]。青年价值观教育在教育理念、教育内容、教育途径和方法等方面都发生了较大的变化。随着全球化进程的不断加快，价值观教育出现了一个新特点——借鉴他国价值观教育。教育界开始关注国外价值观教育经验，借鉴他国经验并全方位地推进我国青少年价值观教育，提高价值观教育的实效性。青少年价值观教育进入发展新阶段，在教育目标、教育内容、教育方法等方面得以进一步的完善和提升，尤其是党的十六届六中全会第一次明确提出构建社会主义核心价值体系，为青少年价值观教育提供明确的方向。

---

① 石海兵．简论建国 60 年青年价值观教育的历史发展[J]．中国青年研究，2009（12）：24-28.
② 吴文新，程光泉，彭立群．坚持先进文化方向　树立正确的价值观："21 世纪价值观教育与文化战略"学术研讨会综述[J]．哲学动态，2001（10）：17-19.

三、中国特色社会主义新时代

2012年，党的十八大在继承和发扬社会主义核心价值体系思想的基础上，结合中国特色社会主义新需求，强调要继续加强社会主义核心价值体系建设，并明确提出要积极培育和践行社会主义核心价值观，从国家、社会、公民三个层面阐释社会主义核心价值观。此外，教育的根本任务被确立为"立德树人"。自此，我国价值观教育进入蓬勃发展阶段。新时期的青少年价值观教育应随着青少年价值观的变化进行创新和拓展，以便及时地解决青少年面临的价值困惑和道德矛盾。同时，要面向人类社会理想规范，聚焦于人类历史发展前行方向，在构建人类命运共同体的视域下，凸显我国青少年价值观教育的中国特色与国际视野。

面向社会主义现代化强国建设目标，价值观教育研究不仅以理论深耕直面现实问题的解决，更以前瞻性视角探索、阐释、建构能够指导未来社会发展与人类发展的科学价值观体系，旨在以符合社会历史发展规律的价值思想引领价值实践。从某种角度来看，我国价值观教育研究发展至今，已进入研究转型阶段。

第二章　新时代价值观教育的内涵与路径

核心价值观是一个民族赖以维系的精神纽带，是一个国家共同的思想道德基础。倡导社会主义核心价值观引领，培养有担当的时代新人，小学阶段至关重要。培养时代新人已上升为党和国家在新时代的育人目标，也是新时代小学的重要责任与光荣使命。这种责任与使命和小学的内涵建设、质量提升、机制优化相契合。

第一节　新时代价值观教育的要求

党的十九大提出："经过长期努力，中国特色社会主义进入了新时代，这是我国发展新的历史方位。"这意味着，在新时代的背景下，我们需要培养出新一代的人才，以推动民族复兴的大任。因此，新时代价值观教育的根本任务在于培养具有时代精神的新人才。

一、民族复兴大任呼唤时代新人

新时代召唤新青年，民族复兴大任需要青年来担当。中华民族伟大复兴的历史使命，对时代新人的价值观培育提出了新的要求。

纵观历史，许多国家都在教育领域内确立了两个关键目标：使受教育者聪慧，使受教育者高尚[1]。这里的"使人聪慧"与"使人高尚"，就是我们在教育实践中面对的知识教育和价值教育。对知识教育和价值教育的同等重视，是东西方两大文明的共同特征。无论是中国的孔子时代，还是

---

[1]　托马斯·里克纳. 美式课堂：品质教育学校方略［M］. 海口：海南出版社，2001：15.

古希腊的柏拉图时代，许多教育者和受教育者都将美德与知识放在了同等重要的位置。可见，将公民塑造成为用自身智慧造福社会，构建一个更加美好世界的人，是教育的初衷，是教育的理想，是教育的美好追求。

但是，随着近代工业革命和现代科学技术的发展，教育逐步发生了异化。在"知识就是力量"的口号下，人们致力于知识的获取，淡化了对智慧的追求，从而使教育的"双翼"日渐失衡，"使人聪慧"的一翼愈加健壮，"使人高尚"的一翼逐渐虚弱，双翼失衡，教育自然难以展翅高飞①。所以，作为教育工作者，尤其是教育管理者，重要的责任就是让教育的"双翼"重新平衡起来，都雄健起来，托举着我们的教育振翅高飞，培养出具有历史使命感和社会责任心，富有创新精神和实践能力的各类创新型、应用型、复合型优秀人才，为铸就中华民族伟大复兴的中国梦奠定坚实的人才基础，为社会主义现代化事业培养德智体美劳全面发展的社会主义建设者和接班人。

二、时代新人需要正确的价值观指引

价值观是文化体系中的深层次元素，凝聚中国力量，因此，实现全体人民在价值观上的共识尤为重要。价值观教育是指用人文主义的价值取向，引导青少年用正确的价值标准来看待社会、人生以及自己的生活、生命，教育他们正确看待社会的作用和认识人生的意义，正确理解生命的价值，懂得关注自己的灵魂，形成自己坚定的信仰，具有健全的人文精神②。推行价值观教育，无论是对于社会的发展，还是对于青年学生的健康成长，都具有十分重要的意义。德国著名教育家赫尔巴特曾说："德行是整个教育目的的代名词。"③针对这种意义，我们需要深入理解并切实从内心深处关注时代新人的正确价值观教育，并积极探索有效的路径、方法和举措，扎实推进此项工作，为国家文化软实力的提升做出义务教育应有的基础性贡献。

德才兼备是我们衡量人才的重要标准。在培养人才过程中，我们必须坚持做到既注重"德"的培养，又重视"才"的养成。显然，在"才"

---

① 朱红丽．寻求人与自然和谐共生［D］．济南：山东师范大学，2009：6-8.
② 刘济良．青少年价值观教育研究［M］．广州：广东教育出版社，2003：23.
③ 赫尔巴特．教育学讲授纲要［M］．李其龙，译．上海：华东师范大学出版社，2009：28.

的养成方面，我们已经构建了一整套高效实用的教育体系，积累了丰富厚实的教育理论，而且已经取得了显著的成效。但是，在"德"的培养方面，我们还需要通过深入持久、富有实效的价值教育，才能帮助青少年养成高尚的品格，成为全面发展的优秀人才。对于"才"和"德"的关系进行深入探讨，成为许多研究者关注的议题。其中，北宋杰出政治家司马光对此进行了精辟的诠释。他说："才者，德之资也；德者，才之帅也……是故才德全尽谓之'圣人'，才德兼亡谓之'愚人'；德胜才谓之'君子'，才胜德谓之'小人'……君子挟才以为善，小人挟才以为恶。"①可见，"德""才"相较，"德"为"才"先。因此，作为"德"之养成的价值教育，是人才培养的重要内涵，同知识教育同等重要，甚至更为重要。

少年儿童只有形成经得住考验的品德修养，才能肩负起实现中国梦的光荣使命。个体的品德修养是通过社会化形成的，价值教育必须关注少年儿童的品德修养。具体来说，加强品德修养要以社会主义核心价值观为基本遵循。社会主义核心价值观是新时代中国最高层次的价值理念，是当代中国精神的集中体现，凝结着全体人民共同的价值追求。培育时代新人的社会主义核心价值观，是新时代价值观教育的重大任务，是带领时代新人建设伟大工程、推进伟大事业、实现伟大梦想的铸魂工程，是在世界文化激荡中保持民族精神独立、凝聚民族精神力量的战略支撑。通过这种方式，我们可以更好地传承和延续中华民族思想精髓、精神基因和文化血脉，更好地构筑中国精神、中国价值和中国力量，使中华民族以更加昂扬的姿态屹立于世界民族之林。因此，需要积极培育时代新人的社会主义核心价值观。

第二节　新时代学校价值观教育的内涵

党的十八大以来，中国特色社会主义进入新时代。2012 年，党的十八大指出，我国要继续加强社会主义核心价值体系建设，并明确提出要积极

---

① 司马光．资治通鉴［M］．南京：南京出版社，2018：126.

培育和践行社会主义核心价值观，从国家、社会和个人三个层面，倡导富强、民主、文明、和谐，倡导自由、平等、公正、法治，倡导爱国、敬业、诚信、友善。虽然社会主义核心价值观中的部分内容，如"爱国""文明""法治"等，在前面两个时期都有强调，但是此时它们作为社会主义核心价值观教育的有机组成部分被提出，被赋予了新的内涵和要求。我国中小学的价值观教育也由此翻开了新的篇章。

一、新时代中小学价值观教育的目标

党的十八大和党的十九大都明确提出，我国的教育要把立德树人作为根本任务，弘扬和践行社会主义核心价值观，培养堪当民族复兴大任的德智体美劳全面发展的社会主义建设者和接班人。这一时期中小学价值观教育的目标，与上述总体的教育目的高度一致，并确立了中小学各学段价值观教育的具体目标：一是培养学生爱党、爱国、爱人民的情感，增强国家意识和社会责任意识，教育学生理解、认同和拥护国家政治制度；二是引导学生了解党史国情，了解中华优秀传统文化、革命文化和社会主义先进文化，增强中国特色社会主义道路自信、理论自信、制度自信、文化自信；三是引导学生准确理解和把握社会主义核心价值观的深刻内涵和实践要求，培育热爱生命、积极向上、身心健康、遵纪守法、诚实勇敢、文明礼貌、爱护环境、友善待人、勤俭节约和热爱劳动等良好品质和行为习惯；四是引导学生理解日常生活中的道德规范、法律常识和生态环境等相关知识，具备依法维护自身合法权益、明辨是非、参与社会生活、与他人平等交流与合作等能力。①

在上述总体目标表述中，首次明确将"爱党""爱国""爱人民"并提，并且将"爱党"置于首位。这个目标要求，体现了坚持中国共产党的领导是中国特色社会主义的本质要求，有助于准确完整地理解新时代爱国主义教育的本质特征。在此目标阐述中，还首次明确提出了对"四个自然"的强化要求，要求在青少年学生中不断增强对中国特色社会主义的道路自信、理论自信、制度自信、文化自信。这是新中国成立以来，青少年

① 耿博雅，石中英. 新中国成立以来中小学价值观教育的历史演进[J]. 中国教育科学（中英文），2022，5（1）：67-77.

国家意识和社会意识教育的新发展。这个目标表述中，最重要的是提出了要引导学生深入领会社会主义核心价值观的深刻意蕴，并强调其在实际应用中的具体要求。

二、中小学价值观教育的主要内容

党的十八大之后，我国中小学价值观教育的内容一方面继承了之前各个时期中小学价值观教育的核心内容，另一方面随着中国特色社会主义进入新时代，在思想意识、爱国、道德品质和法治等方面进行了重要的补充和发展，同时更加注重中华优秀传统文化、劳动、生态文明和生命健康等突出反映时代精神的教育内容。

（一）增加了习近平新时代中国特色社会主义思想的内容

习近平新时代中国特色社会主义思想，作为党的十八大之后逐步累积，并在党的十九大时正式确立的思想理论成果，具有马克思主义中国化的新阶段特征，并提出了许多重大的论断，如中华民族正处在从富起来到强起来的伟大飞跃、我国社会主要矛盾的转变、构建人类命运共同体等。这些重大论断，为实现"两个一百年"奋斗目标和中华民族伟大复兴、全面建成社会主义现代化强国提供了思想指引和实践指南，构成了这一时期中小学价值观教育的重要内容。

（二）明确提出了社会主义核心价值观教育的要求

这一时期中小学价值观教育内容方面最显著的特色和最大亮点就是提出弘扬和践行社会主义核心价值观，通过课堂教学、课外活动、团队组织、文化建设、主题教育、榜样示范等方式，使得社会主义核心价值观在中小学生思想意识中扎根，努力帮助他们"内化于心，外化于行"，扣好人生第一粒扣子。基于社会主义核心价值观教育的总体框架，在爱国主义教育方面增添了新的内容和要求，包括：坚持用习近平新时代中国特色社会主义思想武装全党、教育人民；深入开展中国特色社会主义和中国梦教育；深入开展国情教育和形势政策教育；大力弘扬以爱国主义为核心的民族精神和以改革创新为核心的时代精神；广泛开展党史、国史、改革开放史教育；传承和弘扬中华优秀传统文化；深化祖国统一和民族团结进步教育；提升国家安全意识和国防教育水平。

（三）加强中华优秀传统文化教育

教育部发布的《关于培育和践行社会主义核心价值观进一步加强中小学德育工作的意见》明确指出，要在中小学深入开展中华优秀传统文化教育，通过对中华优秀传统文化的历史渊源、发展脉络和基本走向的学习和理解，引导学生增强民族文化自信和价值观自信。中华优秀传统文化的核心是价值观，这种价值观对于中华民族文化的精神认同和传承至关重要。因此，社会主义核心价值观教育不但要紧随时代的步伐，也要传承和弘扬中华优秀传统文化。

（四）加强法治教育

这一时期"法制教育"转变为"法治教育"，体现了从对法律法规文本的研读转向对青少年法律意识、法律精神和运用法律的能力的培育转型。我国陆续颁发了《关于进一步加强青少年学生法制教育的若干意见》《依法治教实施纲要（2016—2020年）》《青少年法治教育大纲》等文件。文件提出要以社会主义核心价值观为主线，以宪法教育为核心，以提高教育效果为目的，以构建系统完整教育体系为途径，为培育中小学生法治价值观提供有力的制度保障。

（五）继续加强文明价值观教育

在这一时期我国中小学一方面继续加强中小学生礼仪规范的培养，另一方面着重引导学生树立生态文明和人与自然和谐共生的绿色环保理念。党的十七大提出了"生态文明"这一理念，党的十八大对其进行了系统阐释，并在国家"十三五"和"十四五"规划中明确提出要加大生态文明建设、推动绿色发展和提升生态系统质量等。各省市地区也纷纷颁布相关实施意见，比如天津市教委印发《天津市关于进一步加强生态文明教育的实施意见》，海南省印发《海南省教育厅关于大力推行生态文明教育的实施意见》等等。由此可见，文明价值观教育正逐步从个体文明培育、社会文明建设迈向生态文明的发展道路，致力于重新构建人类与生态环境之间的和谐关系。

（六）进一步突出劳动价值观教育

针对改革开放以来劳动教育被淡化、中小学生劳动意识淡薄、轻视劳动和不珍惜劳动成果等不良现象，新时期我国重新重视和培养中小学生的劳动价值观念。2015年，教育部、共青团中央及全国少工委发布《关于加强中小学劳动教育的意见》，指出"劳动教育是全面贯彻党的教育方针的基本要求，是实施素质教育的重要内容，是培育和践行社会主义核心价值观的有效途径"，通过在各学科教学中融入劳动元素、在校内外组织多样化的劳动实践活动，并鼓励学生参与适量的家务劳动等培养学生形成良好的劳动习惯和积极的劳动态度。2020年《中共中央　国务院关于全面加强新时代大中小学劳动教育的意见》，指出要全面构建具有时代特征的劳动教育体系、广泛开展劳动教育实践活动、提升劳动教育支撑保障能力以及加强劳动教育的组织实施，从而引导学生树立正确的劳动观，崇尚、尊重和热爱劳动。

（七）心理健康和生命价值观教育

这一时期教育部出台了《中小学心理健康教育指导纲要（2012年修订）》，确立了中小学心理健康教育的指导思想、基本原则、目标任务、主要内容、途径方法和组织实施办法，全面推进心理健康教育工作的开展。近年来，热爱生命、关注身心健康的话题引起我国教育界重视，生命价值观教育也成为价值观教育的重点内容。我国通过广播、电视、手机等传播方式宣传相关防护和健康知识，各中小学校响应国家号召，通过校级公众号、班级群等方式加强学生身心健康知识宣传，并设立心理辅导教师岗位，加强对中小学生身心健康和相关问题的辅导工作。

第三节　新时代学校价值观教育的要求

党的十八大以来，伴随着我国中小学校社会主义核心价值观教育实践的不断深入，渐渐积累形成了社会主义核心价值观教育的中国经验。新时代学校价值观教育的要求主要有五个方面。

一、坚持党的全面领导

中小学校社会主义核心价值观教育必须坚持党的全面领导，以此为中小学社会主义核心价值观教育提供坚强的政治保障。实践表明，中小学校社会主义核心价值观教育做得好的地方和学校，其地方党委或学校党委在决策、部署、保障等方面给予了大力支持。因此，进一步加强各级党委对中小学校社会主义核心价值观教育的领导，充分发挥党委在中小学校开展社会主义核心价值观教育方面管方向、做设计、抓落实的作用，是今后持续推进中小学校社会主义核心价值观教育、帮助青少年学生扣好人生第一粒扣子的强有力保障。①

二、遵循青少年身心发展规律

在中小学校开展社会主义核心价值观教育，关键是要做好融入工作，使其与青少年的身心发展特点相适应，反映青少年的价值观学习和价值观成长的规律。在这一过程中，教育工作者需深入分析青少年的特点和需求，以确保社会主义核心价值观教育目标、内容、方法、手段等与之相匹配。有一些价值观教育的途径与方法比较受青少年学生的欢迎，如主题阅读、校园戏剧、主题活动、社会实践等，原因就在于这些活动所采用的主流价值观学习形式，如作品中主人公的价值示范、戏剧中的价值冲突及其解决、主题活动中价值学习氛围的营造、实践活动中的价值沉浸式体验等，符合青少年的身心发展特点及其价值观学习与成长的规律。从这个角度来说，将社会主义核心价值观教育的目标和内容进行学段化、具体化，从而形成方向一致、前后衔接与贯通的中小学校社会主义核心价值观教育的目标与内容体系，是日后推动中小学校在此教育领域深化实施和优化融入的核心所在。

三、充分发挥学校的主体作用

开展社会主义核心价值观教育有两个基本路径：自上而下和自下而上。前者强调教育行政部门对核心价值观教育的决策权、统筹权和监督权，认为学校有义务和责任执行与落实上级部门的部署和要求；后者则强调学校作为教育组织在开展核心价值观教育方面的自主性和主体作用，强

---

① 石中英. 帮助青少年扣好人生第一粒扣子——党的十八大以来中小学校社会主义核心价值观教育成效与重要经验[J]. 人民教育，2022（Z3）：6-10.

调教育行政部门对学校核心价值观教育的指导、服务或支持作用。一般而言，这两种基本路径都有其合理性，理想的状况是将这两种基本路径整合起来，既要充分发挥学校的主体作用，也要确保教育行政部门在政策制定、指导和支持方面的发挥积极作用。因此，在价值观教育领域，学校应深刻理解并践行其在价值观教育中的核心角色，将价值观教育纳入整体教育规划，并贯穿于学生培养的全过程。同时，教育行政部门应当为中小学校充分发挥社会主义核心价值观教育的主体作用创造条件。

四、提升教师的价值观教育能力

教师是开展中小学校社会主义核心价值观教育的主力军。部分教师价值观教育的能力不足是当下制约青少年社会主义核心价值观教育的瓶颈因素。教育行政部门要把中小学校教师队伍的价值观教育能力建设作为当前和今后我国基础教育高素质教师队伍建设的重中之重，通过培训、会议交流、榜样示范等多种途径，开展专题的社会主义核心价值观培训，促进广大教师深刻理解社会主义核心价值观的理论内涵、行为要求、重大意义，深刻理解开展社会主义核心价值观教育的必要性、重要性和复杂性。中小学校要将价值观教育能力作为教师培训的重要内容和教师评价的重要指标之一，重视基于社会主义核心价值观教育案例的学习和研修活动，指导广大教师开展社会主义核心价值观教育的行动研究，为教师价值观教育能力的培养和提升提供更加充分的条件保障。

五、构建良好的社会支持体系

家庭、学校、社会一致的价值取向对于有效开展价值观教育至关重要。如果家庭、社会所注重的价值观与学校所倡导的价值观存在不一致甚至出现明显的分歧和冲突，那么学校价值观教育效果就会大打折扣。学校开展价值观教育也需要得到家庭和社会的支持。这就要求中小学校在开展社会主义核心价值观教育过程中，积极主动与家长、社区和学校所在地区或城市相关企事业单位、社会组织等进行交流，引导家庭发挥基础作用，注重家风、家训的传承和培育。促进相关企事业单位和社会组织积极支持、深度参与到学校的社会主义核心价值观教育活动中来。通过课内学习与课外学习相结合、理论学习与实践学习相结合，能够不断丰富社会主义核心价值观的学习场景和体验，为社会主义核心价值观教育营造良好的社会生态。

第四节 新时代学校价值观教育的路径探索

一、加强师德建设，提升教师的道德修养和业务水平

要加强教师队伍师德师风建设，强化教师的职业理想、职业道德、社会责任和使命担当，让社会主义核心价值观贯穿于教师队伍建设全过程，引导广大教师成为社会主义核心价值观的坚定信仰者、积极传播者和模范践行者。要教育引导广大教师以德立身、以德立学、以德施教，引导广大教师以德为师、潜心问道、淡泊名利、志存高远，自觉履行教书育人的神圣职责，自觉维护学校的良好形象。要强化师德建设监督与问责机制，建立健全师德师风建设的长效机制和监督体系。要将师德教育作为新进教师培训的重要内容，对在教学和科研工作中表现突出的先进典型予以表彰奖励，将师德师风建设情况作为教师考核、职务晋升和聘任的重要依据。

二、优化课程体系，推动教学方式和教学内容的改革

社会主义核心价值观教育是一个长期的系统工程，要不断增强针对性和实效性，使其真正"进学生头脑"。在课程设置方面，要不断完善课程体系，并根据不同年级学生的特点和需要，进行教学内容的优化和调整①。同时，要积极探索社会主义核心价值观融入学校道德与法治课堂的有效途径和方法。课堂教学是教育的主要途径，因此在课堂教学中要坚持以学生为中心，加强师生互动交流。教师要发挥主导作用，采取灵活多样的方式方法开展课堂教学。要通过理论教学、社会实践、课外活动等多种形式引导学生深刻领会社会主义核心价值观的内涵，使其真正入脑入心。在学校

---

① 王邵军，王莉莉.新时代高校实践思政教育创新研究[M].北京：经济科学出版社，2021：65-68.

管理方面，要强化学校思想政治工作队伍建设。强化"四个意识"，增强政治敏锐性和政治鉴别力；加强对学生的日常教育管理工作；不断完善学校管理制度。

三、创新实践活动，推进知行合一

组织学生积极参与实践活动。一是组织师生深入基层，开展"四进社区"等社会实践活动；二是开展"红色小脚印""城市多棱镜"等主题社会实践活动；三是组织师生到爱国主义教育基地参观学习，参加爱国主义教育基地社会实践活动；四是组织师生走进红色革命基地，进行理想信念教育；五是组织师生走向街道，进行环境保护、文明礼仪等主题的社会实践活动。通过社会实践活动，将社会主义核心价值观融入实践教学中，使学生在学习和实践中真正感悟社会主义核心价值观的真谛，将理论知识转化为实际行动，实现知行合一。

四、打造优秀校园文化，发挥文化的育人功能

校园文化是学校思想政治教育的重要载体，是学校思想政治教育的重要途径。一是要以社会主义核心价值观为引领，深入挖掘校园文化资源，提炼具有学校特色的校园文化理念，形成具有鲜明学校特色的校园文化标识和精神标识。二是要将校园文化与人文关怀有机结合，充分发挥社会主义核心价值观对中小学生思想政治教育的导向作用和对中小学生的激励作用。三是要发挥学校传统文化的育人功能，将社会主义核心价值观融入学校传统文化教育之中。四是要发挥校园网络文化的育人功能，构建思想政治教育网络新平台。五是要利用好学校新媒体平台，加大对社会主义核心价值观的宣传力度，营造良好氛围，促进中小学生健康成长成才。

五、优化外部环境，形成教育合力

在全社会培育和践行社会主义核心价值观，是一项系统工程，需要发挥政府、社会、学校和家庭等各方力量的积极参与。发挥学校在培育和践行社会主义核心价值观中的重要作用，形成全员育人、全程育人、全方位

育人的格局。家长应言传身教，发挥榜样作用。通过家长学校等多种形式对家长进行培训，指导家长正确履行家庭教育职责，促进家庭教育与学校教育协同配合，形成齐抓共管的良好局面。推进社会主义核心价值观在校园文化建设中的渗透，营造良好的校园文化氛围。

第三章　聚焦价值观启蒙的先锋课程设计

党的二十大报告明确指出："教育是国之大计、党之大计。培养什么人、怎样培养人、为谁培养人是教育的根本问题。育人的根本在于立德。全面贯彻党的教育方针，落实立德树人根本任务，培养德智体美劳全面发展的社会主义建设者和接班人。"这是每一所学校的价值追求与实践方向。价值观是判断评价事物是非好坏的内心尺度，决定和统帅着人的态度、动机和行为模式。价值观教育是指根据国家发展需要，面向社会成员有目的、有计划开展的以社会核心价值观为主导的教育实践活动[①]，其直接回应"培养什么人"的根本问题。小学阶段是学生价值观形成的重要时期，学校对价值观教育愈加重视，然而现实中却存在偏重价值观的单向灌输、忽略身心真实体验等困境，难以触及学生内心并达成入心、践行的教育目的，导致难以达到理想的育人效果。

第一节　聚焦价值观启蒙的先锋课程认识论基础

目前的价值观教育仅将身体作为意识的载体，没有把多种感官组成的身体当作主体嵌入价值认同中，忽略了学生在教学环境中身体的感受和体验。活动方式也较为单一，相应的教育活动多为道理的阐述，以教师讲解、学生聆听的方式为主，强调以理服人，试图通过知识的获得，让学生更新观念，忽略了具体实践活动与认知对象、环境的有效互动。学生作为旁观者参与到活动中，难以实现已有观念的扰动。具身认知理论将身体视

---

① 杨晓慧. 中外大学生价值观教育调查与比较［J］. 教育研究，2022，43（3）：97—109.

为与心智一体的认知主体，并在与环境相互耦合过程中，达到"心智—身体—环境"的动态平衡①。"具身认知"理论的运用，为小学价值观教育提供了一种新的范式，有助于价值观教育走向深入。

一、具身认知：聚焦价值观启蒙的先锋课程认识论

笛卡尔的"我思故我在"将心灵与身体二分，确立了以二元论为概念框架的认知观。胡塞尔的现象学关注"身体主体"，将身体作为一种认知结构②。梅洛-庞蒂重新考虑身体与心智间的关系，探索知觉空间，让"身体"回归，注重身体在认知中的重要作用③。由此，开启了身体、心智、环境一体的具身认知理论。

认知的产生不仅局限于大脑，还需要整个身体以及环境的交互。心智嵌入身体，身体嵌入环境，心智、身体、环境三者构成了一体的认知系统④。

（一）具身认知理论强调整合性

传统身心二元认知理论造成对客观主义、普遍主义、表征主义取向知识观的过度信奉，将知识异化为独立于个人身体、感官、经验和情境的普适规律、本质或实体，而将知识的获取局限于认知上的灌输⑤。具身认知理论强调身体、心智、环境的整合，三者不可分离，主张人的"身体"回归，学生融入情境，以整全的状态参与学习。

（二）具身认知理论强调交互性

认知具身于大脑中，大脑根植于身体中，认知依附于身体的感官所产生的经验，而身体融入不同的物理、生理和文化环境中，三者相互嵌套、不可分离⑥。具身认知强调身体在情境中的体验与参与，既有理性思考，又有感性经验。身体沉浸于环境，与之交互，进而触发心智的变化，产生环境、身体知觉、心智体验三者交互作用。

---

① 楚超超. 身体·建筑·城市［M］. 南京：东南大学出版社，2017：76.
② 胡塞尔. 纯粹现象学通论［M］. 李幼蒸，译. 北京：商务印书馆，2018：151.
③ 梅洛-庞蒂. 知觉现象学［M］. 杨大春，张尧均，郑群德，译. 北京：商务印书馆，2021.
④ 胡塞尔. 纯粹现象学通论［M］. 李幼蒸，译. 北京：商务印书馆，2018：151.
⑤ 张良. 具身认知理论视域中课程知识观的重建［J］. 课程·教材·教法，2016，36（3）：65-70.
⑥ 李志河，李鹏媛，周娜娜，等. 具身认知学习环境设计：特征、要素、应用及发展趋势［J］. 远程教育杂志，2018，36（5）：81-90.

（三）具身认知理论强调生成性

具身认知理论所倡导的知识教学，需要充分调动学习者的好奇心、想象力，利用身体与环境交互过程中丰富的感知觉、情绪感受、形象思维、判断力等主动构建自身的知识结构，并在知识应用和表达中，促进自身素养的生成与发展①。学生在与环境的交互中生成新体验、新情感、新认知，是对已有观念产生的扰动，是对既定目标的突破与超越。

二、具身认知视域下的小学价值观教育的基本要素

具身认知理论认为人的心智和认知的发展与身体密切相关，身体不再只是认知的载体，而是认知的主体，认知在身体、心智与环境三者的交互作用下产生，由此可确定小学阶段价值观教育的基本要素。

（一）小学价值观教育应立足真实情境，其发生条件为"生存场域"

价值观教育发生于儿童具体的生活情境，即生存场域。小学生的生存场域可分为四类。其一为课堂生活，课堂生活是一种教育的自为领域，是一种专业的生活世界。学生在课堂生活中参与专门的教育活动，学习知识，成长身体，丰富精神。其二为班级生活，班级生活的个体呈现是一种促进生命成长的重要方式，生活于其中的生命个体通过呈现并在与他者的互动中培养规则意识、丰富情感体验，在冲突、碰撞等过程中不断发现自我并建构新的自我②。其三为校园生活，学生在学校除了学习，还有丰富的校园生活，如校园文化建设与各类活动。其四为社会生活，社会生活是指人类社会的生活系统，小学生的社会生活主要指学校和家庭外的社会日常生活。

（二）小学价值观教育应关注多元交互，其发生过程为"身心俱在"

以价值观所特有的内隐性、导控性、整体性、稳定性为前提，结合与学生息息相关的生存境域和实践情景，确认价值观教育的发生过程应身心俱在，沉浸参与，将学生身体参与和心智体验相融合，身体运动与教育情境相耦合，实现价值体认与行为生成。

（三）小学价值观教育应关注动态生成，其发生路径为"实践参与"

成人可能以个人的学习与沉思的方式深化认识，而儿童在与他人一起

---

①　梁迎丽．人工智能的理论演进、范式转换及其教育意涵［J］．高教探索，2020（9）：44-49.

②　龙红霞．基于班级生活的个体呈现：价值意蕴、困境及追寻［J］．现代大学教育，2022，38（2）：16-21.

的互动体验中、在实际问题的解决中形成价值观。因此，实践参与是价值观形成的根本路径。通过学习方式的变革可以实现实践参与，主要的学习方式可分为以下五种：一是综合式学习，价值观教育不同于知识的习得与某项技能的提升，而需要通过综合式学习以整全的状态统摄知情意行各方面；二是螺旋式学习，价值观教育循环往复、渐次提升，通过螺旋式学习逐步形成完整而具有稳定性的价值判断和道德观念；三是体悟式学习，关注儿童情感体验和深切领悟，有助于儿童在自觉认同的基础上更新观念；四是扰动式学习，价值观形成需要改变学生固有的态度，在扰动学生既有判断与原有认知的基础上升华观念；五是反思式学习，反思是学生自我意识的体现，在反思中发现问题、调整认识，有助于正确价值观的形成。

第二节　聚焦价值观启蒙先锋课程体系

立德树人是教育的根本任务，"立德"以真善美为取向，"树人"以时代社会规范为要求。培养正确的价值观是立德树人的重要内容，是教育的应有之义。成都师范附属小学华润分校通过"聚焦价值观启蒙的先锋课程入心践行策略"课题，重点突破小学阶段价值观教育的入心践行策略，回应时代新人涵育的要求。

价值观是判断评价事物是非好坏的内心尺度，决定和统帅着人的态度、动机和行为模式①。小学阶段是学生价值观教育的重要时期，价值的认识、观念的启蒙将对学生产生持续而长远的影响。在价值观教育实践中，问题主要表现为四个方面。一是无根。教师在教育教学活动中普遍较关注学生知识的获得和技能的提升，对价值观教育未达到应有的重视程度。二是碎片化。教师对学生进行价值观教育多以说教为主，较零散，难以达成一以贯之的教育效果。三是离心。教育活动为学生提供了参与的机会，但深度不够。四是被动。对学生个体情感经验和感受的忽略带来被动接受式的学习。

学校以"价值导向，课程思政"为旨归，以"真实场域"为依托，

---

① 杨晓慧．中外大学生价值观教育调查与比较［J］．教育研究，2022，43（3）：97-109.

以"行动研究"为基本范式，探索学生、教师与先锋课程的深层互动，形成基于价值观启蒙的先锋课程入心践行策略。

一、先锋课程的目标定位

学校着力建设党建引领下的少先队"先锋"课程，以红色血脉为根基，赓续优秀文化，弘扬爱国主义，将政治立场、文化传承、价值观教育融入学校教育教学实践中，完善以德育为先、全面培养的育人体系。

价值观教育必须以社会主义核心价值观为指引。学校依据社会主义核心价值观中个人层面的内容，结合学校"赤诚、阳光、丰盈"的学生培养目标，考量"晞光馆""蜀景物趣""里仁"三个校内场馆资源的运用，明确了"爱国、敬业、诚信、友善"的价值观教育具体目标，并从不同学段解读梳理学生的外显行为表现。

表 1　价值观教育的目标及行为表现

价值观	具体目标		
	第一学段（1~2年级）	第二学段（3~4年级）	第三学段（5~6年级）
爱国	认识国旗、国徽； 能说出中国的全称——中华人民共和国； 了解中国共产党是我们国家的执政党，知道党的领导，知道少先队是由中国共产党创立和领导的； 积极加入中国少年先锋队，队员能正确佩戴红领巾，保持红领巾干净、整洁； 国歌响起，会停下脚步敬礼； 知道中国是社会主义国家； 知道中华民族伟大复兴的中国梦，初步了解祖国发生的巨大变化； 初步具有热爱党、热爱祖国、热爱人民的朴素情感	能每天佩戴红领巾； 遵守校纪校规； 积极参加中国少年先锋队活动； 能说出晞光馆里宣传的革命精神； 积极参加学校场馆活动； 熟记社会主义核心价值观并试着践行； 知道党史、新中国史、改革开放史、社会主义发展史中的杰出人物和相关故事，能说出一些革命先烈的事迹和精神； 能说出中国特色社会主义取得的一些成就； 知道我国是社会主义国家，知道社会主义好	热爱家乡，能介绍蜀景物趣馆里四川的地形地貌和植物分布特点； 能向大家讲解中华优秀传统文化和先进革命文化故事； 关心国际局势； 能做出维护国家利益和祖国尊严的行动； 为自己是中国人感到骄傲； 牢记习近平总书记对少年儿童的希望要求，立志践行"请党放心、强国有我"； 理解中国梦的含义，知道自己肩负的责任，树立远大理想； 理解中国共产党人的初心和使命是为中国人民谋幸福、为中华民族谋复兴

续表

价值观	具体目标		
	第一学段（1~2 年级）	第二学段（3~4 年级）	第三学段（5~6 年级）
敬业	熟悉小学生日常行为规范；和老师同学一起制定班级公约并主动遵守；遵守校纪校规；知道专心学习的重要性；知道自己父母的职业；初步体会老师工作的不易；知道生活和学习中会遇到困难，不怕挫折，拥有阳光乐观、积极向上的心态；培养良好生活习惯，初步树立自我管理的意识；正确看待劳动，知道劳动最光荣，珍惜他人劳动成果，愿意参加集体劳动；愿意参加体育活动，在锻炼中不怕苦、不怕累，感受运动的快乐	能较好完成自己的作业；了解十个职业的内容；能体会父母工作的辛苦；每年阅读至少 2 本关于劳模的书；初步感知工匠精神可贵；知道一些优秀共产党员、先锋榜样、英雄人物等的故事，愿意成为像他们一样的人；主动践行敬业的社会主义核心价值观；学习科技工作者的科学态度和创新精神，争做创新创造小能手；尊重普通劳动者，养成劳动习惯，具备一定的劳动技能，愿意用自己的劳动服务他人，积极参与志愿服务	能较好规划自己的学习和生活时间；对自己未来职业畅想；爱劳动，知道财富是劳动创造的；能宣讲中国劳模故事；争当晞光馆榜样人物；发扬集体主义精神，知道集体利益高于个体利益，做到公私分明、先公后私，热心为队员和队集体服务；理解为人民服务的含义，培养为人民服务的意识，积极参与服务实践
诚信	不迟到、不早退，不旷课；能按时上交作业；不撒谎不骗人；对待同学、老师，言而有信；初步了解中华优秀传统文化知识和中华传统美德故事；知道学校市集活动要诚信	言行一致，不轻易许诺；拒绝网络烂梗，用语文明；爱惜班级图书，有借有还；积极参与"红领巾爱学习""红领巾奖章"争章活动、优秀队组织创建、少先队阵地建设、少先队集体活动	说到做到，主动守约定；与家长有商有量；宣讲诚信故事并践行；在市集中做到诚信经营，公平交易
友善	对待同学友好和睦；用平和的态度与他人交流；看到别人的困难并理解他；读友善的绘本故事；保护小动物；具有爱护环境的意识；能考虑到集体和他人的利益，愿意为集体服务，为集体争光，让集体更好	不用粗暴的方式解决问题；对他人的处境有同理心；主动帮助身边有需要的人；懂得分享自己的快乐；懂得用和善的语言沟通交流；树立相互包容、相互理解的人际交往意识	掌握一定的语言艺术；养成接纳自己，微笑待人的习惯；主动为他人解围；积极营造班级和谐氛围，积极面对一切困难；悦纳自己的优缺点，宽容、谅解他人无意的失误，试着帮助他人；懂得尊重生命、珍爱生命，提高安全防护意识，提升自我保护能力

二、先锋课程的内容

价值观启蒙课程体现"多学科融入+特色课程凸显"的总体思路。学校将道德与法治学科作为价值观教育的主阵地，语文、艺术学科全面纳入，其他学科有机渗透，全科覆盖，建构了以价值观启蒙为核心"一体两翼"先锋课程体系。"一体"即"新三适"课程体系，"两翼"即"新三适"课程体系中"适变"层级的"一脉""四季"特色课程。

1. "一体"——"新三适"课程

"新三适"课程将国家课程、地方课程、校本课程进行整合，在促进学生全面发展的基础上体现"适性而教""适兴而学"的特点。"新三适"课程体系包括"适应性课程（着眼基础）""适融性课程（关注融合）""适变性课程（彰显特色）"三个层级。

表2　"新三适"课程体系

适应性课程	着眼基础	关注儿童的群体性特征及间接经验的获取，落实国家课程。面向全体学生，挖掘课程中的价值观启蒙资源，为培养德智体美劳全面发展的人奠定基础
适融性课程	关注融合	关注儿童的个性特征及间接经验的获取，通过国家课程、地方课程的校本化实施，融合价值观启蒙，对知识进行整合，形成可供儿童选择的内容
适变性课程	彰显特色	关注社会发展与儿童身心特征，以正确价值观为导向，以问题为驱动，以真实生活为境域，引导学生在学习、探究、实践中成长

2. "两翼"——"一脉""四季"特色课程

"一脉"课程着力"人与社会"，聚焦"归属""共生"，以"弘扬爱国情，润育赤诚心"为目标，由三大主张九个追求十二项行动组成。

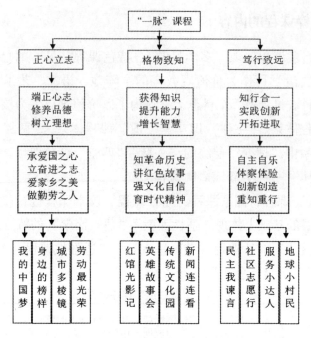

图 1   "适变"层级之"一脉"课程

　　"四季"课程凸显"人与自然"，聚焦"生命""生态"。课程遵循"天、地、人和谐，真、善、美交融，知、情、形统一"，以四季的节气为基点，展示中华岁时文化的自然物候景观、天气变化现象、生产劳动安排、身体保健原则，组织学生进行历史掌故评述、节日纪念筹办、诗词描绘赏析、歌舞游乐表演、民俗活动表演。

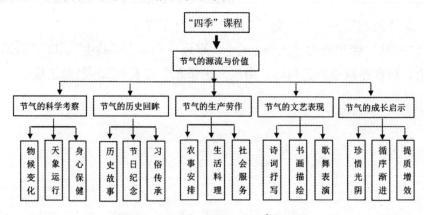

图 2   "适变"层级之"四季"课程

三、先锋课程的实施

价值观的特性决定小学阶段价值观教育的要素，进而决定价值观教育的路径与机制。价值观是因人而异的，由于每个人的先天条件和后天环境不同，人生经历也不尽相同，每个人的价值观的形成会受到不同的影响，因此，每个人都有自己的价值观和价值观体系。在同样的客观条件下，具有不同价值观和价值观体系的人，其动机模式不同，产生的行为也不同。价值观具有三个特性。其一为内隐性。价值观支配人的选择，进而影响人的言行，但价值观是由个人建构起来的，取决于个体的体验和理解，因人而异，属于观念范畴，他者不易发现。其二为导控性。价值观导向人的价值判断，控制人的行为、态度、观点、信念、理想，甚至影响周围人群，是导引、控制个人的导控系统，深刻而全面地影响人的活动。其三为整体性。价值观是一个整体，包含知情意行各方面内容，不可分割。其四为稳定性。尽管在人的成长发展过程中，一些关键事件和环境、经历可能会对价值观产生影响，但总体而言，价值观一旦在人的内心形成，则难以改变。根据价值观的特性，我们可以依据具身认知理论从中探索学习方式。

（一）以体悟式学习实现互动

从知识与世界的关系看，具身认知理论强调知识并非个体心理的内部表征，而是个体与环境之间互动的产物，进而表现出知识的情境化特征[①]。学生的感知经验一方面来自身体的知觉，另一方面还植根于人所处的生理、文化等情境。体悟式学习关注情境创设，引导学生在真实情境中产生情感体验和深切领悟。在"红馆光影记"课程中，学生走进校内场馆晞光馆，场馆内的图文展陈、红色文创、三维投影、VR 体验等让红色教育活起来、深下去，学生沉浸在场馆中，知史爱党、知史爱国。与此同时，学校还运用数字资源，还原故事场景，创设沉浸式体验环境；引入云上场馆，通过学习终端链接全国 75 个红色教育场馆以及 10 余个各级教育资源云平台；开通抖音等直播等平台，及时传递红色声音。生动的党史故事、鲜活的场馆资源、多样的学习形式丰富了知识汲取，优化了学习过程，激

---

① 宋岭，牛宝荣. 论素养本位的知识教学：从"离身的知识"到"具身的知识"［J］. 现代基础教育研究，2020，38（2）：81-88.

发了真情实感。在"红色小脚印"课程中，学校拓展渠道，拓宽视野，开展研学活动，研发了《红色小脚印研学指导手册》，精选四川省内32个教育基地为目的地，开展了"参观伟人故里""体验长征丰碑""铭记抗战历史"等主题研学活动。以"重走长征路"研学为例，两年来，共2100余名师生700余个家庭参与到活动中来，走访了9条线路的50余处景点，累计行程近10万公里。

（二）以扰动式学习实现建构生成

价值观具有一定的稳定性，其形成需要改变学生固有的态度，在扰动学生既有判断与原有认知的基础上升华观念。在"服务小达人"课程中的实践项目"华润市集"一直深受孩子们的喜爱。通过创设真实的场景，赋予学生真实的角色，唤醒学生的真实体验，引发认知冲突，进而打破已有认知结构，唤醒丰富的情感体验，进而形成新的认识。每年5月是"华润市集"分年级开市交易的日子，学校再现"成都十二月市"的场景，开放自由贸易区，孩子们既是"小老板"，自由分组，调研市场需求、策划商店设计、准备售卖物品、明确人员分工、真实参与销售；还是优质顾客，遵守秩序、按需购买、货比三家、讨价还价，在卖与买之中，探寻市场交易规则，深度理解诚信交易、公平买卖的重要性。

（三）以反思式学习实现价值认同

外力控制行为而不能控制观念，儿童价值观念形成的基本前提为儿童明白价值观背后的根据、理由和道理，自觉认同，进而内化。反思是学生自我意识的体现，在反思中发现问题、调整认识，有助于正确价值观的形成。在"身边的榜样"课程中，我们开展了"追闪耀的星　做最好的我"的活动。首先提出驱动性问题：如何确立榜样，并向他们学习？然后学生通过查阅数据、影视资料、与家人对话、走进社区访谈等活动，找寻身边的榜样。最后，进行榜样事迹的汇报，为榜样制作颁奖词，并将优秀的颁奖词张贴于学校晞光馆中。在追寻榜样、反思自己的活动中，榜样精神浸润儿童的心灵，内化为其成长的力量。

四、先锋课程的评价

价值观教育的对象是学生，因此价值观教育的评价主要聚焦学生的价值观，并通过学生价值观的发展反观价值观教育的实施情况。

（一）评价原则

价值观的内隐性、导控性、整体性、稳定性的特点决定其形成应关注身体、心智、环境的交互，其评价也应回归情境、回归生活。

1. 基于真实生活

价值观形成于真实的生活，也表现于真实的生活。脱离情境的纸笔测试或访谈问卷只能显现"认为什么是正确的"。形成抽象的认知只是价值观教育的基础，因此，价值观评价的首要原则为基于真实生活，即在真实的生活情境中对学生的价值观进行评价。

2. 指向行为表现

价值观教育除了要关注"知"，即学生知道了什么；还要关注"信"，即学生是否从内心深处感到认同；更重要的是关注"行"，即正确的认知是否导控行为。因此，在价值观评价中，应指向行为表现，通过行为表现回溯学生内在的价值认同。

3. 关联价值情意

相同的行为表现背后的动机并不一定相同，评价还需关联价值情意，即什么样的情感和意志驱动学生产生了这样的行为。因此，价值观评价需要关注学生在真实生活中的真实体验。

4. 突显自我驱动

价值观评价不仅是对是否形成正确价值观的评定，更应指向后续价值观的形成。行为可以"引导"，但价值只能"内发"，有价值的评价应通过评价本身触动学生自我驱动。

5. 呈现发展过程

价值观的形成并非一蹴而就，其发展具有长期性，试图通过一次活动、一节课或一学期的教育就让学生形成坚定、正确的价值观是不现实的。因此，价值观评价应考虑连续性、发展性要求，呈现学生的发展过程。

（二）评价方式

基于上述五大原则，设计如下评价方式：

1. 行为观察：真实情景中的行为描述

由教师、家长、同学作为观察员，对学生真实情景中的行为进行描述，主要用于参与价值观课程学习中及学习后的评价。

表3　学生行为评价表

评价维度	评价内容	自我反思评价	小组互动评价	教师评价	家长评价
学习态度 （过程性）	课程学习的积极性				
学习方法 （主体性）	学习中所采用的学习方法				
行为表现 （差异性）	表达观点、参与讨论、提出问题、回答问题、参与任务、充分合作				
价值认知 （过程性）	价值观念的深化、升华或更新				
成果表达 （差异性）	成果形式、成果内容、成果内涵、成果创新				

2. 文本分析：活动参与后的反思感悟

学生记录参与活动的具体情况，包括活动主题、持续时间、所承担的角色、任务分工及完成情况等，及时填写活动记录单并收集相关事实材料，如活动现场照片、作品、研究报告、实践单位证明等。这一评价方式既关注过程，也关注结果；既自我反思、又激励他人；既评价个人，也评价团队。

3. 档案追踪：标志性行为的发展梳理

为学生建立电子档案袋，以电子方式记录学生长周期的学习成果和真实表现，并对一些标志性行为进行追踪，从中梳理学生的发展变化。

（三）评价实施

1. 确定评价指标

根据价值观教育的目标，可从"爱国""诚信""敬业""友善"四个维度确定评价指标。具体的标准在师生对话理解的基础上生成，既考虑学生的价值观形成规律，又顾及价值观教育的要求。与此同时，价值观评价的内容体系不是固定不变的，而是动态生成的，在不同的问题情境中有具体的表达，更贴近真实生活的要求和个人道德发展的真实需要。

2. 评价的时间及方式

每课一访谈：在执教价值观教育课程的前后分别通过访谈的形式进行前、后测，明确学生认识的变化。

每天一观察：由班主任教师每天选择至少一名学生进行观察，从学生外显的行为中判断其价值观念的现状与变化。

每周一自查：学生每周在成长足迹中写下自己的反思记录，描述自己的价值行为及思考。

每月一感悟：结合学校每月开展的一堂公开课程或跨学科项目的学习，深入描写自己的学习感悟。

每年一综合：结合每学年的少先队"雏鹰争章"活动，由学生自己、同学、教师、家长、社区工作人员共同对学生进行综合性评价。

第四章　聚焦价值观启蒙的先锋课程实施

第一节　总述实施策略

价值观教育是指根据国家发展需要，面向社会成员有目的、有计划开展的以社会核心价值观为主导的教育实践活动，其直接回应"培养什么人"的根本问题。小学阶段是学生价值观形成的重要时期，价值的认识、观念的启蒙将对学生产生持续深远的影响。学校根据身心俱在的价值观启蒙模型，确定实施新思路。通过学科内实施，抓住价值观育人主阵地；通过跨学科主题学习引导学生通过复杂真实情景中的综合实践活动发展素养，形成正确价值观、必备品格和关键能力；通过少先队活动课程，弘扬和践行社会主义核心价值观，引导学生记住要求，心有榜样，从小做起，接受帮助，彰显爱国、诚信、友善、担当。

第二节　聚焦价值观启蒙的先锋课程实施案例

一、学科内实施

学校是立德树人的地方，课堂是价值观教育的主渠道。

作为学生与教师在学校中经历、相处的最重要场所，活动和学习形式，课堂是以学科知识及其教学为依托和载体的，指向"整全生命"的"育人"场所、活动和过程。

首先，学科教师要言行一致，要让有关价值深植己心。教育的根本任务是关注人的精神世界，教育的根本法则是靠教师的精神力量去影响学生的心灵，促进他们的精神成长。这就要求教师自身必须勤学笃思，修炼自我，深刻认识、理解和践行有关价值观，如此才能真正在教学中以心育心，重塑学生的精神长相。

课堂教学蕴含价值观，是学校价值观教育的重要载体。不仅教学内容本身具有价值观导向，"以什么方式组织教学"以及"教学内容和学习过程的脉络"等教学形式同样具有价值观教育功能。美国当代著名的教育哲学家内尔·诺丁斯甚至说："学校里开设什么课程并不那么重要，真正重要的是课是怎么开的，怎么教的。"如何进行课堂教学设计，使其既帮助学生捋清学习脉络和知识层次从而"学得懂"，又能够引导学生借由课堂学习而获得自我生命质量的提升，在学习中滋养生命，从而"学得好"，是学校价值观教育中十分重要的问题之一。

教师要让学生一步步走近，一步步走入，一步步走出，于循序渐进中，将价值观教育巧妙融入教学设计，逐步唤醒学生的内心，然后实现同频共振。

教师要为学生搭建沟通的桥梁，了解学生的内心，走进学生的世界，为价值观教育提供适切的保障，为学生能够感同身受地理解并认同相应的价值观提供恰当的条件。

因此，可以通过对教材内容的"深加工"，精心设计，充实相关信息和材料，形成一系列图文并茂、趣味性强、富有情节的主题内容，构建开放、立体的课堂，在切身体验中引起共鸣。

以下是学科内实施案例：

认识工程

学科：科学	年级：六年级	设计者：贺情

【教材分析】

本课是教科版《科学》六年级下册第一单元的第二课。教材中呈现了我国具有代表性的伟大工程——港珠澳大桥。以港珠澳大桥这一巨型工程与上节课身边的住房建造工程进行对比，呈现巨型与小型、复杂与普通、远处与身边等多角度的冲突。基于这样的冲突，开展以下三个探索活动。

第一个活动是让学生通过收集、分析资料的方式了解港珠澳大桥的建设目的、意义，了解工程设计的限制条件以及面临的技术难关，了解工程师如何找到攻坚克难的解决方法，了解大桥的主要建造过程。第二个活动是学生在了解房屋以及港珠澳大桥的建设过程后，采取归纳的方法，对工程的建设过程进行归纳、提炼，形成一个整体的认知，从而理解为什么工程建设的核心是"设计"阶段。第三个活动是通过分析我国的天眼、高铁、国家体育馆（以下简称"鸟巢"）、空间站等宏大工程的建设，让学生了解工程与科技进步的关系。通过这三个探究活动，帮助学生建构"工程的关键是设计，工程是运用科学与技术进行设计、解决实际问题和制造产品的活动"这些主要概念。同时，通过对我国这些宏大工程的了解，学生们能深刻地感受到国家的科技发展日新月异，国家更加富强。

【学情分析】

学生对于港珠澳大桥、中国天眼、高铁、鸟巢、空间站等国家宏大工程的认识，大多来源于新闻报道，只是对这些工程的外观、功能、作用等有一定的了解。但是，对于这些工程在建设过程中面临的限制条件有哪些，又是怎样解决的，这些工程的建设过程中运用到了哪些科学技术，学生对于这方面并不清楚。

【教学目标】

科学观念目标：

1. 许多发明创造来源于对生活的观察，可以在自然界中找到原型。

2. 工程建设需要运用相关科学知识以及技术的支撑来完成。

3. 工程需要在一定的限制条件下进行设计、完成建设，要经历相类似的建设过程。

科学思维目标：

1. 能根据工程案例归纳出工程建设过程的相似步骤。

2. 能了解工程建设所需的科学技术支持，分析工程与科学技术的关系。

探究实践目标：

能通过阅读资料知道工程建设需要面临的限制条件有哪些，又是怎样解决难题的。

态度责任目标：

1. 进一步唤起学习工程的兴趣，激发做一名小小工程师的愿望。

2. 认识到工程建设的艰难，从而产生对建设者的敬仰之情，感受到国家的科技发展日新月异，国家更加富强。

【教学重难点】

教学重点：根据港珠澳大桥工程建设的案例，归纳出工程建设过程的相似步骤。

教学难点：根据案例了解工程建设所需的科学技术支持，分析工程与科学技术的关系。

【材料准备】

教师：准备港珠澳大桥、中国天眼、高铁、鸟巢、空间站的文字和视频资料、实验记录单。

学生：收集港珠澳大桥、中国天眼、高铁、鸟巢、空间站的文字和视频资料。

【核心问题及子问题设计】

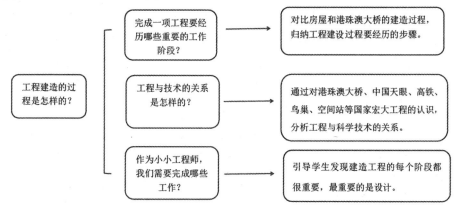

【教学过程设计】

一、开放式导入

1. 回顾旧知

教师展示上一节课的班级记录表。

教师：观察我们上一节课的班级记录表，住房有哪些主要结构与系统？住房的建成需经历哪些过程？

学生：住房有很多结构，如承重结构——门、窗。住房有供电系统、供水系统。住房的建成需经历选址、设计、施工、验收等步骤。

2. 聚焦本课主题

教师展示港珠澳大桥的图片。

教师：港珠澳大桥是我国最伟大、最宏伟工程之一，它的建设过程又是怎样的？它们在建设过程中有什么共同特点呢？

二、核心过程推进

（一）围绕港珠澳大桥的建设展开学习

课前布置作业：学生收集关于港珠澳大桥的相关纸质资料带到学校来。

1. 教师出示关于港珠澳大桥建设的视频

教师：请同学们观看港珠澳大桥建设的视频并结合自己所收集的关于港珠澳大桥的相关资料，思考以下四个问题：

（1）为什么要建造港珠澳大桥？

（2）大桥的建造面临哪些限制和挑战？

（3）这些问题都是怎样解决的？

（4）大桥的建造经历了哪些主要过程？

学生观看视频并结合自己所收集的关于港珠澳大桥的相关资料，归纳相关信息，并在小组内交流讨论。

2. 全班交流，共同研讨总结

（1）教师：为什么要建造港珠澳大桥？

学生：促进香港、澳门和内地经济的进一步发展。

（2）教师：大桥的建造面临哪些限制和挑战？这些问题都是怎样解决的？

让学生以"限制和挑战""解决办法"两项内容对应排列说明。

限制和挑战	解决办法
珠江口有大量的泥沙会涌入海洋	增大桥墩的跨度
大桥要经过通向香港的唯一航道，桥面高度必须超过 80 米。桥塔高度超过 200 米，而香港机场不允许周围有超过 88 米高的建筑物出现	修建六七千米的海底隧道和 22.9 千米长的跨海大桥。
桥梁和隧道需要用岛屿连接	修建人工岛
建岛的海床上有淤泥	用圆钢筒

（3）教师：大桥的建造经历了哪些主要过程？

教师播放港珠澳大桥建造经历的主要过程视频。如果学生有课前收集资料，可让学生进行分享，如果没有，让学生观看视频后进行归纳。

学生：人工岛的建设、墩台安装、桥梁合龙、海底隧道安装以及贯通。

（二）梳理工程建设过程的相似步骤

教师引导：对比房屋和港珠澳大桥的建造过程，我们来归纳一下工程设计过程要经历的步骤。

学生小组交流讨论。

学生：工程的建设都是有目的的，在建设的过程中会遇到很多困难，要有设计图、进行施工、最后验收。

教师引导提问：当遇到这些困难时（比如时间、费用、可用材料、环境、抵抗自然界的破坏能力等等），我们首先应该怎么做？可以直接就建造吗？

学生：根据这些困难进行方案的设计。设计完方案再建造。

教师：设计完成后直接建造吗？那我们应该怎么做呢？

学生交流自己的想法。

教师归纳总结：应该是要先制作一个模型，比如在制作房屋模型时，利用模型对楼体的高度、结构形式等等进行测量，确保建筑物的坚固性和安全性，从各个方面对模型进行评估和改进。

（三）了解工程与技术进步的关系

1. 组织学生课前收集中国天眼、高铁、鸟巢、空间站等工程建设的资料。

教师出示中国天眼、高铁、鸟巢、空间站的图片。

教师：根据你们收集到的资料，说说这些宏大的工程在建造过程中遇到了哪些困难？如何解决的？分别利用了哪些科学技术？

学生分享交流。

教师进一步举例，工程推动技术发展的例子。

例如：建造鸟巢所需钢材要求轻便并且载荷能力大，国内钢铁厂便专门研制了Q460E-Z35钢材。2008年，400吨自主创新、具有知识产权的国产钢材，撑起了鸟巢的铁骨钢筋。

又如，港珠澳大桥桥梁焊接的技术标准高，中铁山桥集团便研发了世界规模最大、精度最高的机器人焊接系统。

2. 工程与技术的关系是怎样的？

学生分组讨论，汇报交流。

教师小结：工程的建造利用了大量技术，而工程实施过程中面临的各项困难和技术难关也推动了科学技术的发展。我们建造的这些宏大工程也展示出了中国的科技发展日新月异，国家更加富强。

三、总结本课

教师：通过两节课的学习，我们对工程有了哪些认识？

学生：工程是一项复杂的工作，实施一项工程前要先进行设计，工程的建造需要依靠很多科学技术……

教师：假如让我们做一名小小工程师，我们都要完成哪些工作呢？

引导学生发现建造工程的每个阶段都很重要，最重要的是设计。

四、开放式延伸

教师：出示图片，向学生介绍：埃菲尔铁塔于 1889 年建成，距今已有一百多年。经历了风吹雨打的埃菲尔铁塔为什么如此牢固稳定？它的结构有什么特点？请大家课后查阅资料了解。

【教学反思】

本课通过回顾前知和分享展示自然引入。在核心推进过程中，让学生观看港珠澳大桥的视频并阅读资料回答问题，培养学生处理信息的能力。在对比房屋建造和港珠澳大桥建造环节，一方面让学生自己梳理、归纳住宅与港珠澳大桥建设过程的相似步骤，发展学生归纳总结的能力；另一方面，通过对箭头指向的循环过程的思考，强化学生对设计的重要性、复杂性、闭环性的认知，让学生认识到"工程的关键是设计"这一核心理念。通过对中国天眼、高铁、鸟巢、空间站等工程建设的了解，让学生知道工程离不开大量的科学技术，同时工程也推动着科学技术的创新。学生们能深刻地感受到国家的科技发展日新月异，国家更加富强。拓展部分引导学生思考埃菲尔铁塔为什么如此牢固稳定，它的结构有什么特点，在激发学生学习工程的兴趣的同时，也为后面关于设计和建造塔台的学习做铺垫。

我不能失信

学科：语文	年级：三年级	设计者：孟丽娜

【教材分析】

《我不能失信》是统编教材《语文》三年级下册第六单元的略读课文，本单元的人文主题是"多彩童年"。本课讲述了童年时期的宋庆龄在与伙伴交往的过程中坚定地选择了"不能失信"的故事。学习此课，能让学生理解"诚信"这一社会主义核心价值观，弘扬"守信"这一中华民族传统美德。

【学情分析】

三年级学生对课文主要内容和其中诚信的道理理解还不够深入，不能很好地应用于实际生活中。语文课堂应挺身而出，主动承担起教育学生思想品德的使命。通过教学，让学生感受宋庆龄诚实守信的可贵品质，在思想上受到熏陶和感染，使自己在做人做事上获得启示。

【教学目标】

1. 能在"假若失信，是否情有可原"这一话题情境中，联系文本和生活经验展开讨论，培养辩证思维和有条理的表达能力。

2. 能在具体的任务情境中，通过品味人物语言，揣摩人物内心等方式，感受宋庆龄从小守信的高贵品质，体会诚信的意义，提升思维的深刻性。

3. 能在自主学习的情境中，通过分享守信故事、交流与诚信有关的成语或名言警句，弘扬并传承诚实守信的中华传统美德。

【核心问题及子问题设计】

核心问题：你觉得宋庆龄的做法好不好？为什么？

子问题1：宋庆龄为何不跟爸爸妈妈一起外出？

子问题2：到最后小珍都没有来，宋庆龄感到后悔了吗？

【教学过程设计】

一、开放式导入

1. 同学们，你觉得什么样的人才能成为你的好朋友？引导学生谈论到主题：守信。

2. 今天我们就来学习一对好朋友之间守信用的故事。

板书课题：我不能失信

二、核心过程推进

（一）初读课文，整体感知

1. 自由默读课文，说说你读懂了什么？读不懂的地方做上记号。

2. 检查自学情况。

3. 指名分自然段朗读课文。

4. 请学生说说课文主要讲了一件什么事。

课文讲一个星期天，宋耀如一家准备到一位朋友家去，二女儿宋庆龄也很想去。她突然想起今天上午要教小珍叠花篮，爸爸妈妈都劝她改天再教，但她为了守信还是留了下来，履行了自己的诺言。

（二）深入探究，感悟文法

1. 课文哪些地方可以看出小时候的宋庆龄是个诚实守信的孩子？默读课文，把能反映宋庆龄守信的语句找出来，读一读并谈谈体会。

（1）"爸爸，我不能去了！我昨天和小珍约好了，今天她来我们家，我教她叠花篮。"庆龄说。

（2）正当爸爸拉起庆龄的手就要走的时候，庆龄又一次想到了小珍，连忙说——"不行！不行！我走了，小珍来了会扑空的，那多不好啊！"庆龄边说边把手抽回来。

（3）正当爸爸和庆龄在一旁迟疑的时候，妈妈想出了一个办法，她在一旁说——"那……回来你去小珍家解释一下，表示歉意，改天再教她叠花篮，好不好？"

（4）"不，妈妈。您说过，做人要信守诺言。如果我忘记了这件事，见到她时向她道歉是可以的，但我已经想起来了，就不能失信了！"

（5）当爸爸妈妈回来后，妈妈心疼宋庆龄一人在家时，宋庆龄仰起脸回答道："一个人在家，是很没劲。可是，我并不后悔，因为我并没有失信。"

2. 你认为宋庆龄的做法对吗？生活中，你遇到同样的事应该怎么处理？

3. 宋庆龄的这种品质是通过什么表现出来的？

板书：语言、动作、神态。

（三）角色朗读，体会情感

分角色表演朗读，一位同学读旁白，其余分别读爸爸、妈妈和宋庆龄的话。

三、开放式延伸

1. 联系生活实际谈谈读了本文后有何感想？

学生明辨是非，对诚信有了更深的理解。

2. 总结全文，情感升华。

俗话说"一诺千金"。出示关于诚信的名言。希望同学们也能像宋庆龄一样做个诚实守信的人。

【教学反思】

《我不能失信》这篇课文充满了诚信与责任的教育意义，对培养学生的道德品质和价值观至关重要。本课在诚信的主题情境中，联系生活，依据事实和细节，开展一系列思辨性语文学习活动，帮助学生深入文本，感悟诚信的意义。

对于三年级的学生来说，诚信不仅是一种道德规范，更是他们建立健康人际关系和树立良好社会形象的基础。在实际生活中，学生也经历过守信或失信的事。调动他们的生活经验，交流类似经历，能拓展思辨的广度，促使学生更深刻地领悟守信的意义。围绕"假若失信，是否情有可原"这一话题，引导学生反向思考，发展辩证思维。当学生找到大量理据时，自然会领悟到选择守信实属可贵。

在授课过程中，我注重将诚信思想与价值观融入故事讲解中。通过引导学生分析故事中的人物行为和道德选择，让他们认识到诚实守信、遵纪守法的重要性。同时，我也鼓励学生在日常生活中践行诚信原则，从点滴小事做起，培养良好的道德品质。在未来的教学中，我将更加注重诚信思想的渗透和价值观的引导，努力培养学生的道德品质和社会责任感。

龙的传人

学科：音乐	年级：六年级	设计者：唐雨萌

【教材分析】

人民音乐出版社《音乐》六年级上册歌曲《龙的传人》为自然小调式，不带再现的单二部曲式。这首歌曲作于 1978 年，结构规整，全曲音域仅六度，以级进为主，是一首有着深厚爱国主义情感的歌曲。"永永远远是龙的传人"是这首歌曲的核心，充分表达了对祖国的依恋。节拍为四四拍，由二分音符、四分音符、八分音符构成，偶数小节采用了相同的节奏，全曲多处使用"合头换尾"的创作手法，使歌曲在平稳中求得变化。歌曲旋律流畅、自然，节奏平稳，气息宽广，也应和了我们民族含蓄、内敛的民族特性。在多元文化的冲击和影响下，爱国主义音乐成为主要的教育内容之一。通过音乐作品中所表现的对祖国河山、人民、历史、文化和社会发展的赞美和歌颂，可以培养学生的爱国主义情怀，使学生知道自己是中国人，热爱自己的祖国，提高民族自豪感，为社会主义的建设做出贡献，祝福祖国更加繁荣昌盛。

【学情分析】

六年级学生已经具备了一定的阅读基础和搜集处理信息的能力，因此，教师在本课的学习中引导学生以听中感、唱中悟，让学生在充分阅读和思考的基础上进行合作探究学习，在积极思考和交流中感受成功的快乐。学生日常课堂呈现的理解范围和认知领域进一步在发展，其体验、感受与探索创造的活动能力增强，大多数六年级学生对音乐基础知识有一定了解。他们能够识别一些常见的乐器和音乐符号，并对节奏和节拍有一定认识。音乐教育要面对全体学生，也应当注意学生的个性发展。音乐教育的目标之一就是要完善学生的个性。众所周知，学生的音乐能力会因为先天的遗传因素和后天的教育条件不同而形成巨大的差异，我们六年级学生的音乐兴趣、音乐潜能、音乐生活的方式等也有所不同。音乐本身的非语义性及音乐艺术的自由性和多样性，给接受者对音乐的多解性和个性化的演绎提供了广阔的舞台。

【教学目标】

一、情感、态度、价值观

认同民族文化、继承民族精神，树立民族自尊心和自豪感，培养热爱祖国、维护祖国统一的情感，增强振兴祖国的责任感。

二、能力

培养运用历史、现实材料分析问题、归纳观点的能力以及搜集整理资料的能力。

三、知识

了解中国历史、各民族之间形成的密不可分的血肉联系，初步认识民族精神的内涵和重要意义。

【核心问题及子问题设计】

核心问题：从学生的身心发展规律和学习认知的特点出发，采取形式多样的教学手段，激发学生审美主体的兴趣。理解作品内容，了解为什么中国人自称是龙的传人？感受龙对中华民族的特殊意义，激发作为龙的传人的自豪感，理解歌词乐曲内容。

一、教学突破整体感知

子问题：课前收集有关龙的成语、图片、传说和歌曲等，通过这种方法使学生对龙有一种感性上的认识，从而提高学生学习的兴趣。注意咬字、吐字清晰准确。以声传情、以情动人、以美感人。通过声乐演唱、器乐演奏、音乐欣赏所产生的艺术感染力，采用单句分段的方式解决重难点学习内容。

二、欣赏有关龙的艺术作品

子问题：体会龙代表的追求自由完美的民族精神，了解祖国文化的博大精深。培养学生的爱国主义精神和民族自豪感。

三、教学意义

要求：在比较、分析旋律的感受体验中去理解作品，有感情地演唱歌曲。

歌曲通过对龙的传说、龙在中国人心中的地位以及龙的象征意义的描述，赞颂了勤劳智慧的中国人民对自由完美的向往和追求，培养学生的民族自豪感、自信心。

【教学过程设计】

一、开放式导入

以龙的故事和龙的图腾引出课题，分别对应美的三种基本形态，即自然美、社会美和艺术美。

子任务1：聆听音乐，感受歌曲的情绪及节奏旋律特点。

子任务2：歌曲学唱过程中，充分感知歌曲的节奏、旋律、结构、节拍、歌词等要素，在此基础上指导学生进行创作型的编创活动和歌曲表演。

二、核心过程推进

深情、庄重地表达出"龙的传人"的浓浓爱国情怀。

子任务1：爱国故事的传承与回忆——讨论并感受。

子任务2：视唱歌曲，歌词情绪的铿锵有力——运用课堂乐器进行视唱学习，实践能力的培养，通过编创节奏为歌曲伴奏、借助口风琴自主视唱、在歌曲间奏和尾奏处加入说唱、小组合奏等音乐实践活动。

三、开放式延伸

尝试将爱国主义音乐与德育教育相互融合，有效渗入教学实践中。

子任务1：从爱国主义音乐教育中挖掘德育的"影子"，在德育教育实践中妙用爱国主义音乐，使两者融合的教学价值得以凸显出来。

子任务2：提供大量丰富的有关龙的资料，有龙的形象、龙的本领、龙与帝王、龙与民间文化、龙的故事传说、龙的歌曲、长城风光等，激发学生创作灵感，最终目的是促进广大青少年的健康成长，使青少年成长成才，树立健全人格。

【教学反思】

1. 以审美为中心，以音乐文化为主线，以音乐学科为基点，在整个音乐教学过程中，以音乐中丰富的情感来陶冶学生。本教学设计的综合是以音乐为主的综合，它贯穿于各个教学环节的综合，而不是偶尔的、某个环节上的局部综合，进而使学生逐步形成健康的音乐审美观念、高尚的道德情操以及必要的音乐审美能力。

2. 以音乐教材为主线视角，重视从音乐文化上去开拓。我们通过学习，认识到作为普通中小学的音乐教育，除了普及艺术教育为内容，把单纯的音乐拓展为音乐文化是素质教育的需要，更应该强调依据教材时事内容，强调音乐与爱国、音乐与社会、音乐与民族、音乐与品格的联系等，把音乐置身于大文化背景之中，以文化主题组织教材。

3. 音乐课作为一门具有艺术性和感染力的学科，可以成为实施爱国主义教育的重要途径之一。在教学中，我们选择一些与爱国主题相关的音乐故事，让学生通过欣赏和讲述故事的方式，了解一些英雄的事迹和精神。激发学生对爱国主义的情感共鸣，激发他们的热情，来表达对祖国的热爱。

4. 除了课堂教学，还可以引导学生在假期参与一些与爱国主题相关的社会实践活动，例如参观纪念馆、参与社区志愿服务等，加强实践与德育交融，把激发学生学习音乐的兴趣贯穿于始终。学生通过亲身经历和参与，亦能够深刻感受到爱国主义的歌曲内涵和重要性。

二、跨学科主题学习

随着信息时代和知识经济的到来，社会变化加剧，人类面临在不确定的世界中处理复杂问题的挑战。未来社会需要培养具有知识迁移和解决实际问题综合能力的劳动者。

跨学科主题学习的提出是对新时代学生素养要求的反思和回应。跨学科主题学习的设置符合社会发展趋势与国家实施的人才强国战略。跨学科主题学习是学生跨学科能力培养的重要载体。21世纪以来，推进跨学科主题学习的制度化实践已经成为提升国家竞争力的教育战略选择。学生的生活是完整的，学生的课程是不分科的。一旦让学生活动起来，尤其是问题解决的活动，这一定是跨学科的。从学生成长的角度看，跨学科主题学习所发展的不仅仅是学生的知识整合与问题解决能力，还涉及道德性、价值观和意义感等人格属性的发展。青少年在跨学科主题学习所提供的整合性体验中有机会处理价值问题，并且是以一种真实的情感和态度直面这些价值问题，这对培养具有良好个性和对周围世界与群体生活负有责任感的个体而言是至关重要的。从跨学科领域为理解社会主义核心价值观提供跨学科的研究视野，才有可能从更高层面、更大范围去勾勒社会主义核心价值观的全景图像。

以下是跨学科主题学习案例：

我是中国人

学科：音乐、道德与法治	年级：五年级	设计者：马兰

【教材分析】

本课选自人音版《音乐》五年级下册第五单元《京韵》。该单元内容围绕京剧艺术，旨在促进小学生对京剧的了解与体验。曲调的运腔十分口语化，它热情地颂扬了中华民族讲文明的传统美德。曲中每一句中均运用了前半拍的八分休止符，使得曲调刚健有力，特别是最后一句的"人"字上通过一字多音的长运腔，把音调推向全曲的最高音"5"形成高潮，继而又以下行五度结束在"1"音上。它以自豪的语气和心情，唱出了中国人奋发向上的精神面貌——我是中国人，要热爱自己的祖国，热爱祖国的文化。

【学情分析】

孩子们已经具备一定的音乐基础知识和初步的音乐鉴赏能力，但这样的能力参差不齐，特别是这一课的学习。戏曲是学生比较陌生的内容，尤其是这是学生在小学阶段课程中第一次接触戏曲，因此，在教学过程中应以学生为中心，以视频、教师示范等多种感性体验为主的方式引领学生体会戏歌的韵味。尤其戏剧学唱传统的学习方式即"口耳相传"，本课教学也以这种方式为主引领学生进入戏剧的世界。通过对歌曲的学习，体验与表现京剧的韵味。

【教学目标】

1. 情感态度与价值观：体验以京剧音乐为素材唱作的浓郁京韵，激发对民族民间音乐的热爱，从而引发作为中国人的强烈自豪感。

2. 过程与方法：通过聆听对比，角色体验、自主探究等方式，让学生学会演唱并表演戏歌《我是中国人》，增强热爱祖国的情感。

3. 知识技能目标：学唱戏歌《我是中国人》，初步了解板眼、闪板、拖腔等知识点。

【核心问题及子问题设计】

核心问题：学唱戏歌《我是中国人》，增强热爱祖国的情感。

子问题：歌曲的学习激发对民间音乐的热爱，表达爱国之情。

【教学过程设计】

一、开放式导入

1. 随音乐进教室（音乐选用《京调》，学生做京剧跑场动作进教室）。

2. 用京韵味道进行师生问好（配乐，音乐不停）。

3. 了解京剧（多媒体出示，并互动学习做和念）。

二、核心问题推进

学习新歌（25分钟）

1. 范唱歌曲，感受韵味。

2. 了解戏歌。

3. 复听歌曲，感受京韵。

4. 了解"板眼"。

①了解板眼。

②出示板眼。（多媒体出示：板眼）

③出示含义，并分辨。（多媒体出示板眼的含义）

④出示《我是中国人》歌谱，看着歌谱，听音乐，打打这首歌曲的板眼。

师：这首歌曲板在哪？眼在哪？（多媒体标出每小节板）

⑤出示：无眼板。

5. 复听歌曲，打打板眼。

6. 了解躲板。

7. 收徒弟，讲规矩。

8. 学唱每一句。

①第一句：我是一个中国人。

②第二句：炎黄子孙龙的传人。

③两句连起来唱唱。

④第三句：文明古国更要讲文明。

⑤第四句：做一个堂堂正正的中国人。

⑥四句连唱：

该在哪些地方换气？这个拖腔是全曲最激动人心的部分，他要表达的是什么？（作为一个中国人的那种自豪与豪迈）如果给你力度记号的话，你会选择哪个？为什么？试一试，会唱了吗？

⑦跟着录音学学，试试吧（跟录音范唱唱），站起来端着架子试试。

表演动作分解：第一句："我是"强拍手往内做托掌位，"一"躲板加上摇头，"人"（这是什么符号？波音），加上点头，强调自豪感。

第二句："炎黄"右手往右45度前伸。"龙"字竖大拇指。情绪强调自豪感。

第三句："文明"的"文"躲板加上手势，"更要讲文明"的"更"字加上摇头，"明"加上点头。（这是什么符号？前倚音，婉转动听）

第四句："做"躲板时手拉回再伸出，"堂堂正正"手向外划半圆舒展至右45度，最后一个"正"往下一顿，收音，强调。"人"点头，再摇头……

9. 跟着音乐演唱、表演。

三、开放式延伸

拓展戏歌《说唱脸谱》（5分钟）。

【教学反思】

热爱祖国教育，是道德与法治教育中重要的内容之一。本课弘扬民族音乐，要求学生理解音乐文化的多样性。通过音乐学习，让学生熟悉和热爱祖国的音乐文化，增强民族意识、培养爱国主义情操。戏歌《我是中国人》既有京韵特点又有歌曲韵味，体裁新颖，也能让学生从节拍特点、情绪、情感当中充分感受作为中国人的自豪感。

在教学环节方面，设置了激发兴趣——故事导入——聆听感受——教唱学唱——拓展体验，努力遵循新课标所提出的让学生在自主探究中、在角色体验中获得新知的原则，力求让孩子们在玩中学，在轻松愉悦的氛围中了解国粹京剧，激发对民族民间音乐的热爱。

《我是中国人》这首具有京韵的戏歌难度较大不易唱准，在教学中我运用各种教学方法来突出重点、解决难点，比如躲板，引导学生一起拍腿闪头感受空拍；比如拖腔，老师和学生一起数拍子；再比如我还让学生用笔画出躲板的地方。这些方法的运用，降低了歌曲的难度，使学生很快学会歌曲，并演唱得比较准确。

反思本课教学，课中采用体验式教学，让学生多聆听与感受，引导学生层层递进逐步把难点解决。对学生的评价也采纳了综合评价方式，教学效果不再是看学生这首歌唱熟到什么程度，而是关注学生对音乐的兴趣、情感反应、参与态度等。学生通过这节课的参与，对国粹京剧产生兴趣，同时也通过本课的学习，激发了对民族民间音乐的热爱，增强了身为中国人的自豪感。

长征之歌——雪山草地铸丰碑

学科：语文、道德与法治	年级：六年级	设计者：张渝

【教材分析】

（一）横向融合内容，挖掘跨学科融合的课程思政教育的切入点

《义务教育道德与法治课程标准（2022 年版）》明确指出："思政课是落实立德树人根本任务的关键课程，道德与法治课程是义务教育阶段的思政课。"《义务教育语文课程标准（2022 年版）》明确指出："继承和弘扬中华优秀传统文化、革命文化、社会主义先进文化，增强对习近平新时代中国特色社会主义思想的理解和认识，全面提升核心素养。"在语文学习的过程中，培养爱国主义、集体主义、社会主义思想道德，逐步形成正确的世界观、人生观、价值观。《可爱的四川》指出：地方课程是育人的重要的载体，《可爱的四川》立足省情，以认识四川、热爱四川、建设四川为核心，是了解四川风土人情、自然风光、人文历史不可或缺的一部分；它的实施有利于学生形成爱祖国、爱家乡的情感，有利于增强学生振兴四川、建设家乡的责任感。本课采用"同主题融合式教学"，以学科核心素养为导引，整合课程内容，充分挖掘跨学科融合的课程思政教育的切入点，开展彰显爱国的社会主义核心价值观的跨学科整合教学。

（二）纵向设定目标，深化跨学科融合的课程思政教育的内容

"长征主题课程"中的思政教育切入点为"长征精神"，3 门学科均结合核心素养培育目标，围绕"长征之路"进行了教学目标的设计，深化了

课程思政的内涵。道德与法治学科侧重于"政治认同",语文学科侧重于"文化自信","可爱的四川"侧重于"政治认同、责任意识"。

【学情分析】

学生在《道德与法治》五年级下册第三单元第 9 课《中国有了共产党》中以"找地点,明路线,想困难"为驱动性任务,了解长征的概况;交流搜集到的长征故事,感受革命先辈们的艰辛,学习和传承长征精神;并且通过参与项目式活动,寻找践行长征精神的事例,了解"新长征精神";形成了继承革命传统、弘扬长征精神的爱国志向,在生活中践行长征精神。

同时在《语文》六年级上册第 5 课《七律长征》中,以各种形式读诗,初步感悟诗意。查找资料,感受毛主席写下这首诗时的心境,进一步理解长征精神。

我了解到 6 年级学生对长征有初步感知,对伟大的长征精神的内涵有初步的了解和认识,能够以新时代少先队员的身份主动、积极地践行长征精神,为中华民族伟大复兴贡献自己的力量,爱国情绪热烈,愿意将对祖国的深爱付诸实际行动。通过六年级上册《语文》课本中《七律长征》的学习,学生已经领会了诗句表达的情感,感受了红军大无畏的革命精神。对比四川省义务教育地方课程教材《可爱的四川》发现,两者之间有相似之处,但《可爱的四川》书中的《长征之歌——雪山草地铸丰碑》一课,更加深刻地让学生去感受长征途中的艰苦,从而帮助学生更好地理解长征精神。

【教学目标】

1. 了解爬雪山、过草地的英雄壮举。

2. 感受红军战士顽强的革命意志,为了救国救民,不怕任何艰难险阻,不惜付出一切牺牲的精神。

3. 深入理解社会主义核心价值观中的爱国精神内涵,弘扬长征精神,在生活中践行"新长征精神"。

【核心问题及子问题】

核心问题:《七律·长征》"红军不怕远征难,万水千山只等闲"中的"难"到底有哪几难?

子问题1：红军战士是怎么克服这些艰难条件的？

子问题2：从红军战士的行动中，体会到红军战士怎样的精神？

难点突破策略：长征是特殊背景下的特殊事件，红军在长征途中的艰苦卓绝，是现在学生闻所未闻，见所未见的，甚至是无法想象的。学生对于科学知识的学习和认识有着强烈的好奇心和求知欲，要抓住学生的这一学习热情，先给予学生充分自学、思考、共学、讨论的时间和机会，在过程中引导学生发现长征的"三难"。通过让学生身临其境感受环境的恶劣，再结合《七律·长征》中的"红军不怕远征难，万水千山只等闲"来理解红军战士们那把全国人民和中华民族的根本利益看得高于一切，坚定革命的理想和信念，坚信正义事业必然胜利的精神；为了救国救民，不怕任何艰难险阻，不怕付出一切牺牲的精神；坚持独立自主、实事求是，一切从实际出发的精神；顾全大局、严守纪律、紧密团结的精神；紧紧依靠人民群众，同人民群众生死相依，患难与共，艰苦奋斗的精神。

【教学过程设计】

一、开放式导入

1. 谈话导入：同学们，当我们心情愉悦，想要抒发情感的时候，总会选择一种表达方式。在中国革命史上，有一位伟人喜欢写诗来表达感情，他有一首慷慨激昂、气势磅礴的诗，歌颂了人类历史上规模最大的一次远征，你知道是哪首诗吗？对，就是毛泽东的《七律·长征》。作为红军的领导人，长征的亲历者，毛泽东在长征即将胜利结束之前，满怀豪情地写下了这首诗。请一位同学来读一读这首诗。

2. 教师引导：回顾这场伟大的征程，我们不禁要问，红军为什么要远征，远征到底有多难？红军又为什么不怕呢？今天就让我们回到战火纷飞的年代，和红军战士一起走一走那万里长征路。（板书课题：长征之歌——雪山草地铸丰碑）

二、核心过程推进

活动一：回望长征之路

1. 教师引语：首先，让我们一起回望长征之路。这就是工农红军长征路线图。我们以红一方面军，也就是中央红军为例，1934年10月，中央红军从江西瑞金出发，一年后到达陕北的吴起镇，各路红军又于一年后在会宁会师。历时两年，漫漫长征路宣告结束。蜿蜒曲折的长征路，给你什么感受？你知道长征有多远吗？行程二万五千里，中央红军徒步跨越了中国 11 个省份。

2. 学生看图，说感受。（板书：路途遥远）

活动二：感受长征之"难"

（一）长征的原因——战略转移之艰难

教师引语：那么，红军为什么要长征呢？

补充资料：1927 年，中国共产党有了自己的武装革命力量，那就是红军。毛泽东创建了井冈山革命根据地后，各地党组织抓住有利时机，在全国建立了十几块革命根据地。在这张图中，红色的区域就是革命根据地，标注红星的地方是中华苏维埃共和国临时中央政府所在地——江西瑞金。星星之火，渐成燎原之势。

为了阻止共产党逐步壮大，国民党对革命根据地进行了一次次"围剿"，红军官兵取得了一次次反"围剿"胜利。但由于错误的路线和指挥，红军第五次反"围剿"失败了，中共中央和中央红军为了保存革命实力，被迫撤出中央革命根据地，踏上了战略转移的漫漫征程。

（二）伟大的战略转折——"难"中找方向

1. 突破层层围堵损失惨重

教师引语：这伟大的远征是怎样迈出第一步的呢？同学们看图，长征初期，红军艰难地突破了敌人的四道封锁线后，损失相当严重，由出发时 8 万多人锐减到 3 万余人，这里发生了著名的湘江战役，红军用不屈的意志血染湘江。

2. 遵义会议生死转折

教师引语：在生死存亡的危急时刻，中共中央在遵义召开了重要的遵义会议，及时纠正错误，确立了毛泽东在党中央的领导地位。遵义会议挽救了党，挽救了红军，挽救了革命，是中国共产党历史上一个生死攸关的转折点。

（三）艰难险阻不畏惧——"万水千山只等闲"

1. 了解环境恶劣，红军战士遇到的难

教师引导学生看图：再看看这蜿蜒曲折的长征路，走完这条路，中央红军只剩下几千人。这一路，他们又经历了什么呢？图上细细的蓝色线条在现实中，却是横亘在红军面前的一道道大江大河。你知道红军在渡河时遇到了怎样的困难吗？

补充资料：长征路上红军跨越近百条江河，其中不少大江大河，水流湍急。这就是波涛汹涌的大渡河，两岸丛山耸立，河道陡峻，素称天险，渡河时只有几条小船，在波涛翻涌的江面上来回摆渡，多少战士被急流冲走。

跨过了大江大河，又有什么挡住了去路？同学们请看，这里就是大雪山。红军翻越了40多座高山险峰，海拔4000米以上的雪山就有20余座。你去过高海拔的地区吗？初次登上高原，人可能有什么反应？若是我们在零下十几度的地方，会穿什么衣服？红军战士穿着单衣草鞋上山的，多冷呀，很多战士随时可能会冻死、饿死。高峰雪山，空气稀薄，严寒缺氧，人们都说那是死亡之山。

翻过了雪山，前面还有沼泽地在等着他们。就是这里，松潘草地，这是世界上海拔最高的湿地，也就是人们口中常说的沼泽地。在这里，一不留神，就会被泥潭夺去生命，怪不得被称为"死亡陷阱"。过草地时，红军战士以野菜、草根、树皮、皮带充饥。战士们吃了有毒的草可能就会死亡。这里真是危机四伏。

红军战士在长征途中艰难跋涉，他们经常遇到吃、穿、住、用的不足和战备物资短缺。

班级交流：同学们，你体会到长征路上的环境怎么样？战士的生活怎么样？（板书，环境险恶，生活艰苦）

2. 敌人的围追堵截的危险

教师引语：能走完这样的长征路已经不易了，更何况随时还可能遇到敌人的围追堵截，随时要与敌人作战。（板书：敌人围堵）关于战斗的惨烈，影视剧《飞夺泸定桥》中有这样的片段。

播放视频，学生观看后说感受。

教师补充：长征途中共发生了600余次重要战斗，每场战斗都有红军战士献出生命，平均每前进300米就有一名战士牺牲。从装备上看，国民党军队拥有飞机大炮，而红军装备简陋，平均每百人拥有的枪支数仅40

多支。长征的路也是一条战斗的路，一条流血的路。

教师小结：同学们，你们说长征的道路难不难？长征历时之长，行程之远，自然环境之恶劣，敌我力量对比之悬殊，在世界战争史上极为罕见。

可是当我们再看《七律·长征》这首诗时，我们发现"五岭""乌蒙"这样的高山峻岭，在诗人的眼里却如小小细浪以及小小的泥丸，表现出的是红军战士大无畏的革命乐观主义精神。

活动三：感悟长征精神

教师引语：这场远征这么"难"，可红军为什么"不怕"呢？让我们通过长征路上可歌可泣的故事来探寻其中的秘密。谁想来和大家讲一讲你知道的故事？

（一）学生讲长征故事，谈感受

1. 阅读课本 65 页阅读角，谈感受：课本中也为大家带来了一个故事，请同学们阅读《彝海结盟》，说说你从故事中感受到什么。

2. 阅读《可爱的四川》中的其他故事，小组议一议，分享交流，你感受到红军是一支什么样的军队？

3. 教师小结：《彝海结盟》展现了中国共产党重视民族团结，一贯尊重少数民族的精神。

（二）播放视频，学生观看说感受

红军战士是靠什么在这样艰苦的条件下坚持斗争的呢？我们再来听听几位老红军战士讲述他们的长征故事。视频里的爷爷奶奶已是耄耋之年，可是当年他们只有十几岁，他们经历了什么？有一位老奶奶，在当年只是一位小姑娘，也和男孩子们一起完成了艰难的长征。同学们再听一听，是什么支撑他们走了过来？

教师小结："走过去就是胜利。"不错，走过去就是胜利。这就是坚定不移的革命信念。有人说，长征之路是理想之路，是信念之路。红军战士用顽强的意志突破了人类生存的极限。长征路上的种种死亡威胁不仅没有压垮红军战士，反而铸就了不朽的长征精神，即使遇到再多困难，他们也"百折不挠，勇往直前"，即使在敌人的枪林弹雨之中，他们也"不怕牺牲、浴血奋战"。（板书：长征精神、浴血奋战、百折不挠、不怕牺牲、勇

往直前）

红军长征的队伍是个充满朝气的队伍。那是一群风华正茂的年轻人，为了理想而奋斗的年轻人。长征路上，还有很多十四五岁、十二三岁的孩子——就像你们这么大，他们走出了一条不平凡的路。

长征宣告了国民党政府围追堵截的破产，实现了红军的战略大转移，在沿途播下了革命的种子。毛泽东说："长征是历史纪录上的第一次，长征是宣言书，长征是宣传队，长征是播种机。"

活动四：传承长征精神

（一）教师补充资料

1. 当年的红军战士，他们为了救国救民的崇高理想，献出了宝贵的生命，他们的精神感染着一代又一代的中国人。1970年我国第一颗人造地球卫星"东方红一号"成功发射。当时推动它发射的火箭就叫"长征"。至今为止，每次执行发射任务的火箭都以"长征"命名。

2. 播放习近平总书记讲话音频："每一代人有每一代人的长征路，每一代人都要走好自己的长征路。"

3. 班级交流：同学们，你们有理想吗？在实现理想的道路上，遇到困难时，你会怎么做呢？

（二）总结升华

教师引语：当今时代，以综合国力为核心的国际竞争日趋激烈，建设中国特色社会主义，实现中华民族伟大复兴中国梦，更需要不畏艰险，顽强拼搏的长征精神。同学们，我们的长征路才刚刚起步，希望同学们树立远大的爱国志向，用实际行动继承弘扬长征精神。让我们以饱满的热情齐读《七律·长征》这首诗，再次感受红军战士那不朽的长征精神。

2. 学生起立诵读《七律·长征》。

【教学反思】

长征是人类战争史上的奇迹，它特有的魅力使它就像一部最完美的神话，突破时代和国界，在世界上广为传扬。中国工农红军的长征是一部史无前例、雄伟壮丽的史诗。《长征之歌——雪山草地铸丰碑》一课旨在让学生通过学习了解中国工农红军长征路程之长、过程之难。从而感悟长征精神。课堂上，以毛泽东的《七律·长征》开启了本节课，通过"回望长征之路，感受长征之'难'，感悟长征精神，传承长征精神"四个活动带领孩子们了解长征的起因、路线，感受红军在异常艰苦的条件下智取遵义城，飞夺泸定桥，四渡赤水，翻越夹金山的事迹，让孩子们震撼、感动。

长征发生的年代距离学生生活较远，学生年龄又小，体会长征途中红军遇到的艰难险阻还是有些难度的。能结合学生实际，创造性地使用教材，以学科核心素养为导引，整合课程内容，充分挖掘跨学科融合的课程思政教育的切入点，开展彰显爱国的社会主义核心价值观的跨学科整合教学。充分利用教材中的《中国工农红军长征路线图》，让学生在图中找一找红军战士长征行走的路线；说一说红军长征经过的地区自然环境如何；想一想红军当时面临怎样的困难……教师再将长征途中红军遇到的重大战役图片标注在路线图上，直观地展现了长征途中，除了环境极度恶劣外，还随时面临激烈的战斗，为学生感悟长征精神做好铺垫，强调了在新时代传承长征精神的重要性。

竹编龙舟

学科：劳动、美术	年级：五、六年级	设计者：曾胜蓉

【教材分析】

《中共中央　国务院关于全面加强新时代大中小学劳动教育的意见》指出："让学生动手实践、出力流汗，接受锻炼、磨炼意志，培养学生正确劳动价值观和良好劳动品质。"在《义务教育劳动课程标准（2022年版）》的第三学段的学段目标中也提出"进一步体验……手工制作等生产劳动"。

本课以学生喜爱的手工制作为切入点，结合非物质文化遗产项目"竹编"，将中华优秀传统文化融入劳动教育中，让学生经历简单手工制作过程，感悟劳动创造一切的美好品质。在这个过程中，融入审美教育，让学生感受竹编之美，从花纹、图案、色泽等方面直观感受竹编艺术品的魅力，培养学生艺术审美。

【学情分析】

1. 小学高年级的学生已经积累了一定的劳动技能，发展了一定的动手能力，能够独立进行观察、制作活动。

2. 手工制作的劳动课课型也是十分吸引学生的，学生学习兴趣很浓厚。

【教学目标】

1. 通过了解竹编艺术、制作龙舟花艺，感受手工劳动的乐趣，体会到手工制作的不易；利用竹编和插花两种艺术形式的结合，体悟劳动创造性和劳动之美，感受劳动的伟大。

2. 掌握简单的竹编编织手法，编制简单的竹编龙舟；结合插花的艺术形式，装饰龙舟，制作富有艺术感的手工艺品。

3. 通过动手操作，培养学生吃苦耐劳、团结协作、珍惜劳动成果等优秀的精神品质。

4. 引导学生欣赏竹编艺术之美，感受传统手工艺术的价值，加深对中华优秀传统文化的理解，树立文化自信。

【核心问题及子问题】

核心问题：你能编织出竹编龙舟吗？

子问题1：需要用到哪些材料？

子问题2：制作的步骤有哪些？

子问题3：制作时应该注意什么？

【教学过程设计】

一、开放式导入

1. 猜谜语

师：开课之前，老师带来了一个谜语："幼时味美正好尝，大时做笛把歌唱，老时拿来撑船用，常年漂泊江河上。（打一植物）"你猜到了吗？

2. 引入竹编工艺

师：苏轼说："宁可食无肉，不可居无竹。"可见中国人对竹子有多么喜爱，竹子有着坚韧的风骨与高尚的气节。而在老百姓的日常生活中，竹子又不仅仅是这样，它可以有很多用处。比如，在刚才的谜语中，提到了哪些用处呢？

63

引入课题：在民间，富有智慧的劳动人民还把竹子加工成竹片，进行编织。（出示竹编）这种工艺叫"竹编"，它也是我国的非物质文化遗产，今天我们一起来学习"竹编"。

二、核心过程推进

1. 竹编种类

师：现在常见的竹编制品根据用途主要分为实用工艺和艺术工艺两大类。实用工艺主要是将竹子编织成凉席或者筛子、簸箕等容器，艺术工艺就是利用竹丝或者竹篾，编织成工艺品和装饰品。（展示图片）编织时我们需要将竹子加工成竹篾和竹丝，专门从事竹编艺术的匠人称为"篾匠"。

2. 编织技法

师：竹编常见的编织方法有一挑一编法、三角孔编法、六角孔编法、斜纹编法，在这些编法上又各有改编。其中一挑一编法是最基础的编法，也是我们一会儿会用到的编法。

3. 制作流程

师：那竹编到底是怎么制作的，它有哪些流程呢？我们一起通过一段视频来了解一下。（播放学生探秘竹编视频）

师：这些程序听起来很陌生，那我们通过一段视频看看，传统的篾匠是怎么制作竹编器具的。

（播放篾匠编织视频）

4. 竹编龙舟

（1）观看视频学习步骤

师：看完视频，相信大家已经感受到传统手工艺的魅力了，那大家想不想亲自动手来尝试一下呢？端午节就快到了，赛龙舟是端午节的传统习俗之一，今天老师结合竹编工艺，也制作了一条"龙舟"，我还将采集到的春天的鲜花装满小舟，我们先来看看"竹编龙舟"是如何制作的，请带着这些问题去观看：

①我们需要用到哪些材料？

②制作的步骤有哪些？

③制作时需要注意什么？

（播放龙舟花艺视频）

（2）厘清编织重难点

师：谁来回答这三个问题？

①我们需要用到哪些材料？

生：竹篾、麻绳、花。

②制作的步骤有哪些？

生：先将竹篾排成一排；用一挑一的手法编织；再将头尾和船身用麻绳进行固定；最后用鲜花装饰龙舟。

③制作时需要注意什么？

生1：摆放时要平行摆放整齐。

生2：编织时要按紧。

生3：我们用的手法是一挑一编法。

（3）动手制作"竹编龙舟"

教师巡视教师，适时指导。

追问：有没有编织遇到困难的同学？遇到了什么困难？

指导同学合作帮忙破解编织难题。

三、开放式延伸

1. 全班展示

师：有没有同学愿意来展示自己作品？用一两句话简单介绍一下自己的亮点。

生1：我的作品叫"春色满园"，我用各种美丽的花来装饰龙舟，好像装了整个春天。

生2：我的作品叫"美好思念"，端午节赛龙舟起源于楚国人为了纪念屈原而划船追赶。所以我的作品也寄托了这份思念。

2. 感悟竹编之美

师：今天我们了解了竹编，并动手体验了竹编工艺，毫无疑问，竹编是一门艺术，那它的美体现在哪儿呢？

生1：我第一次用竹子编织工艺品，没想到编的花纹这么好看。

生2：刚才我们欣赏的竹编艺术品中，我发现大多都是用的竹篾本来的颜色，我觉得这种本色也很美。

生3：在编织的过程中，我和同桌合力才能将龙舟的头尾给绑好，我感悟到了合作之美。

生4：通过这一节课的学习，我成功完成了我的作品，我感受到了劳动之美。

师小结：这节课我们了解了珍贵的非遗竹编，懂得了竹编技术的智慧和美妙之处，学习制作了竹编龙舟，形成了一件件精美的作品，其实，正是劳动创造了我们这个美丽的世界。

【教学反思】

手工制作艺术是一种充分调动学生手、眼、脑协调合作的实践活动，本节课结合竹编这一传统手工技艺，让学生在操作活动中感受艺术之美，体悟劳动之美，学生也在劳动活动中体验到成功的快乐，感受到艺术的美妙。这节课的直观性、形象性、审美性都比较强，融合了劳动和美术学科内容，符合儿童身心发展阶段特征。同时，借助"竹编"这种民间手工艺的形式，能够渗透中华优秀传统文化的价值，提高学生对民间手工技艺的兴趣，激发学生和对非物质文化遗产的崇敬，树立文化自信，增强学生的爱国情怀。

三、少先队活动课程

少先队在党的领导下不断发展、壮大，逐步成为少年儿童思想意识教育的中坚力量。少先队具有组织优势，能将广大少年儿童团结在一起，把单个个体的思想力量集中凝聚，从而扩大少先队组织在价值观教育中的覆盖面和影响力。

同时，少先队秉承"知行合一"的教育理念，将实践与自我学习相结合，注重少年儿童的亲身实践和参与过程，强化内心体验，引导少年儿童在体验中形成正确价值观认知。

红领巾、队旗、队徽、队歌等少先队特有的外在符号表征也蕴含着社会主义核心价值观所倡导的部分基本价值观念。合理挖掘并利用此类符号表征是创新少年儿童价值引领方式和方法的重要途径。

我校坚持用社会主义核心价值观教育引导少年儿童，充分发挥少先队组织教育作用，突出党带团、团带队，尊重少年儿童的主体地位，结合少年儿童不同年龄阶段特点与认知规律，将课内课外、线上线下有机结合，构建了多学科、多渠道、多资源的融合育人模式。低年级少先队活动课程设置丰富多彩、生动活泼，具有教育性、知识性和趣味性；中高年级少先队活动课程设置随着少年儿童认知水平提升有了明显提高，课程学习内容更加深入，通过引导少先队员开展寻访、竞赛、辩论、义卖等多种形式的实践活动，激发他们爱党、爱国、爱家乡等情感。从低年级到中高年级的课程设置有层次、有梯度，循序渐进地拓宽少年儿童学习实践的场域，将抽象知识具象化，厚植家国情怀，用入心入脑的教育形式，为少年儿童在小学阶段埋下"从小听党话、永远跟党走"的种子。

以下是少先队活动课程案例：

追闪耀的星　做最好的我

巫峡鸥

一、设计意图

随着经济社会的迅猛发展和互联网技术的日新月异，"平民偶像""行业偶像"不断涌现，社会进入了"人人皆可成为偶像"的"泛偶像"时代。

在五六年级的学生中，偶像的话题时常被提及。网络上也经常可以看到追星过度的一些事例。追星是正常之事，但要我们引导学生正确看待偶像，从小树立正确的榜样价值观。

少年儿童培育和践行社会主义核心价值观要适应少年儿童的年龄和特点，主要是要做到记住要求、心有榜样、从小做起、接受帮助。

心有榜样，就是要学习英雄人物、先进人物、美好事物，在学习中养成好的思想品德追求。我国历史上有很多少年英雄的故事，在中国共产党领导人民进行的革命、建设、改革事业中也涌现了大批少年英雄。另外，各行各业都有很多值得我们学习的榜样，包括航天英雄、奥运冠军、科学家、劳动模范、青年志愿者，还有那些助人为乐、见义勇为、诚实守信、敬业奉献、孝老爱亲的好人等等。榜样的力量是无穷的。大家要把他们立为心中的标杆，向他们看齐，像他们那样追求美好的思想品德。这就是孔子讲的"见贤思齐焉，见不贤而内自省也"。

2022年3月25日颁布的《义务教育课程方案和课程标准（2022年版）》将党的教育方针具体细化为各课程应着力培养的学生核心素养，要求体现正确价值观、必备品格和关键能力的培养要求。价值观是判断评价事物是非好坏的内心尺度，决定和统率着人的态度、动机和行为模式。

小学阶段是学生价值观教育的重要时期，价值的认识、观念的启蒙将对学生产生持续而长远的影响。我们依托学校先锋课程中"榜样力量"活动课程为载体，结合儿童的生存境遇创设问题情境，融合学科、渗透文化，设计了"追闪耀的星 做最好的我"少先队活动课程，拟通过寻找榜样、为榜样撰写颁奖词、学做榜样等项目活动，让榜样精神直抵儿童的心灵，让儿童对榜样真正认同，内化为成长的力量。

二、活动目标

1. 感受到不同人物的伟大精神；

2. 梳理并形成对榜样的正确认识；

3. 形成理想与信念的启蒙，立志成为像榜样一样的人。

三、活动对象

六年级学生

四、活动过程

（一）前置活动

前期教学中，给出话题"谁是我们的榜样？"让学生们通过查阅数据、影视资料、与家人对话、寻访伟人故居等活动，去身边找寻自己的榜样。

（二）活动推动

1. 共鸣：分享榜样事迹

学生们以不同的形式，对榜样及事迹进行分享。

第一组：还原场景

通过视频，再次观看体育健将——谷爱凌的冬奥赛场大跳台的最后一跳。

第二组：追溯生平

以袁隆平院士灿烂的笑脸引入，追溯他的生平和伟大事迹。

袁隆平院士用他的一生解决了全国人民的吃饭问题，让许多人远离了饥饿，我们不得不感叹：袁隆平院士不愧是国之脊梁，稻田的守望者啊！

第三组：故事讲述

通过手绘图画，讲述钟南山院士从小立志成为一名医生并为志向而努力的故事。

钟南山院士的故事，让孩子们想到了自己学校里的防疫故事。

通过视频讲述学校老师防疫的故事，采访社区防疫志愿者王志敏老师。

特别是社区防疫志愿者王志敏老师，他也是孩子们的数学老师。在家隔离的两周，他的教学一刻没有落下，他不但在家备课，给孩子们线上上课，还抽时间做社区志愿者的工作。在他返校复工的那一天，孩子们自发给王老师举行了一个小小的"解封仪式"。（播放视频）

一组同学专门约好时间，采访了王志敏老师，从为什么要去做志愿者这一问题出发，听他讲述了那一段特殊时期的志愿者工作。

听了一些防疫的榜样故事后，一个同学分享了在锦江区卫生疾控中心工作的妈妈，因疫情忙碌工作、连续好几个夜晚彻夜不归的故事。

第四组：场馆学习

回忆了走访陈毅故居的过程。走进场馆，通过物件，同学们感受到了陈毅元帅的精神，更全方位地了解了这位开国元帅。

2. 认同：议榜样——什么是榜样？

（1）给晞光馆推荐榜样

在我们学校也有一个红色场馆——晞光馆，里面专门有一个板块是"榜样的力量"。大家肯定也迫不及待地想把自己的榜样推荐到那里，让更多同学能够认识我们的榜样，汲取榜样的力量！

①写颁奖词；

②跟你的好朋友分享；

③全班分享、指名分享，并贴在黑板上。

上台分享模式：我给我的榜样致颁奖词（接着念颁奖词）……

要求在评价语中使用赞美、共情、有趣、坚强、爱国等表示优秀品质的词语。

大家都推荐了自己的榜样，我们每个人的榜样都不一样，你能发现他们有什么共同之处吗？

（2）讨论：榜样的共同之处？

①小组讨论；

②全班交流。

（3）提炼关键词：志向远大、精神崇高、脚踏实地

榜样是你要努力靠近并超越的存在；榜样是照亮你前行方向的一束光；榜样是把你拉出痛苦迷茫的一双手。我们有榜样，我们的榜样也有他

们自己的榜样，让我们一起来看看吧！（播放苏炳添的视频）

（三）活动延伸

通过视频感受了他们的榜样又是如何向自己的榜样学习的之后，大家分享了自己向榜样学习的过程。

五、活动评价

课后，同学们将撰写颁奖词并在曦光馆"榜样的力量"单元进行粘贴展示；做像榜样一样有美好品质和崇高理想与信念的人。

六、活动反思

1. 有据

项目源自真实的事件。学校曦光馆中有一个展陈区域为"榜样的力量"，这一区域展示了学生的学习榜样，谁可以上榜是孩子们特别关注的问题。

通过毕业季寻找榜样活动，让学生通过深度阅读、观影、调查采访等多种形式，找寻感人故事和榜样形象。引导学生提出"什么是我们追寻的星？"这个有待深度探究的问题。

2. 讲理

基于这一真实事件，提出驱动性问题：如何确立榜样，并向他们学习？

分小组讨论，梳理出"我们追寻的星"具有哪些美好的品质、理想与信念，再号召大家追这样闪亮的星，做像榜样一样的人。

3. 动情

请学生制作践行卡，倡议大家一起追寻榜样的足迹，追闪耀的星，做像榜样一样有美好品质和崇高理想与信念的人。

从小做起，让玫瑰的"余香"美好人间

陈晓梅

一、设计意图

本学年段的学生处于价值观初步形成期，对身边人的苦难能心生同情，对学校老师或本班同学的困难能友善帮助，但对于社会上或日常生活

中其他方面的需求，不容易看见、不容易共情，更疏于行动。教育学生关注生活，从日常生活的小事中去学会看见、去主动行动，伸出温暖的双手，让"友善"的品质内化于心，尤为重要。

二、活动目标

1. 了解捐赠是帮助别人的途径之一，初步感知捐赠及红十字会相关知识。

2. 在日常小事中学习如何帮助别人：多一点看见，多一些同情，多一次行动。

3. 懂得帮助的意义——"赠人玫瑰，手有余香"，让友善的品德根植于心。

三、活动对象

五年级学生

四、活动过程

（一）前置活动

1. 参与学校市集活动，体验靠双手创造财富的快乐。

2. 利用周末走进社区、街道，发现身边需要帮助的人或现象，主动给予其帮助。

3. 搜集有关"帮助"的名言佳句，理解其背后的含义。如：

（1）病人之病，忧人之忧。

（2）一方有难，八方支援。

（3）不因善小而不为，不以恶小而为之。

（4）君子贵人贱己，先人而后己。

（5）帮助他人的同时也帮助了自己。

（6）最好的满足就是给别人以满足。

（7）辅车相依，唇亡齿寒。

（8）每有患急，先人后己。

（9）路见不平，拔刀相助。

（10）人家帮我，永志不忘，我帮人家，莫记心上。

（11）赠人玫瑰，手留余香。

（二）活动推动

以班会课的形式，让学生从市集说开，在亲身实践后共同畅谈"帮助"话题，深化对友善的认识。

1. 聊市集，学"捐赠"

（1）师生共聊华润市集活动，交流活动感受。

老师小结：体验了参与的快乐，感知了诚信价值观、培养了财商能力，懂得了劳动能创造财富！

（2）老师采访：市集的盈利，你打算如何安排？

老师小结：捐赠是帮助别人的一种好方式，是非常有意义的。

（3）学习捐赠知识。

①认识中国红十字会（视频了解、定义感知）

中国红十字会是国际红十字运动的成员之一，是中华人民共和国统一的红十字组织，是国家专门从事应急救灾、扶贫救济工作的社会救助团体。

国际红十字会是红十字国际委员会的简称，是瑞士人亨利·杜南倡议成立的。宗旨是为战争和武装暴力的受害者提供人道保护和援助。

②了解身边的募捐机构

如成都市红十字会、锦江区红十字会、成都市慈善总会、锦江区慈善会等。

学生现场连线，咨询捐赠相关事宜，进一步了解如何募捐。

③知道募捐定义

自愿或无偿地将有价值的东西给予别人。

（设计意图：从学生熟悉的校园"华润市集"活动入手，分享盈利支配，引导学生思考——用盈利来帮助别人是一件有意义的事情）

2. 荐名言，知方法

（1）捐赠是一种特殊的方式，帮助别人可以更多地渗透在日常生活的方方面面。只要做生活的有心人，随时都可以帮助别人。

帮助他人也是中华民族的传统美德，自古留下了许多名言佳句。前期，大家搜集了自己最喜爱的帮助名言，也进行了学雷锋帮扶活动，下面进入第二环节：帮助佳句我推荐！

说说：你最喜爱的帮助名言是哪一条？

（2）不同方式推荐帮助名言

①学生个人分享"最感动"名言——一方有难八方支援。

a. 学生结合成都疫情分享名言感受。

b. 老师播放成都疫情时期的视频。

链接帮助：这是一段感动又难忘的时光，当时谁帮助了你们，你们又帮助了谁？

c. 学生补充"最感动"事例——汶川地震、重庆山火等。

老师小结：天灾人祸确实很难避免，但往往此时更能彰显出个人的胸怀、民族的大爱。愿我们心存悲悯，对别人的苦难多一些同情。

帮助方法1：共情

②两人一起分享"最实用"名言——勿以恶小而为之，勿以善小而不为。

两位学生通过图片和讲解方式，结合亲身帮扶体验分享：

生1：扶起倒掉的共享单车。

生2：帮助快递小哥推沉重的货物车。

老师小结：日常生活中的小事，最容易忽视，也最容易做到，关键在于有没有用心，能不能多一点看见。

帮助方法 2：看见

③小组四人分享"最有哲理"名言——帮助别人的同时也帮助了自己。

分享方式：表演寓言情景剧+互动问答。

老师小结：帮助别人就是帮助自己，希望我们不吝惜自己的帮助，不停留在口头上，而是多一次真正的行动。

帮助方法 3：行动

④个人分享"最芳香"名言——赠人玫瑰，手有余香。

分享方式：学生讲述+播放学生前期学雷锋行动视频+活动感言

3. 情感升华

（1）展示学生小菡的感谢信：10月底，她不慎在体育课上骨折，小佳每天帮她拿书包，接送她。

（2）采访感谢对象小佳的看信感受。

（3）老师小结：帮助别人后，内心所生发的这些欣慰、温暖和感动的情感，就是"赠人玫瑰，手有余香"，这就是帮助的意义。

（设计意图：学生结合前期"学雷锋"活动真实体验以及搜集的帮助名言，更进一步体会帮助的含义，有经历后思考更有深度。让学生在生生互动、师生互动的交流过程中获得新的共鸣与启发，对友善的认识更深刻，也学到帮助别人的三种方法。）

（三）活动延伸

做方案，献爱心：小组同学想要走进东光敬老院献爱心，请为他们设计一份活动方案。

时间	12月3日	
地点	东光敬老院	
捐赠物资	_____（原因）_____	
	_____（原因）_____	
	_____（原因）_____	
活动安排	活动	目的

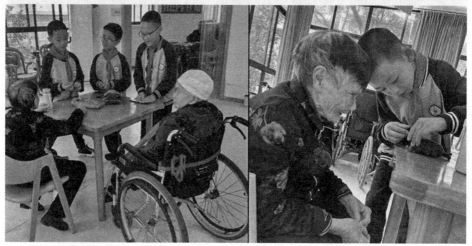

五、活动评价

能发现需要帮助的现象	☆ ☆ ☆ ☆ ☆
能伸出温暖的双手施与帮助	☆ ☆ ☆ ☆ ☆
能领悟帮助的意义，内化于心、外化于行	☆ ☆ ☆ ☆ ☆

六、活动反思

本活动周期为一个月，围绕"友善"主题，旨在让学生能够看见别人的需求，也能主动施与力所能及的帮助，不仅能给予物质上的帮助，还能付出精神上的帮助。

前期，在有了帮助别人的真实体验后，开展班集体的共学共研，增强了对"友善和帮助"的再认识。课堂上，通过思考讨论、交流分享、观看视频、设计方案等形式培养学生的同理心和关爱他人的能力，激发学生积极主动帮助他人的愿望，激励学生愿意帮助别人，关心他人的情感，培养了学生的社会责任感。

课后，我们将继续引导学生从自身行为做起，从小事情做起，并有当下行动的意识，更积极主动去做帮助他人的事，将美好传播到更多人身上，从小培养学生的爱心和责任感，树立正确的价值观与人生观。

"重走长征路　红色小脚印"

李中奇

一、设计意图

本作品项目紧扣"爱国"这个内容确立设计意图，梳理为以下几个方面：第一，通过作品设计，引导学生利用我校爱国主义教育基地晞光馆，初步了解中国革命历史；第二，通过作品设计，引导学生参与"重访伟人故居"、"重走长征路"等研学活动，学习伟大人物的精神品质与高尚言行，并能够向大家讲解中华优秀传统文化和先进革命文化故事；第三，通过作品设计，引导学生关心国家局势，能做出维护国家利益和祖国尊严的行动，为自己是中国人感到骄傲。

作品设计之际，正值建党 100 周年的国庆假期，学校面向全校少先队员发起了"学党史树初心"的研学实践活动。所以，本作品设计依据真实的生活情景，结合校本活动进行细化，号召队员们通过亲身体验去感受革命精神的伟大，理解这些史实之间的内在联系、逻辑关系以及这些伟大革命精神于今天、于自身、于我们的重要意义。

二、活动目标

从"爱国"的价值观目标来看：第一，引导学生利用我校爱国主义教育基地晞光馆初步了解中国革命历史；第二，引导学生参与"重访伟人故居"、"重走长征路"等研学活动，学习伟大人物的精神品质与高尚言行，并能够向大家讲解中华优秀传统文化和先进革命文化故事；第三，通过作品设计，引导学生关心国家局势，能做出维护国家利益和祖国尊严的行动，为自己是中国人感到骄傲。

从学科目标来看：第一，引导学生初步认识长征历史的背景、原因等知识；第二，通过"红色小脚印"进一步引导学生感悟长征的伟大和不易，学习长征精神的内涵，进一步引导学生树立坚定、远大的志向；第三，激发学生对红军长征"不畏艰险、艰苦奋斗、崇高理想信念"的崇敬之情以及热爱党的赤诚情怀。

三、活动对象

五年级学生

四、活动过程

本次实践活动选取的是统编版《道德与法治》五年级下册三单元中的第三个子主题"中国有了共产党"。笔者拟从"确立作品主题""创设作品情境""明确作品要求""实践成果展示"这四个方面来进行本次实践性作品项目的整体设计。

（一）前置活动

1. 确立作品主题

根据对教材第三单元进行整体解读和对学生情况的细致分析，本实践作品结合单元教学内容、教学目标以及教学重难点设计了主题为"红色小脚印，重走革命路"的实践性作品项目。

2. 创设作品情境

作品的情境性指的是作品设计要基于学生生活的真实情境。这些情境可以是"发生于真实世界的，也可以是经过精心设计与现实世界高度相似的，具有复杂性和非良构性的模拟情境"①。这些情境包含知识建构过程中进行归纳总结时的语境和环境信息，也包括拓展、实践或创造任务中的物质背景、历史信息、组织战略以及时空因素等②。也就是说，作品任务并非简化后的知识条目清单，而是存在于特定时空中的知识，伴随着大量相关信息。情境性不仅赋予作品设计中抽象知识以灵动，而且能够亲近学生的内心世界，使得学生在与作品任务对话中产生共鸣，从而使学生积极调

---

① 王宇，汪琼. 慕课环境下的真实学习设计：基于情境认知的视角[J]. 中国远程教育，2018（3）：5-13.

② 徐志国，徐永斌，许静. 知识情境：图书馆空间建设的理论基础与行为范式[J]. 图书馆理论与实践，2016（4）：1-15.

动自身认知、能力和态度因素①。本案例中"红色小脚印，重走革命路"实践性作品项目所创设的情境如下：

"前期，我们通过课堂学习，初步地了解了革命党人对中国革命道路求索的艰辛与不易。然而路漫漫其修远兮，在夺取革命的伟大胜利过程中，他们历经的困难和艰辛远远多于我们从书本中了解到的那些。他们究竟历经了哪些困难？他们又是怎样克服重重困难取得革命的胜利？你从中体会到了哪些伟大的精神？……为了更深刻地体会这段历史的厚重，更深入地思考这些问题，本年级将开展'红色小脚印，重走革命路'的道德与法治学科单元实践活动：在这次活动中，你将化身为小记者和你的团队利用'五一'假期，用双脚去丈量、亲眼去观看、亲身去感受革命党人在开辟伟大道路的过程中谋取革命胜利历经的艰难险阻。"

笔者拟通过创设这一情境让学生亲赴革命圣地，启发学生以双脚去丈量、亲眼去观看、亲身去感受的方式走进那段风起云涌的革命时代，了解中国共产党人的觉醒之路与奋斗历程。这样的实践情境更能触动学生的情感，激发学生的思考，激励学生担当时代责任与使命。

3. 明确作品要求

在创设情境后，教师需依据情境进一步明确实施本次作品时需要满足的基本要求，以帮助学生进一步明确在该情境下需要达成的目标和实施作品项目的基本方式。以下为本案例实践性作品项目提出的基本要求：

要求一：你将化身为小记者利用"五一"假期前往中国共产党史上相关的任意一个景点。

要求二：该任务可以以 2~4 位同学小组合作的方式完成，也可以以家庭为单位的方式完成。各小组内需明确分工，协同完成，人人参与。

要求三："革命党人在开辟伟大道路时是怎样克服重重困难取得胜利？你从中体会到了哪些伟大的精神？"围绕这两个问题展开实践探究。

要求四：收集此次红色之旅中的相关素材，结合你的感悟制作完成研学作品。

---

① 张黎，曹湘洪. 基于核心素养的作品设计研究[J]. 教学与管理，2020（21）：98-101.

（1）活动推动

		"追忆长征历史，铭记长征精神"班会课	
活动项目	活动意义	活动过程	活动准备
导入	初步感知长征背景	师：孩子们，2021 年是伟大的一年，在 2021 年，你知道有哪些伟大的事情在我们的身边发生吗？ 生 1：2021 年初我国研制出了针对新型冠状病毒的疫苗…… 生 2：2021 年，天问一号探测器成功实现软着陆在火星表面。 生 3：大运会将在我的家乡成都举办！ 师：说得不错！老师也觉得 2021 年是伟大的一年！因为在今年，有一个伟大的时刻即将到来！孩子们知道是什么吗？ 生：是什么？ 师：2021 年将迎来我党的一百岁华诞！在这 100 年岁月里，我们的党经历了许多磨难，但也创造了无数伟大的历史！今天我们就要一起来学习百年历史中的一段伟大历程！让我们一起来看一段视频。（播放长征先导片）视频里的内容都和一个重要的历史事件有关，你们知道是什么吗？ 生：长征！ 师：没错，正是长征。今天，列车长老师要邀请咱们班的红色少年一起乘坐长征列车，共同追忆长征历史，铭记长征精神。让我们走进第一章——红色历史加油站。	长征先导视频 3 分钟
第一章 红色历史加油站	认识长征历史	活动一：长征知识竞答	
		师：学史明理、学史增信、学史崇德、学史力行。下面我们将进行长征知识抢答赛。红色少年们准备好了吗？我们的长征号列车出发啦！ 第一题：长征的时间：1934 年 10 月—1936 年 10 月 第二题：长征的起点和终点：瑞金、会宁 第三题：长征的路程：25000 里 第四题：长征路上的重要事件：遵义会议、飞夺泸定桥、血战湘江、四渡赤水…… 第五题：长征的原因：第五次反"围剿"失败后，在粉碎敌人已经没有可能的情况下，我军只好撤出原革命根据地，开始战略转移，拉开了长征的序幕。 师小结：哇！看来咱们班的少年们都是长征历史的小达人！	利用"智慧课堂App"的电子平板抢答器，开展知识竞答 4 分钟

续表

		"追忆长征历史，铭记长征精神"班会课	
活动项目	活动意义	活动过程	活动准备
第一章 红色历史加油站	认识长征历史	活动二：研读长征地图 　　师：刚刚我们初步回顾了长征的历史，那孩子们知道"红军不怕远征难"究竟有多难？现在老师要请红色少年团围绕这个问题展开小组合作。 （PPT出示合作要求：4人小组合作研究红军长征地图，从地图哪些地方看出红军长征难？先圈出来，再用四字词语概括你们的观点，最后用几句话谈一谈你们的观点。小组代表上台汇报。） 学生合作探究学习3分钟 　　第一组学生汇报，师小结：长征第一难——路途遥远。 　　中央红军从瑞金出发，途经湘江、遵义、赤水河、金沙江等，共计跨过14个省，行程约25000里，历时两年，最终抵达吴起镇，并在会宁完成三军会师。由此可见，红军长征第一难，难在路途遥远。 　　第二组学生汇报，师小结：长征第二难——环境艰险。 　　红军战士们跨越近百条江河，攀越40余座高山险峰，其中海拔4000米以上的雪山就有20余座，他们还穿越了一片一万平方公里的大草地，说是草地，这里到处是沼泽、暗河，很多战士掉了下去，就再也没有起来……可见，红军长征第二难，难在环境艰险。 　　第三组学生汇报，师小结：长征第三难——敌情四伏。 　　国民党军队在红军途经之处埋下数道封锁线，企图歼灭红军。其中，红军在湘江突破第四道封锁线时付出了极为惨痛的代价，中央红军由长征刚出发时的8.6万人锐减至3万人。为掩护红军主力渡过湘江的红五军团34师，经过七天七夜血战，全师6000多名将士几乎全部阵亡。湘江战役成为突围以来损失最为惨重的一战。	利用"智慧课堂app"电子平板，出示长征地图和长征资源包，学生分组在平板上开展自主讨论。 6分钟

续表

		"追忆长征历史，铭记长征精神"班会课	
活动项目	活动意义	活动过程	活动准备
第二章红色足迹少年说	体会长征精神	师：刚刚咱们单从地图上看，就能初步感受到红军长征有多难了。为了让大家更深刻地感受远征难，铭记伟大的长征精神，前期咱们学校面向全校师生发起了"重走长征路，红色小脚印"的系列活动。这一次，我们不只用眼睛看，更用双脚去丈量、亲身去感受红军不怕远征难。（PPT展示校内红色小脚印影集） 师：在座的红色少年团，你们去了哪里呢？ 生1：我去了泸定桥。 生2：我去了赤水河。 生3：我去了遵义会议会址。	14分钟
		活动三：长征足迹少年说	
		师：哇，看来咱们班的红色小脚印遍布了长征路上的各个角落！在你们的红色旅途中，你看到什么，感受到了什么？下面就让我们一起走进第二站——红色足迹少年说。	
		第一组"红色足迹少年说"——走进红军长征纪念馆。 师：红色足迹第一站——红军长征纪念馆。有哪些同学到了红军长征纪念馆？我们请这几位同学来为我们分享一下他们的感受。 学生演讲1：半截皮带，以红军行军时所食用的物品，来展示红军长征之不易。 学生演讲2：红军衣物，以红军行军时所用的衣物，来感受长征之不易。 学生演讲3：战士手掌印，以战士手掌印的形状与常人不同，来展示战士们为理想信念奋斗的伟大。 师小结：谢谢孩子们的分享。通过聆听你们红色之旅的所见所闻，我们又一次感受到了长征路上红军战士们的坚韧不拔、英勇无畏；同时，我们也深深地被你们的深情和赤诚打动。掌声再次送给他们！	
		第二组"红色足迹少年说"——走进飞夺泸定桥。 生1：我和其他几位同学在红色小脚印活动中去了泸定桥。泸定桥是长征路上最"惊险奇绝"的一站，给了我们太多震撼。我们想为大家诵读一首诗来分享我们的感受。 （学生1~3诗歌诵读） 师小结：谢谢孩子们。这段震撼人心的诗歌诵演，不仅带我们重回了长征路上最"惊险绝奇"的一战，更让我们深深地被英雄们大无畏的精神所震撼！让我们为英雄们致以最崇高的敬意！	

续表

活动项目	活动意义	活动过程	活动准备
		"追忆长征历史，铭记长征精神"班会课	
第二章 红色足迹 少年说	体会 长征 精神	第三组"红色足迹少年说"——走进老红军。 师：除了你们，奇奇老师也重走了长征路，我去到的这一站是成都西部战区军区总医院。在那里，我慰问了一位老人，今年他已经 96 岁高龄了，他——就是长征路上的亲历者，一位亲身走过长征的红军战士！——向爷爷。 80 多年前，他曾目睹敌人将他的母亲捆绑起来，用刺刀一刀一刀将母亲刺死。当他提到这里时，我清晰地记得，坐在我面前的这位年迈的老人眼里闪烁着泪花。也是在那一年，他毅然决然加入了红军队伍，参与红军长征。那时的他，差不多和你们一样的年纪。让我们来看看老师带回的视频吧！ （播放采访视频）	
		师小结：二万五千里，漫漫长征路。在中国共产党伟大的历史长河中，像向爷爷这样为了革命理想前赴后继，挥洒青春的革命先辈还有很多很多。是什么让他们即使面对千难万险也毫不畏惧呢？	
第三章 英雄 人物 光影记	树立 坚定 志向	活动四：读穿越时空的书信	8分钟
		师：就让我们沿着时间的刻度，一起走进第三章——英雄人物光影记。让我们将跟随两封书信去体会革命先烈们铮铮铁骨背后的动人故事。 师：第一封书信是革命烈士吴振鹏在牺牲前两天写给自己未出生的孩子的。革命年代，担任中央巡视员的吴振鹏被国民党押捕入狱，国民党用尽一切酷刑想让吴志鹏交代党的机密。然而，这个文弱书生即便被老虎凳轧断双腿，被烙铁烧坏皮肉仍旧没有吐露半个字。一天晚上，吴振鹏在狱中挣扎着坐了起来，拿出了偷偷藏着的纸和笔，给自己尚未出生的孩子写下了一封信。就在写完信的第二天，吴振鹏牺牲了，年仅 27 岁。 （播放吴志鹏的书信朗读视频） 师：87 年后的今天，吴振鹏信中的女儿已经是一个年迈的老人，她想对自己的父亲说什么呢？让我们来听听她给烈士父亲的回信吧。 （播放吴志鹏女儿的回信朗读视频） 师：孩子们，现在你们能说一说：为什么面对千难万险，即使受到生命的威胁，这些英雄战士也毫不畏惧呢？ 生1：我觉得是因为他们有坚强的意志、坚定的革命信念和必胜的信心…… 生2：我觉得他们有不惧艰险的精神和意志支撑他们走到最后……	

续表

"追忆长征历史，铭记长征精神"班会课			
活动项目	活动意义	活动过程	活动准备
第三章英雄人物光影记	树立坚定志向	（板书：坚定理想信念 牺牲奉献 不惧艰险 艰苦奋斗） 师小结：没错，这坚定的理想信念，不惧艰险、牺牲奉献的精神意志，就是伟大的长征精神！	
第四章长征精神砥砺行	践行长征精神	活动五：宣誓立志献给长征 师：人无精神则不立，国无精神则不强。下面，就让我们把长征精神带给我们所有的感动和鼓舞，化成一首诗，送给现在的自己，也献给我们的未来！	4分钟
总结		亲爱的孩子们，蓝图已绘就，奋进正当时！让我们在未来的成长之路上，不忘长征精神，砥砺前行吧！	

（二）活动延伸

1. "红色精神我告白"实践成果展示

学生提交的该类作品成果共计 78 份（占比 30.59%）。在该类实践作品成果中，有的孩子（约 26.0%）是旅行日记，记录自己的所见、所闻、所感。有的孩子（约 30.8%）是进行文学创作，例如撰写散文或诗歌来抒发自己的所感、所悟。有的孩子（约 42.3%）选择以写书信的方式提出自己的见解，表达自己的感受，例如一部分孩子参观完红色场馆后受到许多触动，于是选择给自己所参观的红色场馆写信，后来还收到了场馆的回信；一部分孩子在此次红色之旅中更深刻地认识到了某些人物的生平事迹，为人物的精神品质所打动，于是选择以书信的形式向某位革命人物致敬；还有少部分孩子根据此次红色之旅中的所见、所闻，产生了对自己学习生活的思考，于是选择以书信的方式写给未来的自己，向未来的自己告白等。

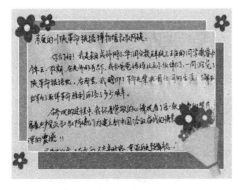

"红色精神我告白"之学生书信　　　　学生收到川陕革命根据地博物馆回信，该信件展览于我校爱国主义教育基地

2. "红色文创我制作"实践作品成果展示

在该类实践作品成果中，有的孩子（约30.9%）提交的是绘画作品，例如孩子们用画笔画红军长征中令人印象深刻的故事来表达对长征精神的景仰与歌颂；有的孩子（约35.2%）是以图文创作形式提交研学小报，小报中既绘画出自己印象深刻的红色景点，也用文字记录下那些感人的伟大精神；有的孩子（约16.9%）制作的是研学攻略，他们将自己此次红色之旅的路线绘制成图文并茂的地图；有的孩子（约18.3%）制作的是红色手工艺品，例如某位参观过四渡赤水纪念馆的孩子，用橡皮泥捏制红军四渡赤水的泥塑，以童真童趣的方式再现了红军四渡赤水的震撼时刻，某些去过浙江嘉兴参观红船的孩子，用剪纸剪出红船的模样以纪念伟大"红船精神"等。

"红色文创我制作"之研学小报

"红色文创我制作"之剪纸作品

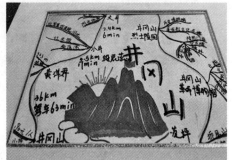

"红色文创我制作"之研学攻略

"红色文创我制作"之绘画作品　　　　"红色文创我制作"之泥塑作品

3. "红色足迹少年说"实践作品成果展示

在该类实践作品成果中，孩子们主要是利用图文制作成 PPT 进行现场演讲与分享。参与分享的同学们大多数是向大家分享自己参观红色博物馆或红色景点之后的感受。例如一位走进了大邑县建川博物馆的同学，在目睹了革命老兵的手掌印后发现所有老兵的掌印都比我们正常人的掌印大出许多，他联系革命战士为了革命胜利而艰苦作战的经历，有了深深的感触，于是他将这段经历和产生的感受带到课堂上与同学们分享："在重走长征路的活动中，我去的是位于大邑的建川博物馆。其中，最令我印象深刻的是广场上陈列的老兵手掌印。在碑林里，一共陈列了135块手印，每一块碑上都印着48个鲜红的手印，当我们仔细观察这些手掌印时，一下子惊呆了！我发现每一个手掌印都比正常人的手掌大出许多，我不由自主地把手轻轻印了上去，一刹那，我清晰地触摸到老兵们手掌上的一道道纹路，如同一道道深深的沟壑。那一刻，我仿佛感受到手印里还在流淌着热血，耳畔听到了战场上排山倒海的呼啸，眼前浮现出一个个战士冒着枪林弹雨，拿着枪、扛着炮往前冲锋陷阵的场景。同学们，你们觉得为什么战士们的手掌比我们正常人的手相比如此不同呢？那是因为他们长期埋地雷、炸碉堡、举长矛、握机枪，手已经被磨变形了！令我感慨的是，正是这一双双手，换来了今天的幸福。那一刻，我看见的是他们无数个手掌印，更看见了每一个手印背后的赤子之心。如今战斗的硝烟早已散去，身处和平时期的我们，更要铭记：今天的幸福生活是因为有人替我们负重前行。我要向他们致敬！"

"红色足迹少年说"之学生交流分享

在该类实践作品中，还有少数同学是以小组为单位配合 PPT 进行红色故事讲述或表演。例如五年级 3 班同去泸定桥的三名同学，将他们游览泸定桥时拍摄的照片制成 PPT，将他们在参观泸定桥时了解到的惊险故事融合自己的感受创作成了情景性的叙事诗，带到班级为大家朗诵表演。他们的表演既让师生们更了解了红军战士飞夺泸定桥的惊险奇绝，又让大家为战士们英勇无畏的精神品质深深折服。

"红色足迹少年说"之学生朗诵表演

4. "红色微影少年纪"实践作品成果展示

学生提交的该类作品成果共计 47 份（18.43%）。在该类实践作品成果中，学生们的红色脚印遍布了全国各地许许多多红色革命圣地的，例如：各地的红军长征纪念馆（博物馆）、遵义会议会址、井冈山、彝海结盟旧址、若尔盖大草地等。学生们摄制的红色微影片创意纷呈、精彩万分。影片中，学生们主要是对自己所见之景的简单介绍，对自己所见之物进行分享，将自己的所感所悟融入短短的影片中进行分享与表达。

"红色微影少年纪"之学生影片留影

五、活动评价

在研学实践归来后的课堂上，老师结合课堂教学内容，将孩子们制成的微影作品在课堂上公开展播、交流。校德育处亦从中筛选出优秀微影作品留存在校内爱国主义教育体验馆的数字库中珍藏，并向全校同学展播。可以说，孩子们自制的这些实践性作品成果不仅是孩子们自己的学习成果，更成为学校老师开展教学的精彩素材和全校同学欣赏学习的优秀榜样。

六、活动反思

本案例基于发展学生核心素养，从"实践性作业设计的背景"、"作业项目整体规划"、"作业项目的剖析"、"实践性作业设计的成果"这四个方面提供了校本化的小学道德与法治实践性作业设计可供参考的策略或路径，以期为学生创造深度学习的机会，促进学生知识的建构以及综合能力的发展，将发展学生核心素养落到实处。

"六一"手拉手 善读交朋友

刘 英

一、设计意图

芳菲人间四月天，最是书香能致远。为了营造书香校园气氛，丰富校园文化生活，落实新课标教学理念，成都师范附属小学华润分校的孩子们借第28届"世界读书日"来临之际，开展了"'六一'手拉手 善读交朋友"为主题的系列活动，着力激发学生爱读书、读好书的热情。通过六年级孩子和一年级孩子结伴阅读，不仅能够培养孩子们的阅读兴趣，还能在过程中传递友善的价值观，让孩子们在轻松愉快的氛围中感受到友善的力量。

二、活动目标

1. 以读书为载体，让学生爱读书、读好书、善读书，在校园内形成热爱读书的良好风气。

2. 在阅读中，互帮互助，让孩子们感受到帮助别人以及有人帮助的快乐，让友善的种子在心底萌芽，在今后生活、学习中能够主动帮助别人。

3. 增进不同年级学生之间的交流与互动，构建和谐友善的校园氛围。

三、活动对象

一年级、六年级学生

四、活动过程

（一）前置活动

1. 开展"'六一'手拉手　善读交朋友"开幕活动，倡导学生积极参与阅读活动。

2. 六年级和一年级语文备课组长就"'六一'手拉手　善读交朋友"这一手拉手阅读活动进行规划，安排班级之间的对接。

3. 六年级老师组织班级孩子进行"我是好书代言人"展示选拔。

4. 六年级"我是好书代言人"们精心挑选最欣赏、最喜爱的一本好书，在认真阅读的基础上，把好书的作者、主要内容、推荐理由、部分精彩语句或自己的阅读感受等在班级内做好展示选拔，推荐优秀代表走进一年级为弟弟妹妹们分享。

（二）活动推动

1. 书香传递——"我是好书代言人"书籍分享。

六年级学生到对接的一年级班级，用演讲、朗诵、表演等不同的形式将自己喜欢的书籍进行分享。

2. 伴读时光——"带你来读我的书"结队阅读。

高低年级开展"带你来读我的书"活动，利用午间管理时间，六年级的哥哥姐姐将自己低年段时最喜欢的一本书带到一年级，和结对的小朋友一起阅读。可以是哥哥姐姐读给弟弟妹妹听，也可以是哥哥姐姐教读、带读等形式，解答弟弟妹妹对于书籍的疑惑，双方在阅读一本书的过程中互相分享讨论阅读心得、感受、收获。

3. 智慧秘籍——"我有阅读好方法"方法推荐。

六年级的哥哥姐姐向一年级的弟弟妹妹分享自己的读书方法,如介绍如何让自己喜欢上阅读、如何选择合适的书籍、如何高效地阅读、如何做好阅读笔记等实用技巧,让弟弟妹妹们知道如何去阅读一本书,体会到阅读的快乐。

4. 书海导航——"书籍整理我帮忙"书籍归类。

六年级的哥哥姐姐向一年级的弟弟妹妹分享自己的图书管理办法,让他们学会如何有效地归类和整理自己的书籍。这不仅提高了他们的图书管理能力,也让他们更加珍惜和爱护图书。

5. 书恩相传——互送祝福筑友谊。

孩子们在分享交流的过程中,表达对彼此的赞赏和感谢,增进友谊。六年级的哥哥姐姐将自己阅读过的书籍赠送给一年级的弟弟妹妹,并写上祝福的话语,表达友善的祝愿,鼓励他们继续阅读、快乐成长。一年级的弟弟妹妹就活动过程中哥哥姐姐对自己的帮助,制作感恩卡并写上感恩的话语,送给六年级的哥哥姐姐,增进彼此之间的友谊。

(三)活动延伸

1. 一年级学生将自己的阅读感受、阅读收获、喜欢的话等制作成阅读卡,和哥哥姐姐分享,并请哥哥姐姐当阅读指导师,帮忙改正。孩子们互相启发,展示创意,彼此收获。

2. 结伴阅读的学生一起录制诵读经典名著、趣绘童诗插画、创编寓言故事等视频和大家分享。

3. 结伴阅读的学生,在阅读中有任何问题、想法都可以和结伴的同学互相讨论,并从阅读辐射到学习以及生活的方方面面。

4. 家庭书柜共享。交换家庭好书,共享好书阅读之旅。

五、活动评价

1. 参与度评价:观察孩子们在活动过程中的参与程度,包括阅读、交流、角色扮演、故事分享和绘画创作等环节。

2. 合作能力评价:观察六年级与一年级学生在活动中的合作情况,包括相互配合、互帮互助、分享成果等方面。通过"最佳阅读拍档"的评选,持续激发学生的阅读兴趣,激励学生在阅读过程中"大手拉小手",

互相帮助、互相激励。

3. 友善行为评价：关注孩子们在活动过程中是否表现出友善、尊重、包容等积极行为，以及是否能够将友善价值观内化为自己的行为准则。根据活动过程中学生的表现颁发"友善阅读小使者"证书，以鼓励他们在今后的学习和生活中继续传递友善的价值观。

4. 成果展示评价：对孩子们在活动中的绘画作品、角色扮演表现、友善故事分享等进行综合评价，肯定他们的创意和表现。

六、活动反思

这次活动以友善价值观教育为核心，旨在通过携手阅读的方式，让不同年级的孩子们在互动中增进友谊，同时培养他们良好的阅读习惯和友善的待人态度。

活动过程中，六年级的孩子们表现出了极高的热情和责任感。他们精心挑选了适合一年级孩子阅读的书籍，用生动有趣的方式为他们讲述故事，引导他们进入阅读的世界，耐心细致地解答小朋友们的疑惑，引导他们深入理解书中的内容，激发他们对知识的渴望和对阅读的兴趣。他们不仅是学长学姐，更是一年级小朋友阅读路上的引路人。一年级的孩子们则展现出了强烈的好奇心和求知欲，他们认真聆听，积极参与，与六年级的哥哥姐姐们形成了良好的互动。

读书不仅让他们看到了更广阔的天空，还让他们体会到了与他人分享的快乐，更感悟到了帮助别人带给自己莫大的成就感。小小的书捧在手里，接力似的传递暖在心里。通过这次活动，我深刻体会到了阅读对于孩子们成长的重要性，以及友善价值观教育在培养孩子们良好品质方面的积极作用。我相信，在未来的日子里，我们将继续努力，为孩子们创造更多有意义的"大手拉小手"活动，让他们在快乐中成长，在成长中收获。

第五章 聚焦价值观启蒙的校家社协同育人案例

学校重点推进"一核四维",以"贯穿教育始终,彰显文化自信;着力实践养成,增强文化自觉;注重文化熏陶,提高文化认同;推动文化交流,提升文化影响"为共同愿景,形成"学校引领,固本强基;家庭耦合,延续发展;社区融合,资源共享;企业嵌进,引智提质"的育人格局。

爱国主义教育是落实立德树人根本任务的关键课程,发挥着不可替代的作用。学校应着眼生命、回归生活、力求生动,不仅要重视在课堂中的课程、活动中的课程,更要重视生活中的课程。

学校课程规划首先是基于国家课程政策的执行性行为,然后才是基于学校课程建设的领导行为。国家课程是学生成长的主跑道,价值观教育应扎根国家课程,落实全员、全程、全方位育人。成都师范附属小学华润分校将道德与法治学科作为价值观教育的主阵地,语文、艺术学科全面纳入,其他学科有机渗透,全科覆盖。学校以教材为蓝本,从革命文化、中华优秀传统文化、社会主义先进文化中寻找契合的资源加以拓展丰富,构建起了价值观教育的三种课程形态,即:目标形态的"传承",依托显性课程施加教育影响;观念形态的"陶冶",整合家校社企文化资源陶冶学生;生态形态的"优化",丰富育人环境的浸润。

第一节　校家联动案例

"家是最小国，国是千万家"。《中华人民共和国家庭教育促进法》的实施，有力推动了家庭教育从单个家庭以家规、家训、家书为载体的传统模式，向全社会以法治为引领、以社会主义核心价值观为主要内容的新模式转换，将家庭教育由传统的"家事"，上升为新时代的"国事"。学校建设家庭教育课程体系，以价值观培育为课程核心目标，以项目为抓手，通过分段实施。

培育好家风　传承好家训

周靖梅

一、设计意图

中华民族历来注重家风、家训，古语有云"天下之本在家"。家风是核心价值观的微观体现，是一个家族开展教育的起点。良好的家风和家训对于一个人的成长有着重要的影响。当学生们走出家庭，带着家人的温暖叮嘱，怀揣家人的爱与期盼，踏进校园，去适应集体的生活，如何去营造一个积极向上、健康和谐的班级环境呢？这时，从小就浸润在学生们生活方方面面的家风、家训就显得尤为重要。为此，我们设计了"培育好家风 传承好家训"家校共育活动，旨在引导学生弘扬家庭美德、传承家族文化、推动形成良好的班级氛围。学生在了解家风、传承家训的过程中，通过采访家人、收集资料等方式来激发学生的兴趣，使其有意识地去研究自己的家风家训，进而了解家风家训的重要性，以及如何将自己良好的家风家训带进校园、带进班级，最终引导学生树立正确的核心价值观，培养爱家庭、爱班级、爱学校的思想感情。

二、活动目标

1. 增强家庭认同感与归属感。通过采访家人、了解家风家训，学生能够更深入地理解家庭的价值观和文化传统，增强对家庭的认同感和归属感。

2. 弘扬家庭美德。引导学生认识到家庭美德，如孝顺、尊重、勤劳、诚信等的重要性，并在日常生活中加以实践，促进个人品德的提升。

3. 促进班级团结与和谐。通过分享家风家训的故事和经验，增进同学间的相互了解与尊重，推动形成良好的班风，营造团结和谐的班级氛围。

4. 培养爱家庭、爱班级、爱学习的思想感情。通过活动，引导学生树立正确的家庭观、集体观和学习观，培养爱家庭、爱班级、爱学习的思想感情。

此次家校活动旨在通过引导学生了解家风家训，达到弘扬家庭美德、传承家族文化、推动形成良好班风的目的，同时培养学生的品德修养和综合素质，促进他们的全面发展。

三、资源运用

我校"培育好家风 传承好家训"家校共育活动，旨在引导学生弘扬家庭美德、传承家族文化、推动形成良好的班级氛围。为此，学校和家庭提供了以下资源：

1. 学校资源

学校作为教育的主阵地，拥有丰富的教育资源和活动平台。学校充分利用晞光馆的场馆资源、数字资源，向学生讲解家风家训是什么，讲述古今知名的家风故事，推动家校活动顺利进行。此外学校还组织专题讲座、主题班会等，邀请专家来讲解家风家训的重要性和实践方法。

2. 家庭资源

家庭是家风家训最直接和丰富的资源库。家长是学生的第一任教育者，他们的言传身教、家庭的生活习惯和传统，都是学生了解和传承家风家训的宝贵素材。因此，要合理利用家庭资源，鼓励学生通过采访家人，了解家庭的历史、传统和价值观，从而更深入地理解家风家训的内涵。

3. 资源整合

学校和优秀家长代表提前沟通整合资源，邀请优秀家长代表进校、进班做分享，有效推动"培养好家风，传承好家训"活动的开展，引导学生深入了解和学习家风家训，进而树立爱家庭、爱班级、爱学习的思想感情。

在运用这些资源时，需要注意灵活施策、低耗高效；要结合学生的年龄特点和认知水平，选择适合他们的资源形式和内容；同时，也要充分利用各种资源之间的互补性，形成教育合力，提高活动的实效性。

四、活动过程

（一）前置活动

1. 在前期准备过程中，可以带领学生到晞光馆通过场馆资源、数字资源了解什么是家风家训，通过班会课、班级群发布活动通知，鼓励学生积极参与家风家训活动。

2. 学生利用课余时间，采访家人，了解家庭的历史、传统和价值观，记录家风家训的具体内容，准备书法纸、毛笔等材料。

（二）活动推进

1. 班级分享会：首先在班级内组织分享会，让学生展示自己的采访成果和收集的资料，互相学习交流。鼓励学生讲述家风家训对自己的影响，分享自己在家庭中的成长故事，增强对家庭的认同感和归属感。

2. 举办作品展：在活动开展中，同学们通过书法、绘画、小报、视频等多种形式提交自己的作品，生动形象地呈现家风家训的内涵，展现自己的家风家训。学校根据学生提交的作品评选出优秀作品，举办家风家训绘画展、书法展。

3. 制定班级班训：在了解和学习各自家庭的家风家训后，引导学生共同制定班级班训，形成班级特色文化。

（三）活动延伸

我校注重家风家训的培育和传承，将宣传家风家训的优秀视频作品放在晞光馆互动体验区"浩然堂"进行播放，学生在前往晞光馆学习时，可通过互动体验区的电子白板进行观看。系列展览活动结束后，班级组织学生用文字语言表达自己在了解家风家训后的感受，激励学生在日后的学习生活中传承、发扬好家风家训。

五、活动评价

本次活动吸引了众多的学生家庭积极参与，取得了显著成果。通过家风家训的征集与整理，我们收集到了大量富有教育意义的家风家训故事和格言，这些宝贵的家庭文化资源得到了有效传承和保护。同时，通过家风家训的展示与学习，学生对家风家训的内涵有了更深刻的理解和认识，进一步增强了家庭凝聚力和归属感。内容丰富多样的活动，包括参观晞光馆、开展家风家训优秀作品展等，既融合了传统文化元素，又考虑了现代家庭的需求，具有很好的吸引力和趣味性，能够促使学生更好地去思考和关注家风家训的传承。

六、活动反思

虽然本次活动取得了显著成果，但也存在一些不足之处。

本次活动虽面向全校开展，但部分同学参与感不够，未调动所有学生的积极性。在价值观培育方面，部分年级的同学接受较慢，还未理解好的家风家训对于一个人成长的重要性，未理解树立正确价值观的重要性。

在资源运用方面，学校充分利用了晞光馆优势，推广培育传承好家风。在家长资源方面，虽调动了家长们参与的积极性，但未充分利用家长资源进课堂，应邀请具有相关专业知识的家长进学校进课堂，为学生深入讲解，让学生进一步树立正确的核心价值观，进一步树立爱家庭、爱班级、爱学校的思想感情。

开启历史之旅　参观劫人故居

孟丽娜　周靖梅

一、设计意图

爱国主义是中华民族的核心价值观之一，是我们民族精神的重要组成部分。要让孩子从小树立爱祖国、爱人民、爱集体的爱国主义精神风貌。李劼人是投身社会进步事业的实业家、书写成都的历史家、热心奉献社会的慈善家。李劼人先生的故居，又名"菱窠"，位于成都市锦江区菱窠西路70号，始建于1938年，是李劼人先生为躲避日本飞机轰炸所建的"疏散房子"，是成都市主城区唯一一处保存完好并对外开放的近现代名人故居。如今，故居已修建成纪念馆，成为成都市廉洁文化教育基地、成都市爱国主义教育基地、成都留学报国教育基地、成都市社会科学普及基地、成都市干部教育培训现场教学基地等。此次活动旨在通过实地探访，深入了解李劼人先生的生平事迹和精神风貌，激发学生的爱国情感，传承和弘扬爱国主义精神。

二、活动目标

1. 增强学生的爱国情感与民族自豪感。通过深入了解李劼人先生的生平事迹，尤其是他为国家、为民族所作出的杰出贡献，激发学生内心的爱国热情，使他们更加珍视和热爱自己的祖国，为国家的繁荣与发展贡献自己的力量。

2. 传承和弘扬爱国主义精神。李劼人先生作为一位杰出的爱国民主人士，他的一生都致力于维护国家和人民的福祉。通过组织学生参观故居来激发学生的爱国主义精神，鼓励其在日常生活中践行爱国主义精神。

三、资源运用

1. 学校资源

学校充分利用红色教育基地晞光馆场馆资源，向学生讲述爱国故事，通过触控链接区域，使学生身临其境地开展学习。

2. 家长资源

资料查阅：家长利用空闲时间带学生查阅李劼人先生相关资料，提前对李劼人有相应的了解。

志愿者支持：邀请家长作为志愿者参与活动，协助组织学生、维持秩序等，增进家校之间的合作与沟通。

3. 故居资源

利用故居内的影像资料，如纪录片、照片等，帮助学生更直观地了解李劼人先生的生活和工作场景。

通过充分利用学校资源、家长资源、故居资源，为"开启历史之旅　参观劼人故居"活动提供丰富、多样的教育内容和形式，确保活动的顺利进行。

四、活动过程

（一）前置活动

活动开展前，让学生先了解收集一些爱国故事，对李劼人先生有初步的了解。然后，家校联动，制定活动方案，提前与李劼人故居管理方进行了充分的沟通，了解参观规则和注意事项，确定出行方式、时间，并面向班级选拔小小讲解员。

（二）活动推动

1. 故居参观：选拔出来的小小讲解员——林子闲、李之其妙和周欣淇分别为同学介绍了李劼人故居纪念馆中的菱窠、雅游亭、故居主楼及生平事迹展厅。李劼人故居纪念馆的吴老师还为同学们带来专业的深度解说，让学生深入了解李劼人先生热心奉献、大公无私的精神品格，引发学生对李劼人先生的敬佩之情。除此之外，学校老师带领同学们学习了李劼人的文学作品，全体同学与家长一起诵读刘大杰作品《忆李劼人——旧友回忆录》，在好友对李劼人的回忆中，深刻感受李劼人先生的爱国情怀。

2. 互动体验：设置互动环节，开展角色扮演活动，让学生亲身体验李劼人先生的创作和生活状态，鼓励学生分享自己的感受和体验，增强活动的互动性和趣味性。

（三）活动延伸

参观结束后，组织班级学生、家长进行交流分享。学生积极分享在参观过程中的感受与收获、对李劼人先生爱国情怀的理解和认识。通过交流分享，学生进一步加深了对李劼人先生的敬佩之情以及对爱国主义精神的理解和认同。

五、活动评价

这次活动不仅让学生了解了李劼人先生的生平事迹和贡献，更让学生深刻体会到了爱国主义精神的内涵。李劼人先生的一生都在为国家和人民奉献，他的精神品质和爱国情怀值得我们每一个人学习和传承。

在未来的日子里，我们应该继续发扬这种爱国主义精神，为实现中华民族伟大复兴而努力奋斗。同时，我们也应该保护好这些具有历史和文化价值的故居和文物，让它们继续为我们弘扬和传承爱国主义精神发挥重要作用。

参观李劼人故居的爱国主义教育活动，是一次难得的文化体验和精神洗礼，这次活动让学生更加深刻地认识到爱国主义精神的伟大和重要性。

六、活动反思

活动前期虽利用了学校晞光馆场地资源对学生进行爱国主义教育，但因历史故事离学生现实生活较远，难以引起所有学生的情感共鸣，未能使学生充分理解爱国主义的核心要义及其重要性。比如部分学生在参观李劼人故居时参与感不强，对于李劼人先生的了解也存在欠缺现象。

厚植爱国情怀　体验长征之路

佘　润　周靖梅

一、设计意图

红军长征邛崃纪念馆位于四川省成都市邛崃市区西南 45 公里的高何镇。纪念馆包括"石塔寺区苏维埃政府旧址"和新建"陈列馆"两大部分。占地面积 25 亩。馆址坐落在南宋石塔寺石塔旁，整个馆区苍山环抱，翠柏掩映。该馆是为纪念中国工农红军第四方面军于 1935 年 11 月—1936 年 2 月在此建立苏维埃政权、打土豪、分田地，建立红色武装而建设的爱国主义教育基地。

此活动旨在通过模拟红军的历史背景和艰苦奋斗的精神，帮助孩子们更深入地了解中国的革命历史，激发他们的爱国情感和民族精神。通过角色扮演和亲身体验，孩子们能够更直观地感受到红军战士们的英勇无畏和坚定信念，从而培养他们的爱国情怀和历史责任感。活动也注重培养孩子的团队协作精神和集体荣誉感。在模拟红军的活动中，孩子们需要相互协作、共同完成任务，这有助于培养他们的团队合作意识和沟通能力。同时，通过共同完成任务，孩子们能够感受到集体的力量和荣誉，增强他们的归属感和自信心。家校活动作为连接家庭和学校的重要桥梁，能够促进家长与孩子之间的亲子关系，增强家庭教育。在"我是小红军"活动中，家长可以积极参与其中，与孩子一起完成任务、分享体验，增进亲子之间的沟通和理解。这不仅有助于提升家庭教育的质量，也有助于营造和谐的家庭氛围。开展"我是小红军"活动，能让学生用脚去丈量，用眼睛去观察，用心去体验。活动结束后通过完成"红色小脚印"研学手册，让历史"动"起来、"活"起来，走进孩子的内心深处，达到传承红色基因、培育新时代好少年的目的。

二、活动目标

1. 增强孩子们的爱国情感和民族精神。通过模拟红军的历史背景和艰苦奋斗的精神，孩子们能够更深入地了解中国的革命历史，感受红军战士们的英勇无畏和坚定信念，从而激发他们的爱国情怀和历史责任感。

2. 培养孩子的团队协作能力和集体荣誉感。在活动中，孩子们相互协作，共同完成任务，培养了他们的团队协作精神和集体荣誉感，使他们懂得团结就是力量，集体利益高于个人利益。

3. 提升孩子的意志品质和抗压能力。通过模拟红军在艰苦环境中不屈不挠的精神，以帮助孩子们更好地面对生活中的困难和挑战，培养他们坚忍不拔的品质和积极向上的态度。

4. 促进亲子关系的和谐发展。通过家长的参与，共同营造出一个积极向上、充满正能量的活动氛围，增进亲子之间的沟通和理解，让家庭教育成为学校教育的有力补充。

三、资源运用

1. 学校资源

场馆资源：在开展活动前带领学生走进晞光馆，充分利用晞光馆场馆资源，让学生到"长征精神地图区域"去了解红军长征的历程，体会伟大的长征精神，学习优秀研学手册，做好参加"我是小红军"活动的准备。在研学结束后，组织学生完成"红色小脚印"研学手册，并将优秀作品放至晞光馆展示。

教师资源：充分利用道德与法治课，给学生上 VR 体验课，再次加深学生对红军长征不易的理解，引导学生理解红军长征的精神。

2. 家长资源

资料查阅：家长陪同学生在家收集长征相关历史资料及感人故事，进一步理解红军长征的精神。

志愿者支持：邀请家长作为志愿者参与活动，协助组织学生、维持秩序等，增进家校之间的合作与沟通。

3. 物资与道具资源

红军服装与道具：准备红军战士的服装、军帽、绑腿等，以及红军使用的武器道具，如步枪、手榴弹等（确保安全无危险）。

生活物资：提供红军长征途中的生活物资，如粗粮、野菜、水壶等，让孩子们体验红军战士的艰苦生活。

通过合理、高效地运用这些资源，厚植爱国情怀体验长征之路活动将能够为孩子们提供一个身临其境的学习体验，让他们在亲身体验中感受红军战士的英勇无畏和坚定信念，从而培养他们的爱国情怀和历史责任感。

四、活动过程

（一）前置活动

带领学生参观晞光馆，了解红军长征的故事、学习优秀研学手册，为开展"我是小红军"活动做前期准备。与家长积极沟通，制定详细的活动计划，提前与红军长征邛崃纪念馆取得联系，确定出行时间、活动体验内容。准备红军服装、道具、旗帜等，确保活动所需物资充足。

（二）活动推动

1. 红军体验活动

红军角色扮演：家长和学生穿上红军服装，扮演红军战士；在行军途中，设置历史学习点，通过讲解员的介绍，让孩子们了解红军长征的历史背景、重大事件和英雄人物；带领家长和学生参观红军长征纪念馆陈列大厅，体验红军的艰苦生活和战斗经历，齐唱《我和我的祖国》，缅怀革命先烈，激发学生情感共鸣。

红军任务挑战：设置一系列红军挑战任务。

（1）重走长征路：孩子们按照预设的模拟长征路线行进，途中翻越模拟的山岭、穿越草地等，设置不同的路段和时间限制，考验学生的耐力、团队协作和解决问题的能力，让学生体会行军不易。

（2）节约粮食：红军长征途中粮食紧缺，设置限定食物供应的任务，让孩子们体验红军战士的节约精神，学会合理分配和节约食物。

（3）密电破译：设置密电破译任务，让学生学习红军在长征中的情报传递和破译技巧，通过密码破译挑战，培养孩子们的逻辑思维和解决问题的能力。

漫漫长征路，让学生在完成任务的过程中感受红军的勇敢和坚毅。

3. 红军故事讲述：老班长讲述红军的故事，教会大家"发现一个男人，是敌人，掩护，消灭"等基本手语，让学生更深入地了解红军的历史和精神。随后学生在活动中分享事先准备好的红军长征途中的英雄故事，增强学生对红军精神的理解和认同。

（三）活动延伸

活动结束后，组织孩子们总结一天的收获，让他们谈谈自己在活动中的感受和收获，以及自己所了解的红军历史及精神，在分享中体悟长征精神，激发爱国主义情怀。在返回学校后，利用道德与法治课，佘老师给班上学生上了一堂 AR 体验课，让学生再次身临其境地去体会红军长征的艰难与不易，再次唤醒红军体验活动的记忆，深化学生的爱国主义情感。

五、活动评价

孩子们通过角色扮演和亲身体验，深入了解了红军的历史和精神，增强了他们的爱国情感和民族精神。同时，活动也有效地培养了孩子们的团队协作精神和集体荣誉感，让他们在完成任务的过程中学会了相互合作、共同进步。此外，活动还锻炼了孩子们的意志品质和抗压能力，让他们在面对挑战时能够保持坚定信念，勇往直前。

六、活动反思

本次厚植爱国情怀体验长征之路活动已圆满结束，活动取得了显著的成效，孩子们在活动中深入了解了红军长征的历史背景和艰苦奋斗的精神，激发了他们的爱国情感和民族精神。在活动前期，通过参观曦光馆，初步激发了学生的爱国主义情怀，活动中，学生被红军战士们的精神所感染，他们的爱国情感和民族精神得到了有效激发，升华了他们对于革命先烈的缅怀之情。

树诚信意识　护居民健康

周靖梅

一、设计意图

诚信是一个人安身立命之本，为让学生从小就树立正确的价值观，树立诚信意识，营造诚信的良好氛围，形成诚实守信的良好班风、校风，同时也为进一步加强家庭和学校之间的紧密联系，共同关注食品安全问题，我们策划了"树诚信意识　护居民健康"活动。通过家校合作开展食品安全周诚信教育活动，旨在增进家长和学校之间的沟通和合作，共同引导孩子树立食品安全意识，养成良好的饮食习惯。

二、活动目标

1. 提升家长和孩子的食品安全意识。

2. 培养孩子们的诚信品质，树立正确的价值观和道德观。

3. 加强家校之间的沟通与合作。

4. 给孩子们创造一个更加安全、健康、诚信的食品消费环境。

三、资源运用

1. 学校资源

晞光馆第四个场景——昂扬旋律区域是培养孩子诚信友善、勤俭自律的文化土壤，要充分利用场馆资源，对学生进行诚信教育，让学生树立诚信意识，养成诚信的好品质。

2. 家长资源

积极开展家长资源进课堂。邀请从事相关工作的家长到学校进课堂，为孩子们讲解食品安全相关知识及诚信相关故事，进一步引导学生树立诚信意识。

通过以上资源运用规划，家校合作开展食品安全周诚信教育活动将能够充分利用双方资源，实现资源共享和优势互补，共同引导孩子树立食品安全意识，养成良好的饮食习惯。同时，活动也将增进家长和学校之间的沟通和合作，促进家校共育的良好氛围。

四、活动过程

（一）前置活动

在活动开始前，带领学生参观晞光馆，了解诚信相关故事，使学生初步意识到诚信的重要性。学校、家庭共同筹备活动所需的资源，如宣传材料、教育视频、食品样本等。同时，学校向家长发送活动通知，邀请他们积极参与。

（二）活动推动

1. 食品安全知识讲座：邀请食品安全专家为家长和孩子讲解食品安全知识，包括食品选购、储存、加工等方面的注意事项，以及如何识别食品安全风险。

2. 实践操作体验：组织孩子进行食品安全实践操作体验，如观察食品标签、进行食品检测等。家长可以参与指导，与孩子共同完成任务。

3. 发放宣传手册：社区工作人员、家长、学生通过知识宣讲、法律法规解读、发放宣传资料等多种方式，在社区向群众发放诚信教育宣传手册，其中诚信知识彩页发放了200余份。他们还向现场群众讲解关于信用法规方面的知识，引导群众争做诚信的传播者和践行者。

（三）活动延伸

在现场活动结束后，带领学生记录参加此次活动的感受、对食品安全的认识以及对树立诚信意识的看法，让学生强化诚信意识的重要性，并在之后的学习、生活中身体力行。

五、活动评价

此次宣传活动以"食品安全宣传周"为契机，宣传法律法规及信用知识，不仅提高了学生、家长对食品安全的知晓率和识假防假能力，更进一步继承发扬传统诚信美德，提升公民道德建设能力水平，助推我校形成诚实守信的良好风气，增强了孩子们的获得感、幸福感、安全感。

六、活动反思

有些家长、学生对活动的了解不够深入，参与度不高，这在一定程度上影响了活动的效果。活动的形式和内容也需要进一步丰富和创新。虽然我们已经采用了多种形式的活动，但仍有部分家长和孩子反映活动内容不够生动、有趣，难以引起他们的兴趣和共鸣，也未深入理解诚信的重要性。

在资源利用方面，虽充分利用了家长资源进课堂，邀请了相关工作的家长到班级中去给学生讲解，但对象仅为一个班级的学生，未辐射到年级、学校，应扩大范围将班级活动推广为年级、学校活动。

第二节　校社联动案例

学校将教育阵地延伸到社区，与社区联动，构建了按照学段划分的社区课程以及社会实践课程。学校完善了少工委机制，社区代表作为学校少工委成员，给学校的少先队工作建言献策。通过双向的少工委联动，学校与社区为少先队员的发展搭建了新的平台。通过资源供需对接平台，可以实现家庭向学校和社会开放，为学校和社会提供人力资源；也可以实现学校向家庭和社会开放，为家庭和社会提供先进的教育理念、丰富的课程资源、精准的教育教学方式和正规化的学习环境等；还可以实现社会向家庭和学校开放，各社会主体和机构可为学校与家庭提供各种文化资源。

健康生活，共享美好

向琴　王捷

一、设计意图

春意渐浓，四月的微风拂过校园，带来了一个特别的消息——2023 年的四月是第 35 个爱国卫生月。在这个充满生机与希望的季节里，成师附小华润分校党支部积极响应党的号召，深入贯彻党的二十大精神，决定以实际行动落实习近平总书记关于开展爱国卫生运动的重要指示精神。于是，一场别开生面的"健康生活，共享美好"党员志愿服务主题活动应运而生。

二、活动目标

树立文明健康理念，践行健康生活方式，共创整洁环境，共建美好家园。成师附小华润分校党支部"晞光姐姐"团队走进社区、融入社区，积极开展志愿服务，为社区居民"健康生活，共享美好"出一份力，充分践行党员教师全心全意为人民服务的初心和使命。

三、资源运用

成师附小华润分校党支部在爱国卫生月期间策划了"健康生活，共享美好"党员志愿服务主题活动，旨在提升社区居民的健康生活意识和社区环境整洁度。为了实施这一活动，学校和企业提供了以下资源，并进行运用：

（一）学校提供的资源

1. 人力资源：学校的党员教师们组成了志愿服务团队，他们不仅参与活动的策划和组织，还亲自走进社区开展健康宣传和服务。

2. 教育资源：学校的教育资源，如健康课程材料、宣传海报和多媒体设备等，可能被用来制作健康教育内容，向社区居民普及健康生活方式。

（二）企业提供的资源

1. 物资支持：相关企业提供了健康宣传资料、卫生用品（如口罩、消毒液等）和志愿服务所需的其他物资（如志愿者服装、工具等）。

2. 资金支持：部分企业可能通过赞助或捐赠的方式，为活动提供资金支持，确保活动的顺利进行。

（三）资源运用

1. 资源整合：学校和企业提供的资源被整合在一起，形成了活动所需的完整方案。例如，学校的人力资源结合企业的物资支持，共同开展健康宣传活动。

2. 实地应用：党员志愿服务团队走进社区，利用这些资源开展面对面的健康教育、环境清洁和卫生服务等活动，让社区居民真正感受到健康生活的重要性。

3. 持续跟进：活动结束后，学校和企业可以对活动效果进行评估，根据社区居民的反馈和需求，持续提供相关的资源和支持，确保健康生活理念的长期推广和实践。

综上所述，通过学校和企业的资源共享和协作，这场"健康生活，共享美好"的党员志愿服务主题活动得以顺利开展，不仅提升了社区居民的健康水平，也展示了党员教师们全心全意为人民服务的初心和使命。

四、活动过程

(一) 前置活动

1. 组织同学们学习和开展环保实践和宣传活动（捡起湖边所看到的垃圾，向路人分发宣传单）。

2. 设计宣传海报、创意游戏，制定活动方案。

(二) 活动推动

1. 健康知识宣讲与互动游戏

在明媚的阳光下，学校党员先锋"晞光姐姐"团队携手一群活泼可爱的孩子们，走进了熙熙攘攘的社区。他们的到来，为社区注入了一股清新的活力。"晞光姐姐"首先通过生动有趣的健康知识宣讲，向社区居民们介绍了保持健康生活方式的重要性。他们用深入浅出的语言，解释了合理饮食、适量运动、充足休息等方面的知识，让居民们听得津津有味。

为了让宣讲更加生动有趣，"晞光姐姐"还设计了一系列创意互动游戏。这些游戏既有趣又富有教育意义，让孩子们和居民们在游戏中学习到健康知识，大家纷纷表示这样的宣讲方式既轻松又有效。通过这些游戏，居民们不仅了解到了健康生活的理念，还学会了如何在日常生活中实践这些理念。

2. 垃圾分类知识宣传与实践

在健康知识宣讲之后，"晞光姐姐"和孩子们一起向居民做了垃圾分类知识的宣传。他们向居民们详细介绍了垃圾分类的重要性和具体操作方法。为了让居民们更加直观地了解垃圾分类，他们还精心准备了垃圾分类宣传单，并在现场进行了垃圾分类的实践演示。

在宣传过程中，"晞光姐姐"和孩子们向居民介绍了垃圾分类对保护环境和资源的重要性。他们解释了垃圾的产生过程以及给生活环境造成的危害，引导居民们认识到垃圾分类不仅是一种责任，更是一种对环境的保护。在他们的引导下，居民们纷纷表示要积极参与垃圾分类，为创造更美好的生活环境贡献自己的力量。

3. 烟头危害科普与环保意识提升

除了健康知识宣讲和垃圾分类宣传外，党员老师们还特意为居民们科普了烟头对生活和环境的危害。他们通过生动的案例和翔实的数据，向居民们展示了烟头中心温度之高以及极易引发火灾的危险性。同时，他们还强调了烟头随手扔在地上会对土壤和水源造成的严重污染，进而影响到人类和动植物的生存环境。

在科普过程中，党员老师们不仅传递了环保知识，更激发了居民们的环保意识。他们鼓励居民们自觉戒烟或正确处理烟头，从小事做起，共同为保护环境尽一份责任。居民们纷纷表示深受触动，将更加注重自己的行为举止，积极参与环保活动，共同为打造美丽和谐的家园贡献力量。

（三）活动延伸

和"晞光姐姐"们一起走进社区的还有学校跳绳队的孩子们，他们进行了精彩的绳操展示和各种花样跳绳表演，向社区居民传递积极参与体育锻炼、保持乐观阳光心态、共享美好的健康生活理念。

五、活动评价

文明是一种习惯，是一种和谐稳定的风尚，是一种积极健康的素养。孩子们在健康文明知识的学习中深刻感受到一个人的文明是在举手投足间由一言一行来体现的。

六、活动反思

回顾"健康生活，共享美好"的党员志愿服务主题活动，我们不仅收获了许多宝贵的经验，更对价值观和资源运用有了更深刻的认识。

首先，活动让我们深刻体会到社会主义核心价值观的重要性。文明、和谐不仅仅是抽象的口号，更是需要我们每一个市民去实践和落实的日常行为准则。走进社区，我们直接与居民交流，发现只有当每个人都能够践行文明举止，才能共同构建一个文明和谐的社会。这也让我们更加明白，作为党员和教师，我们不仅要传播知识，更要传递文明和谐的核心价值观，让这些价值观深入人心。

在资源运用方面，我们深感学校和企业的支持对活动的成功至关重要。学校提供了场地、人力资源和教育资源，为活动的顺利进行提供了坚实的基础。而企业的物资支持、专业指导和资金赞助则使得我们的活动更加丰富多样和高效。更重要的是，我们注重了资源的有效整合和利用，确保了每一份资源都能够发挥最大的效用。这种资源运用的理念不仅体现在活动筹备阶段，更贯穿于整个活动过程中。

同时，我们也意识到，资源的运用需要与活动目标紧密结合。我们借助各种媒体和方式，如宣传海报、视频资料等，将文明和谐的核心价值观传递给社区居民。这种有针对性的资源运用方式，不仅提高了活动的吸引力和影响力，更使得我们的活动目标得以顺利实现。

总之，通过本次党员志愿服务主题活动，我们更加明白了社会主义核心价值观的重要性和资源运用的重要性。未来，我们将继续秉承这一理念，通过更多类似的实践活动，让文明和谐的核心价值观深入人心，共同构建一个更加美好的社会。

"缤纷童年·小小售货员"职业体验活动

向　琴

一、设计意图

诚信，像是一颗闪耀的种子，深植于中华民族的传统美德中，它在每一代人心中发芽、开花、结果。在当今的多元社会，诚信这颗种子更显得珍贵和独特，它成为人与人之间相互信任、合作共赢的基石。为了让这颗诚信的种子在孩子们心中生根发芽，我们精心策划了一场名为"缤纷童年·小小售货员"的职业体验活动。我们希望，通过让孩子们扮演售货员这一角色，使他们能够更直接、更深入地体会到诚信在日常生活与商业交往中的重要作用。

在这次体验中，孩子们将有机会站在售货员的岗位上，与顾客进行真实的交流，推荐商品，完成交易。他们将在实践中学习如何诚实守信地面对每一位顾客，如何信守自己的承诺，以及如何在交易中维护自己的信誉。

二、活动目标

1. 培养孩子们的诚信意识，让他们明白诚信是做人的根本。

2. 提高孩子们的沟通能力和团队协作能力，增强他们的社会责任感。

3. 通过实践活动，让孩子们学会尊重劳动成果，珍惜他人的劳动付出。

三、资源运用

1. 学校资源

师资支持：学校安排老师作为活动的组织者和指导者，确保活动的顺利进行。

教具与物资：学校提供必要的教具和物资，如货架、商品模型、收银机等，为活动提供物质保障。

2. 企业资源

专业培训：企业派出经验丰富的售货员为孩子们提供专业培训，教授他们售货技巧和诚信服务的重要性。

商品捐赠：企业提供真实或模拟的商品，供孩子们在活动中销售，让他们体验真实的商业环境。

志愿者支持：企业志愿者在活动现场协助孩子们，确保活动的顺利进行。

3. 资源整合

学校和企业提前沟通，整合双方资源，确保活动的顺利进行。

4. 活动流程设计

根据资源情况，设计合理的活动流程，让孩子们能够充分体验售货员的工作，并在实践中学习诚信、沟通、协作等品质。

四、活动过程

（一）前置活动

组织孩子们分组，为他们准备售货员服装、收银机、商品等所需物品。活动开始前，超市工作人员给孩子们讲解活动中要注意的安全事项和超市服务常规礼仪。接着，志愿者给孩子们调配了工作岗位，有理货区、回收购物车、商品促销区等岗位。在偌大的超市里，随时可以看见孩子们忙碌工作的可爱身影，他们在卖西瓜、卖苹果……

（二）活动推动

1. 设立诚信挑战任务

为了培养孩子们的诚信品质，我们特意设计了一系列诚信挑战任务。这些任务涵盖了销售过程中的各个环节，如称重准确、不找零错误、不私自调换商品等。通过完成这些任务，孩子们将能够在实际操作中深刻体会到诚信的重要性。

2. 孩子们的初次尝试与挑战

活动刚开始时，孩子们都显得有些胆怯和紧张。面对陌生的顾客和繁忙的销售环境，他们难免有些手足无措。但正是这种挑战和尝试，让他们逐渐学会了如何在困难中坚持，如何战胜内心的恐惧。

3. 销售过程中的起伏与成长

在销售过程中，孩子们经历了各种起伏和挑战。有时他们会被顾客拒绝，有时则会得到顾客的赞扬和肯定。面对失败和挫折，孩子们学会了从中吸取教训，不断调整自己的策略和方法；而在成功和喜悦的时刻，他们也学会了保持谦逊和冷静，继续努力前行。

4. 战胜自我，鼓励前行

在这个过程中，孩子们不仅学会了如何与顾客沟通、如何推销商品，更重要的是，他们学会了如何战胜自己的恐惧和不安。每当遇到困难时，他们都会鼓励自己"我能行"，用积极的心态去面对挑战。

5. 与顾客的互动与信任建立

当有顾客光临时，孩子们会热情地邀请他们试吃水果或推荐当季热销的水果。通过与顾客的互动和沟通，他们不仅增加了销售的机会，还建立了与顾客之间的信任和友谊。而当没有顾客时，他们则会忙着整理货架、清洁环境，为迎接下一位顾客做好充分的准备。

通过这样的诚信挑战活动，孩子们不仅提高了自己的诚信意识和实践能力，还收获了成长的喜悦和自信心。相信在未来的日子里，他们将带着这份诚信和自信，迎接更多的挑战和机遇。

（三）活动延伸

活动结束后，组织孩子们进行诚信分享，让他们谈谈自己在活动中的感受和收获，以及如何在日常生活中做到诚实守信。

两个小时的职业体验快结束时，他们才发觉嗓子有些哑了，腿酸了，有位学生说道："我终于知道为什么爸爸妈妈工作完，回到家就说腰酸脚疼的，今天在超市体验当售货员，虽然才两个小时，但是也好累，回到家后我要好好感谢爸爸妈妈！"这次职业体验活动让孩子们深切体会到了工作的辛苦与不易，锻炼了他们的沟通能力和胆识，更让他们在以后面对困难时毫不退缩、迎难而上，也有助于提高他们的综合素质以及实践能力。

五、活动评价

通过"缤纷童年·小小售货员"职业体验服务活动，孩子们不仅在实际操作中感受到了诚信的重要性，还提高了沟通能力和团队协作能力。同时，他们也学会了尊重劳动成果，珍惜他人的劳动付出。这次活动让孩子们在快乐的氛围中接受了诚信教育，为培养他们的良好品质奠定了坚实基础。

六、活动反思

通过以下措施，我们将"缤纷童年·小小售货员"职业体验服务活动的影响力扩大，让更多的孩子受益，让诚信成为他们成长道路上的一盏明灯。

1. 家庭延伸：鼓励孩子们将诚信品质带回家中，与家人分享活动中的收获，引导家庭成员共同践行诚信价值观。

2. 学校推广：将活动成果在学校进行展示，让更多的孩子了解诚信的重要性，推动学校诚信教育的深入开展。

3. 社区联动：与社区合作，将诚信教育融入社区活动中，让诚信成为社区文化的一部分，共同营造一个诚信和谐的社区环境。

"小小银行家"职业体验活动

向　琴

一、设计意图

敬业精神在现代繁忙的都市中，如同一盏明灯，照亮着每一个追求卓越的公民的道路。而对于孩子们，这颗敬业的火种，更是他们未来人生的关键指引。从小点燃精神火种，不仅能让孩子们在未来的职场中脱颖而出，更能为他们的日常生活注入无尽的活力和正能量。

为此，我们精心策划了一场别开生面的"小小银行家"职业体验活动。在这里，孩子们将踏入一个仿真的银行世界，亲身体验银行员工的日常工作和职责。他们将会学习如何为客户提供专业、热情的服务，如何在工作中保持高度的专注和责任心，如何在团队中发挥自己的价值。

通过这样的活动，我们希望孩子们能够深刻理解敬业精神的内涵，学会在工作中追求卓越、精益求精。更重要的是，我们希望他们能够将这种精神延伸到生活的方方面面，成为更加优秀、有责任感的小小公民。

二、活动目标

1. 培养孩子们的敬业精神，让他们理解并尊重每个职业。

2. 提高孩子们的职业素养，如责任感、团队合作、细致认真等。

3. 通过实践活动，让孩子们了解银行业务，增强他们的金融意识。

三、资源运用

1. 学校资源

师资力量：学校的教师将担任活动的指导者和监督者，确保活动的安全性和教育性。

教育材料：学校将提供相关的教育材料，如银行工作的基本流程、职业道德等内容，供孩子们学习和参考。

2. 企业资源

专业指导：银行的专业人员将参与活动，为孩子们提供真实的银行工作指导和建议。

模拟工具：银行将提供模拟的银行工具和设备，如模拟的银行柜台、ATM 机、存折等，让孩子们能够更真实地体验银行工作。

职业规划分享：银行的员工还将分享自己的职业规划和经验，帮助孩子们更好地了解银行职业。

学校和银行将共同整合双方提供的资源，确保活动能够顺利进行。在活动过程中，孩子们将在教师的指导下，利用模拟的银行工具和设备，进行实际的模拟操作，体验银行工作的流程和规范。活动结束后，学校和企业将根据孩子们的表现和反馈，对活动进行总结和评估，为下一次活动提供参考。

四、活动过程

（一）前置活动

1. 准备银行员工制服、模拟业务工具等物品，确保活动顺利进行。

2. 角色分配与培训：根据孩子们的兴趣和能力，分配不同的角色，并进行简单的业务培训。

（二）活动推动

1. 厅堂参观：开启银行探索之旅

在银行工作人员的带领下，孩子们首先进行了厅堂的参观。他们好奇地观察着银行的各个角落，从大厅的布局到服务窗口的设置，每一个细节都引发了他们的兴趣和疑问。工作人员耐心解答，帮助孩子们了解银行的日常运营和服务流程。

2. 自助机具体验区：感受现代化机具的魅力

紧接着，孩子们来到了自助机具体验区。这里摆放了各种银行自助设备，如 ATM 机、自助查询机等。在工作人员的指导下，"小小银行家"们纷纷上前尝试操作，了解并体验了银行自助设备的功能和使用方法。他们兴奋地操作着机器，查询余额、打印对账单，近距离感受着现代化机具的高效和便捷。

3. 金融小课堂：学习趣味金融知识

随后，金融小课堂开讲。在这个环节中，孩子们不仅学习了钱币的起源和演变历程，还了解了如何辨别真假币等实用的知识。工作人员通过生动有趣的故事和实例，将复杂的金融概念变得简单易懂。孩子们听得津津有味，不时提出问题，积极参与互动。

4. 学习点钞技能与点钞大赛

除了学习金融知识，孩子们还向银行员工学习了点钞技能。他们认真观察员工的每一个动作，尝试着用手指轻轻拨动钞票，练习速度和准确度。不久后，一场激烈的点钞大赛拉开帷幕，孩子们跃跃欲试，展现出自己的点钞技能。经过一番角逐，最终决出了优胜者。

通过这次银行体验与教育之旅，孩子们不仅增长了知识、提升了技能，还对银行业务和现代化机具有了更深入的了解。这样的活动不仅丰富了孩子们的课余生活，也为他们未来的金融素养打下了坚实的基础。

（三）活动延伸

此次活动的开展，为小朋友们提供了一次与银行近距离接触的机会，让他们从小接受金融知识教育，树立起了正确的基础金融消费观念，提高对"钱"的认识，更为他们的理财启蒙翻开了重要一页，助力他们开启"小小银行家"的梦想。

五、活动评价

通过"小小银行家"职业体验活动，孩子们不仅能够更深入地了解银行业务，还能在实践中培养敬业精神，增强职业素养。活动将使孩子们更加尊重每个职业，理解工作的重要性，并为他们未来的职业生涯打下坚实的基础。

六、活动反思

1. 家庭延伸：鼓励孩子们在家中模拟银行工作，与家人分享活动经验，培养他们的家庭责任感。

2. 学校拓展：在学校开展相关的金融知识课程，让孩子们更深入地了解银行和其他金融机构的工作。

3. 社区联动：与社区合作，组织相关的金融知识讲座或实践活动，提高社区居民的金融素养和敬业精神。

传承红色基因　厚植家国情怀

向　琴

一、设计意图

红色文化是一种无法估量的精神财富，它不仅塑造了我们的过去，更是激励我们前进的强大动力。对于少年儿童来说，了解红色历史，传承红色基因，不仅是对历史的尊重，更有利于家国情怀的培养。因此，我们精心策划了一次特殊的活动——参观李劼人故居纪念馆。通过这样的实地参观和亲身体验，让孩子们有机会近距离地感受那些革命先烈的英勇事迹，让他们真实地体会到那个特殊历史时期人们的坚韧和勇敢。

在纪念馆中，每一件展品，每一张照片，甚至每一块石头，都承载着丰富的历史信息。我们希望通过这种方式，让孩子们在游览的过程中，自然而然地沉浸到历史的情境中，仿佛能够穿越时空，亲身参与到那个充满热血与信仰的年代。

我们期待，通过这样的活动，孩子们能更深入地了解红色历史，更深刻地感受到家国情怀的厚重。我们坚信，这样的体验将在他们的心中播下爱国的种子，激发他们的民族自豪感，让他们在未来的生活中，无论遇到什么困难，都能保持那份坚韧不拔的精神，勇往直前。

二、活动目标

1. 了解李劼人的生平事迹，感受他的爱国情怀和革命精神。

2. 通过实地参观，让青少年深入了解红色历史，传承红色基因。

3. 培养学生的家国情怀，增强他们的民族自豪感和历史责任感。

三、资源运用

1. 学校资源

教育指导：学校提供教育指导和课程设计支持，确保活动内容与教学目标紧密结合，有助于提升学生的历史意识和家国情怀。

师资力量：学校派遣教师陪同参与，他们不仅负责学生的安全和纪律，还能在活动中提供专业讲解和引导，帮助学生更深入地理解红色历史。

交通工具：学校提供交通工具，如校车，确保学生安全、方便地到达纪念馆。

宣传与推广：学校利用校内资源，如校园广播、公告板等，进行活动宣传与推广，也可举办宣传活动，提高学生和家长的参与度与兴趣。

2. 企业资源

纪念馆预约与导览：纪念馆所属的企业或机构负责活动的预约和安排，提供专门的导览服务，确保参观过程顺畅、高效。

教育资源支持：企业提供与纪念馆相关的教育资源，如教育手册、宣传视频等，帮助学生更好地了解李劼人先生的生平事迹和红色历史。

志愿者支持：企业组织志愿者协助活动进行，包括维持现场秩序、解答学生疑问等，确保活动顺利进行。

在纪念馆现场，教师结合企业提供的教育资源，进行现场讲解和互动，引导学生深入思考和感悟红色文化的内涵和价值。

通过这样的资源整合与运用，学校和企业共同努力，使得参观李劼人故居纪念馆活动成为一次富有成效的红色文化教育实践，有效地培养了学生的家国情怀和爱国热情。

四、活动过程

（一）前置活动

在活动的筹备阶段，为了确保活动的顺利进行，班级组织者提前与位于成都市锦江区菱窠西路 70 号的李劼人故居纪念馆进行了深入沟通。经过多次协商，最终确定了参观的具体时间和参与人数。同时，为了确保同学们在参观过程中能够获得更好的体验和学习效果，班级还精心准备了必要的设备和物资，如便携式音响、录音设备以及学习资料等。

（二）活动推动

1. 踏上文化之旅

2023 年 4 月 29 日清晨，阳光洒满了成都市锦江区的大街小巷。

二年级 6 班的同学们在孟老师的带领下，满怀期待地来到了李劼人故居纪念馆。这座纪念馆不仅是历史的见证，更是文化的传承之地。

2. 小小讲解员展风采

一进入纪念馆，班级的三位小小讲解员——林子闲、李之其妙和周欣淇就跃跃欲试。他们分别为同学们详细介绍了菱窠、雅游亭、故居主楼以及生平事迹展厅。通过他们的讲解，同学们对李劼人先生的生平事迹和文学成就有了更加深入的了解。

3. 诵读经典，传承文化

在纪念馆的宽敞大厅里，全体同学与家长一起诵读了刘大杰的作品《忆李劼人——旧友回忆录》。那铿锵有力的声音回荡在空气中，仿佛在诉说着一段段感人至深的故事。这一环节不仅加深了同学们对李劼人先生的敬仰之情，也激发了他们对文学的热爱和追求。

4. 专业解说，深度领悟

随后，李劼人故居纪念馆的吴老师为同学们带来了一场专业的深度解说。吴老师用生动的语言和丰富的案例，向同学们详细介绍了李劼人的文学成就和在中国文学史上的地位。同学们听得津津有味，不时提出自己的疑问和见解，与吴老师进行深入的交流和讨论。

5. 文学探索，启迪智慧

在吴老师的解说结束后，孟老师带领同学们进一步参观了李劼人的文学作品展览区。同学们仔细翻阅着李劼人的原著和研究资料，感受着这位文学巨匠的深邃思想和独特魅力。这次参观学习，不仅拓宽了同学们的文学视野，也激发了他们对文学创作的兴趣和热情。

这次活动不仅是一次简单的参观之旅，更是一次深刻的文化体验和学习过程。通过实地参观、专业解说和互动交流，同学们对李劼人先生及其文学作品有了更加全面和深入的了解。这不仅增强了他们的文化自信和爱国情感，也为他们的成长道路注入了更多的正能量和动力。

（三）活动延伸

活动结束后，组织学生进行感悟分享，让他们谈谈自己在活动中的收获和体会，以及如何将红色精神融入日常生活中。

五、活动评价

李劼人故居承载着李劼人先生重要的精神文化遗产，此次实践让孩子们更深入地了解到李劼人先生在文学创作、实业报国、济困扶智、家国担当等方面的事迹，感受他浓厚的爱国情怀和"疏淡养心，坚定立骨"的独立品格，为身为少先队员的孩子们上了一堂难忘的"价值引领"课。

六、活动反思

通过参观李劼人故居纪念馆活动，少年们深入了解了红色历史，传承了红色基因，厚植了家国情怀。他们在实地参观和互动体验中感受到了革命先烈的英勇事迹和爱国情怀，激发了他们的爱国热情和民族自豪感。这次活动让少年们更加坚定了文化自信和历史责任感，为他们的成长注入了正能量。

1. 红色文化学习：鼓励青少年们在日常生活中继续学习红色文化，如阅读红色书籍、观看红色电影等，让红色精神深入人心。

2. 红色文化传承：组织青少年们参与红色文化传承活动，如讲述红色故事、举办红色文化展览等，让红色文化得以传承和发扬。

3. 家校合作：与家长沟通合作，共同关注孩子的红色教育，让红色基因在家庭中得到传承和弘扬。

第三节　校企联动案例

学校建校至今，一直秉持"华枝春满，润物无声"的办学理念，通过学校和企业两种不同的教育环境和教育资源，给学生开展了多种多样、丰富多彩的课程体验。学校整合多方力量，与企业形成合力，以润物无声的方式实现个体生命的充分成长和群体生命的蓬勃发展，回应办学目标——培育赤诚、阳光、丰盈的少年。

平安出行　伴我成长

许咏娴

一、设计意图

本次"地铁安全知识进校园"宣教活动的设计目的，旨在围绕敬业、诚信、友善三个社会主义核心价值观，通过生动有趣、互动体验的方式，向三年级学生传授地铁安全知识，培养他们的安全意识和文明行为习惯。活动旨在让学生了解并尊重轨道公安的工作，懂得在公共交通中友善待人、诚信乘车，进而形成健康向上的社会风尚。

二、活动目标

1. 使学生了解地铁安全常识，掌握在地铁站内遇到突发事件的处置方法。

2. 培养学生文明乘车的习惯，倡导友善待人，尊重并帮助老弱病残孕等乘客。

3. 增强学生的诚信意识，自觉遵守地铁乘车规定，不携带违禁物品。

4. 通过活动让学生感受到轨道公安的神圣职责和光荣使命，培养爱岗敬业精神。

三、资源运用

1. 学校资源

在"地铁安全知识进校园"宣教活动中，学校提供了全方位的资源支持。学校不仅提供了宽敞明亮的场地，为活动的顺利进行创造了有利条件，还通过校园广播、宣传栏等多种渠道进行广泛宣传，有效提升了活动的知名度和参与度。此外，学校还安排了专业的教师团队，他们凭借丰富的教育经验和深入的安全教育理解，协助我们策划和准备宣教内容，确保了宣教活动的专业性和权威性。这些资源的有效整合和运用，为活动的成功开展奠定了坚实基础。

2. 社区资源

在"地铁安全知识进校园"宣教活动中，社区为我们提供了宝贵的资源支持。地铁勤务二支队的民警和站方工作人员，凭借他们丰富的实践经验和专业知识，为学生们带来了生动而深入的讲解和演示，极大地提升了活动的专业性和学生的参与度。此外，辅警与站方工作人员还进行了防暴处突演练，让学生们直观感受到安全的重要性，增强了他们的安全意识。同时，社区分享的地铁禁限带物品目录等资料，为我们策划宣教内容提供了重要参考，使得活动更加贴近实际、具有针对性。通过充分利用这些资源，我们成功地开展了本次宣教活动，为学生们的安全成长提供了有力保障。

四、活动过程

（一）前置活动

在活动启动之前，我们进行了深入细致的筹备工作。首先，我们与地铁勤务二支队勤务二大队取得了联系，并成功邀请他们的民警和站方工作人员到校，与学校的老师们一起召开多次会议，共同商讨和规划宣教的内容与形式。为了确保活动能够顺利进行，我们为学生们准备了一个宽敞明亮的活动场地，并进行了精心布置，营造出温馨而庄重的氛围。同时，我们还根据宣教内容，准备了大量的宣教材料，包括宣传册、海报和 PPT 等，以便在活动中使用。此外，我们还准备了一些演示所需的器材，如警械模型、防暴装备等，以便让学生们能够更直观地了解相关知识。

在筹备过程中，我们还特别注重活动的宣传与动员。我们利用学校的广播、宣传栏和班级微信群等多种渠道，向学生广泛宣传此次活动的核心目的与实际意义，让他们明白参与活动的重要性。同时，我们还组织了一些预热活动，如安全知识竞赛、主题班会等，有效地调动了学生的参与兴趣和热情。

（二）活动推动

在活动正式展开阶段，我们按照事先制定的计划，有条不紊地推进各项内容。首先，地铁勤务二大队的民警为学生们带来了一场精彩的讲座。他们结合自身的工作经验和实例，深入介绍了地铁的日常警务工作，包括巡逻、安检、应急处理等方面。同时，他们还详细解读了地铁禁限带物品目录，让学生们了解到哪些物品是不能携带上地铁的。

接下来，民警们还为学生们演示了警械的正确操作与使用。他们一边讲解一边示范，让学生们能够直观地了解到警械的用途和使用方法。此外，民警们还分享了一些在地铁上帮助有需要人群的小故事，让学生们感受到了轨道公安的温暖与责任。

在活动的后半部分，辅警与站方工作人员为学生们带来了一场生动的防暴处突演练。他们模拟了地铁上突发事件的场景，展示了如何迅速有效地进行处置。这场演练让学生们直观地感受到了安全的重要性，也让他们对防暴处突有了更深入的了解。

此外，站方工作人员还为学生们普及了安全文明乘车的常识。他们详细介绍了地铁的乘车规则、安全注意事项以及应急逃生方法等。

　　在活动的最后，我们设置了互动问答环节。学生们积极抢答，不仅巩固了所学的安全知识，更增强了安全意识。整个活动现场气氛热烈而有序，达到了预期的效果。

　　（三）活动延伸

　　活动结束后，我们并没有停止对学生的引导与教育。为了巩固活动成果并推动安全教育的深入开展，我们及时组织学生进行了总结分享会。在分享会上，学生们纷纷发表了自己的感想和收获，交流了学习心得和体会。这不仅让学生们对活动有了更深刻的认识，也让他们对安全知识有了更深入的了解。

　　同时，我们还为学生们发放了安全知识手册。这些手册包含了丰富的安全知识和实用技巧，供学生们在日常生活中随时学习和参考。学生们纷纷表示要将这些手册带回家中，与家人一起学习和分享。

　　此外，为了持续跟踪活动效果并评估其对学生安全意识和文明行为习惯的影响，我们还计划对学生的行为变化进行长期观察。我们将通过问卷调查、访谈等方式收集数据，分析学生在活动前后的变化，以便更好地调整和完善未来的安全教育工作。

　　这次活动不仅提高了学生们的安全意识和自我保护能力，也促进了学校与社区之间的紧密合作与交流。我们将继续努力推动安全教育工作的深入开展，为学生们创造一个更加安全、和谐的学习和生活环境。

五、活动评价

本次活动得到了学生们的热烈响应和积极参与，通过宣教、演练、互动等多种方式，有效地传达了地铁安全知识和文明乘车的重要性。学生们在活动中表现出了浓厚的兴趣和良好的学习态度，对地铁安全有了更深刻的认识和理解。活动达到了预期的目标，取得了显著的效果。

六、活动反思

本次"地铁安全知识进校园"宣教活动不仅凸显了安全教育的重要性，还成功融入了敬业、诚信、友善的社会主义核心价值观。活动能够取得圆满成功，离不开学校和社区的大力支持。学校方面提供了宽敞明亮的场地，并通过多种渠道进行广泛宣传，有效提升了学生的参与热情。同时，学校还协助我们组织了活动，确保了现场秩序井然。社区方面则为我们提供了专业的讲解人员，他们凭借丰富的经验和知识，为学生们带来了生动而深入的讲解和演示，让学生们深刻理解了地铁安全知识的重要性。展望未来，我们将继续利用学校和社区资源，加强安全教育工作，为学生的安全成长提供有力保障。

"小小银行家"职业体验活动

许咏娴

一、设计意图

本次"小小银行家"职业体验活动，明确以"敬业、诚信、友善"等社会主义核心价值观为指引，通过精心模拟真实的银行职业场景，让成都师范附属小学华润分校的孩子们有机会亲身体验银行业务。活动旨在通过实际操作，培养孩子们的敬业精神，让他们深刻理解到无论从事何种职业，都应当尽职尽责；同时，活动也强调诚信原则，引导孩子们在交易过程中保持真诚与守信；此外，通过团队协作与角色扮演，孩子们还学会了友善待人，尊重他人。我们希望通过这样的活动，帮助孩子们塑造积极向上的职业观念，树立正确的价值观，为他们的未来生活和职业发展打下坚实的基础。

二、活动目标

1. 让孩子们了解银行的基本业务、自助设备功能及使用方法，增长金融知识。

2. 培养孩子们的敬业精神和职业规划意识，激发他们对未来职业的兴趣和追求。

3. 通过模拟职业体验，提升孩子们的实践能力、沟通能力和团队协作能力。

三、资源运用

1. 学校资源

学校方面，为"小小银行家"模拟职业体验活动提供了宽敞的场地和必要的教学设施。我们充分利用这些资源，精心布置了模拟银行环境，包括柜台、自助设备等，为孩子们营造了一个真实的职业体验场景。同时，学校还组织了专业的教师团队，负责活动的策划、组织和实施。这些教师不仅具备丰富的教育经验，还对模拟职业体验活动有深入的了解，确保了活动的专业性和顺利进行。此外，学校还利用自身的宣传渠道，对活动进行了广泛的宣传，有效提升了学生的参与热情。

2. 社区资源

社区方面，我们得到了当地合作银行的大力支持。银行的专业人员为孩子们提供了真实的职业体验，通过讲解、演示和互动等方式，向孩子们传授了银行工作的基本知识和技能。这种真实的职业体验让孩子们深刻感受到了银行工作的氛围和要求，有助于培养他们的职业素养和综合能力。此外，银行还为我们提供了丰富的教育资料和教学工具，使活动更加生动有趣。通过与银行的紧密合作，我们成功地为孩子们打造了一个具有教育意义和实践价值的模拟职业体验活动。

四、活动过程

（一）前置活动

在活动筹备阶段，我们深入研讨了"敬业、诚信、友善"的内涵，并致力于将其融入"小小银行家"职业体验活动的每一个环节。为此，我们主动与合作银行进行了多次沟通与交流，共同探讨如何更好地将这些价值观融入活动中。经过多次讨论与修改，我们最终确定了一套既富有教育意义又能体现价值观的活动方案。

为了确保活动能够顺利进行，我们精心准备了活动所需的器材和道具。我们特意制作了模拟银行柜台，配备了各种仿真钱币和工具，以便学生在活动中能够真实地体验银行职业。同时，我们还根据活动环节的需要，准备了相关的教材、PPT 等教学资料，以便在活动中向学生传授相关知识和技能。

在向学生宣传活动时，我们特别强调了活动的目的和意义，让他们明白这不仅是一次了解银行职业的机会，更是一次培养敬业精神、诚信意识和友善态度的绝佳机会。我们利用学校的广播、宣传栏等渠道广泛宣传活动内容，激发学生的参与热情。

（二）活动推动

在活动进行中，我们注重通过各个环节来引导学生体验和感悟"敬业、诚信、友善"的社会主义核心价值观。

首先，我们组织学生参观了银行厅堂，并引导他们仔细观察银行员工的工作状态。通过实地观察，学生们深刻感受到了银行员工对工作的敬业精神和专业素养。同时，我们还邀请银行员工为学生们介绍了银行的基本业务和工作流程，让他们对银行职业有了更加深入的了解。

接着，我们开展了金融小课堂。在课堂上，我们向学生们传授了钱币知识、银行服务等基础知识，并重点强调了诚信在金融交易中的重要性。通过讲解真实案例和进行互动讨论，学生们深刻认识到了诚信对于个人和社会的重要性。

此外，我们还设置了点钞大赛等实践环节。在这些环节中，学生们需要亲自操作点钞机、进行钞票分类等任务。我们鼓励学生相互帮助，共同完成任务，培养他们的团队协作精神和友善态度。通过这些实践环节，学生们不仅提升了自己的操作技能，还学会了如何在团队中发挥自己的作用。

（三）活动延伸

活动结束后，我们并没有止步于此。为了巩固活动成果并推动学生继续践行"敬业、诚信、友善"的社会主义核心价值观，我们组织了一系列延伸活动。

首先，我们进行了总结分享会。在会上，学生们积极发言，分享了自己在活动中的收获和感悟。我们特别表彰了那些在活动中表现出色、充分践行价值观的学生，并为他们颁发了证书和小礼品。这不仅是对他们个人的肯定，也是对全体学生的激励。

其次，我们还开展了"小小银行家"志愿者活动。我们鼓励学生将所学知识和技能运用到实际生活中，通过参与志愿服务活动来践行"敬业、诚信、友善"的社会主义核心价值观。这些活动不仅丰富了学生的课余生活，还让他们在实践中得到了锻炼和成长。

最后，我们还对活动进行了效果评估。我们收集了学生对活动的反馈意见，并分析了活动对学生价值观和行为习惯的影响。通过评估结果，我们总结了活动的成功经验和不足之处，为未来的活动提供了宝贵的参考和借鉴。

通过这次"小小银行家"职业体验活动，我们不仅让学生们了解了银行职业的基本知识和技能，更重要的是让他们深刻体验到了"敬业、诚信、友善"的社会主义核心价值观的内涵和意义。我们相信，这些体验将对学生们的成长和发展产生积极而深远的影响。

五、活动评价

本次活动得到了孩子们的热烈响应和积极参与，他们通过模拟职业体验，了解了银行的基本业务和自助设备功能，增长了金融知识。同时，活动也培养了孩子们的敬业精神和职业规划意识，激发了他们对未来职业的兴趣和追求。活动中，孩子们表现出了极高的热情和参与度，积极学习、主动交流，取得了良好的教育效果。

六、活动反思

通过本次"小小银行家"模拟职业体验活动，我们深切体会到，学校和社区所提供的资源及其精心运用方式，在孩子们的成长中扮演着举足轻重的角色。本次活动的核心在于以"敬业、诚信、友善"为价值观导向，通过模拟体验的方式，帮助孩子们深化对这些职业观念和价值观的理解。

展望未来，我们将继续加强与社区的合作，进一步拓展资源类型和运用方式。我们将探索更多具有教育意义和实践价值的活动形式，如开展金融知识讲座、组织社会实践活动等，为孩子们提供更加丰富、多样的学习体验。同时，我们也将注重活动效果的评估和反馈，不断优化活动方案，提升教育效果。

学财商，探市集

许咏娴

一、设计意图

本次"学财商，探市集"活动，以市集交易为具体情境，聚焦于诚信这一核心价值观。我们希望通过实际的市集交易活动，让孩子们亲身体验和理解诚信在商业行为中的重要性。活动旨在通过财商课程和实际的市集操作，引导孩子们树立正确的财富观念，理解并实践诚信交易的原则，从而培养他们的财商素养和诚信品质。通过这样的活动设计，我们希望孩子们能在实际操作中学会如何合理安排和使用金钱，同时也能够深刻理解到诚信不仅是道德要求，更是商业行为的基础，为他们的未来生活和工作奠定坚实的诚信基石。

二、活动目标

1. 培养孩子们的财商素养，掌握基本的金融知识和理财技能。

2. 通过市集活动，引导孩子们树立诚信经营的意识，培养诚实守信的品质。

3. 提高孩子们的思想素质，培养节约用钱、合理消费的良好习惯。

4. 通过实践活动，增强孩子们的团队合作能力和社会责任感。

三、资源运用

1. 学校资源

学校方面为我们提供了宽敞的场地和完备的设施，成功搭建起一个仿真的市集环境。这个市集不仅让孩子们能够身临其境地感受商业氛围，更为他们提供了一个实践财商知识的绝佳平台。在活动中，学校的教师团队发挥了关键作用，他们精心策划和组织活动，同时也在活动过程中给予孩子们专业的指导和建议。这些教师们不仅具备丰富的教育经验，还对财商教育有着深入的理解，他们的参与确保了孩子们能够在学习和实践中得到有效的提升。

2. 社区资源

社区方面，我们得到了工商银行、成都银行等金融机构的鼎力支持。这些合作伙伴不仅为我们提供了宝贵的金融知识和经验分享，还协助我们设计了一系列富有教育意义的财商课程。通过这些课程，孩子们深入了解了金融知识，掌握了基本的财务技能。此外，社区还积极协调各方资源，帮助我们筹备活动所需的道具和材料，为活动的顺利开展提供了坚实的保障。在活动过程中，金融机构的工作人员还为孩子们带来了生动的金融知识讲座和互动体验活动，这些活动进一步激发了孩子们对财商学习的兴趣和热情。

四、活动过程

（一）活动前置

在活动启动之前，我们精心策划了"学财商，探市集"体验活动，并特别邀请了工商银行、成都银行等金融机构作为合作伙伴。我们深入探讨了活动的主旨和目标，即提升孩子们的财商素养和诚信品质，并共同设计了符合孩子们年龄特点和兴趣爱好的活动内容。

为了确保活动的顺利进行，我们提前与校方沟通，争取到了活动场地和必要资源的支持。同时，我们精心制作了宣传海报和宣传单，通过校园广播、班级微信群等渠道向全校学生进行了广泛的宣传。我们详细介绍了活动的目的、意义、时间、地点以及参与方式，特别强调了诚信在商业活动中的重要性，激发了孩子们的参与热情。

在准备阶段，我们与合作伙伴共同筹备了活动所需的道具和材料，包括模拟货币、交易记录本、摊位牌等。我们还对活动场地进行了布置，设置了多个摊位区域，为孩子们提供了一个真实而有趣的市集环境。

（二）活动推进

活动当天，我们为孩子们带来了一系列富有教育意义的财商课程。课程以生动有趣的故事和互动游戏为载体，向孩子们传授了基础的金融知识，如货币的功能、储蓄的重要性等。同时，我们还结合诚信主题，引导孩子们认识到诚信在商业交易中的关键作用，如遵守交易规则、诚实报价等。

市集活动作为课程实践的重要环节，我们鼓励孩子们积极参与。孩子们自行分组，设立摊位，将手工文创作品和闲置物品进行义卖。我们为每个孩子发放了模拟货币，并引导他们进行交易。在交易过程中，我们特别强调诚信原则，要求孩子们遵守交易规则，诚实报价，不进行欺诈行为。同时，我们还设立了监督小组，负责维护市集的秩序和公平性，确保每一笔交易都建立在诚信的基础之上。

市集活动进行得如火如荼，孩子们在交易中学习到了如何与人沟通、如何定价、如何管理自己的"小金库"等实用技能。更重要的是，他们在实践中深刻体会到了诚信的重要性，学会了用诚信赢得他人的信任和尊重。

（三）活动延伸

活动结束后，我们并没有立即结束工作，而是对整个活动进行了全面的总结和反思。我们收集了孩子们的反馈和感受，认真评估了活动在培养财商和诚信品质方面的效果。通过孩子们的反馈，我们了解到他们在活动中不仅学到了金融知识，还深刻体会到了诚信的重要性。

为了进一步传递爱心和弘扬诚信精神，我们将市集活动中筹集到的善款全部捐赠给了社区中有需要的人。这一举动让孩子们深刻感受到了诚信行为所带来的积极社会影响，进一步增强了他们的诚信意识。

此外，我们还通过家长会、学校官网等渠道，向家长和社会公众详细展示了活动的成果。我们分享了孩子们在活动中的表现、收获和成长，以及活动对孩子们财商素养和诚信品质的提升作用。这一举措不仅赢得了家长们的赞誉和支持，也进一步强调了财商教育和诚信价值观的重要性。

通过这次活动，我们深刻认识到诚信教育对于孩子们成长的重要性。未来，我们将继续开展类似的活动，为孩子们提供更多学习和实践的机会，帮助他们树立正确的价值观和人生观。

五、活动评价

本次活动得到了孩子们的积极参与和家长们的广泛认可。通过财商课程的学习和市集活动的实践，孩子们不仅掌握了基本的金融知识和理财技能，还树立了诚信经营的意识，培养了诚实守信的品质。市集活动中，孩子们积极参与义卖活动，遵守交易规则，诚实守信，得到了社区居民的一致好评。活动结束后，孩子们纷纷表示要珍惜金钱、合理消费，并将诚信价值观融入日常生活中。

六、活动反思

学校和社区在本次"学财商，探市集"体验活动中，为我们提供了丰富的资源，并且这些资源的运用方式也极具创新性和教育意义。

在资源的运用方式上，我们注重创新与实践相结合。我们利用学校提供的场地和设施，模拟了一个真实的市集环境，让孩子们分组设立摊位，进行手工文创作品和闲置物品的义卖。在这个过程中，我们强调了诚信交易的重要性，要求孩子们遵守交易规则，诚实报价。通过这种方式，孩子们得以在实践中深刻体验到诚信的价值和意义。

同时，我们还充分利用了社区提供的专业资源，邀请金融机构的工作人员为孩子们进行金融知识讲座并开展互动体验活动。这些活动不仅让孩子们了解了更多的金融知识，还激发了他们对财商学习的兴趣和热情。

此外，我们还注重将活动成果进行延伸和拓展。我们将市集活动中筹集到的善款捐赠给了社区中有需要的人，让孩子们的实际行动成为诚信价值观的生动体现。同时，我们还通过学校官网、家长会等渠道，向家长和社会公众展示活动的成果，进一步强调财商教育和诚信价值观的重要性。

未来，我们将继续深化与学校和社区的合作，进一步拓展资源类型和运用方式。我们将探索更多具有教育意义和实践价值的活动形式，为孩子们提供更加丰富、多样的学习体验。同时，我们也将注重活动效果的评估和反馈，不断优化活动方案，提升教育效果。

总之，学校和社区提供的资源及其运用方式，为本次"学财商，探市集"体验活动的成功开展提供了有力保障。我们将继续发挥这些资源的优势，推动财商教育和诚信价值观培养工作的深入开展，为孩子们的全面发展和成长贡献力量。

我是文轩小摊主

许咏娴

一、设计意图

本次"我是文轩小摊主"活动，设计初衷在于通过模拟摊主这一具体职业情景，直接引导少先队员们领悟并践行友善的价值观。孩子们在扮演摊主的过程中，将学习如何以友善的态度接待顾客，如何用诚恳的语言与人沟通，并在交易中培养诚实守信的品质。这种职业体验不仅能让孩子们感受到劳动的艰辛与收获的快乐，更能让他们在实际操作中学会尊重他人、友善合作，从而深刻理解友善价值观的实际意义。通过这样的活动设计，我们期望少先队员们能在实践中不断增强感恩意识和社会责任感，为将来成为有道德、有品质、有责任感的公民打下坚实基础。

二、活动目标

1. 培养少先队员们的友善待人、诚实守信的价值观。

2. 提高少先队员们的沟通能力、团队协作能力和实践能力。

3. 通过劳动实践，让少先队员们体验劳动的艰辛与收获的快乐，增强感恩意识。

4. 激发少先队员们的创新精神和创业意识，促进综合能力的提升。

三、资源运用

1. 学校资源

学校方面为我们提供了优秀的少先队员参与者和专业的辅导员团队。

少先队员们充满热情与活力，他们积极投入活动，通过摆摊实践，不仅锻炼了沟通能力和团队协作能力，更深刻体会到了友善待人的重要性。辅导员团队全程参与活动的组织与指导，他们的专业素养和丰富经验确保了活动的顺利进行，并在活动结束后进行总结分享，帮助队员们巩固所学，深化理解。学校资源的有效利用，为活动的成功开展提供了有力保障。

2. 社区资源

社区方面，我们得到了共青团锦江区委和新华文轩西南书城的大力支持。锦江区团委协助我们策划和组织活动，提供了丰富的活动资源和指导建议，他们的专业指导使得活动更具针对性和实效性。新华文轩西南书城作为活动场地提供方，不仅为我们提供了宽敞的场地和舒适的环境，还协助我们挑选适合的图书，为队员们提供了丰富的职业体验机会。社区资源的整合运用，为活动的顺利进行增添了更多色彩和亮点。

四、活动过程

（一）前置活动

在活动正式启动之前，我们与共青团锦江区委进行了紧密的沟通，共同商讨了活动的具体内容和形式。同时，我们还与新华文轩西南书城达成了合作意向，确定了活动场地和相关资源。为了确保活动的顺利进行，我们制定了详细的活动方案，并进行了多次的修改和完善。

为了让少先队员们更好地了解活动的意义和目的，我们组织了一系列的宣传活动。通过校园广播、班级会议等渠道，我们向少先队员们介绍了活动的背景、目的和流程，并强调了这次活动对于培养他们的友善品质、合作与沟通能力的重要性。同时，我们还通过宣传海报、横幅等方式，营造了浓厚的活动氛围。

在准备阶段，我们精心挑选了适合少先队员们的图书，并准备了充足的小围裙和宣传卡片。我们的小围裙设计独特，不仅符合少先队员们的审美，还能够很好地展示他们的精神风貌。宣传卡片则包含了图书的简介、价格等信息，方便少先队员们向顾客介绍和推销。

（二）活动推进

活动当天，少先队员们早早地来到了文轩书店。在签到并领取小围裙后，他们按照之前的分组迅速集结在一起。为了让队员们更快地进入状态，我们安排了一系列有趣的"破冰游戏"，让他们在轻松愉快的氛围中相互熟悉，建立起良好的团队关系。

紧接着，我们进行了详细的工作内容和技巧培训。我们向少先队员们介绍了图书的分类、特点以及推销技巧，帮助他们更好地了解工作内容和职责。在培训过程中，我们还特别强调了友善、合作与沟通的重要性，希望他们能够将这些价值观融入工作中。

在制作宣传小卡片的过程中，少先队员们充分发挥了自己的创意和团队协作能力。他们认真挑选图书，精心设计卡片布局，用生动的语言和图片向顾客展示图书的魅力。在摆摊环节，他们各司其职，有的负责接待顾客，有的负责介绍图书，有的负责收银和记录。他们始终以友善、热情的态度迎接每一位顾客，积极推销图书，并耐心解答顾客的疑问。

在活动过程中，我们也遇到了一些问题和挑战。例如，有些队员在推销图书时显得有些紧张和不自信，有些队员则遇到了难以应对的顾客。但是，他们都能够在团队的帮助下迅速调整状态，积极应对问题，展现出了出色的沟通能力和团队协作精神。

（三）活动延伸

活动结束后，我们组织了一次总结分享会。在分享会上，少先队员们积极发言，分享了自己的经验和感受。他们谈到了自己在活动中的收获和成长，也谈到了自己在推销图书时遇到的困难和挑战。通过分享和交流，他们更加深入地理解了友善价值观在活动中的体现，也更加坚定了将这种价值观融入日常生活中的决心。

为了表彰少先队员们的努力和付出，我们还评选出了"最佳销售员"并进行了表彰和奖励。这不仅是对他们工作的肯定和鼓励，也是对其他队员的激励和鞭策。

最后，辅导员与队员们一起回顾了整个活动的过程和收获，总结了他们在活动中所展现出的友善、合作和沟通等重要技能，并鼓励他们将这些技能运用到日常学习和生活中。通过这次活动，少先队员们不仅锻炼了自己的能力，还深刻理解了友善价值观的重要性，为他们的全面发展奠定了坚实的基础。

五、活动评价

本次活动取得了圆满成功，少先队员们在活动中展现出了积极向上的精神风貌和友善待人的品质。通过摆摊实践，他们不仅学会了与人沟通、交流和合作，还体验到了劳动的艰辛与收获的快乐。同时，活动也促进了队员们综合能力的提升，为他们今后的成长和发展奠定了坚实的基础。

六、活动反思

通过"我是文轩小摊主"这一活动，我们深刻体会到友善价值观的培养对于少先队员们的成长至关重要。在此过程中，学校和社区为我们提供了宝贵的资源及其运用方式，为活动的成功开展奠定了坚实基础。

在资源的运用方式上，我们注重创新与实践相结合。通过摆摊实践，队员们亲身体验了职业环境，学会了如何与顾客沟通、如何推销产品，更深入地理解了友善价值观在实际工作中的应用。同时，我们还通过总结分享会等形式，让队员们交流经验、分享感受，进一步巩固友善价值观在心中的地位。

然而，我们也意识到在资源运用方面仍有提升的空间。未来，我们将继续深化与学校和社区的合作，进一步拓展资源类型和运用方式。我们将探索更多具有教育意义和实践价值的活动形式和内容，为少先队员们打造更加丰富、生动的实践平台。

总之，学校和社区提供的资源及其运用方式，为"我是文轩小摊主"活动的成功开展提供了有力保障。我们将继续发挥这些资源的优势，推动友善价值观培养工作的深入开展，为少先队员们的全面发展和成长贡献力量。

第六章 聚焦价值观启蒙的长周期作业设计

作业是课程改革的关键领域，是课程的重要组成部分，也是影响课程目标实现的重要因素之一[①]。作业是连接课程实施与课程评价的中间环节，成为社会、家长直接接触和了解学校教育的主要内容，社会和家长通过作业的质量来反观学校的教育价值导向和教育质量。因此，作业是社会和家庭认识、理解教育的"名片"。

先锋课程的作业设计强调"整合"，关注学科内整合和跨学科整合，关注知识技能、思维方法与情感态度的整合，关注课堂学习与学生日常生活的整合。在大作业观及"整合"理念的指导下，我们将先锋课程的作业设计主要确定为长周期作业的形式。

长周期作业能有效地促进师生情感沟通和学生自我教育，有利于学生的个性化发展，是课堂教学的延续和学校育人的重要载体。区别于"打包"好的纸笔作业，长周期作业作为常规作业的延伸和补充，为学生的知识迁移、思维发展和能力提升、价值观重塑注入了独特的"养分"。它立足学生的全面发展，以助力学生核心素养提升为导向，从全学段、全学科、全过程视角出发，是为满足学生个性化学习而设计的一种作业。

聚焦价值观涵育就是要以爱国主义、集体主义和社会主义教育为主旋律，以社会主义核心价值观为引领，通过课程的融通实施，聚焦大思政和学科课程思政，找到价值观与长周期作业的相同点、相似点、相近点和相渗点，开展长周期作业设计与实施。通过长周期作业的设计与实施切实将政治立场、文化传承、价值观教育融入学校教育教学实践中，

---

① 马妍. 基于单元整体学习任务的作业设计：以六年级下册第二单元为例[J]. 语文建设，2022（24）：41-45.

完善以德育为先、全面培养的育人体系，体现全员、全程、全方位的育人过程。

第一节　基于学科的长周期作业设计

2014年，《教育部关于培育和践行社会主义核心价值观　进一步加强中小学德育工作的意见》强调，培育和践行社会主义核心价值观、加强中小学德育是推进中国特色社会主义事业的必然要求。培育社会主义核心价值观，需要充分发挥课程的德育功能，将社会主义核心价值观的内容和要求细化落实到各学科课程的德育目标之中。因此，学校在研究课程实施方式变革的同时也推进课程的价值育人。

围绕立德树人根本任务，依托校内场馆晞光馆，我校依据红色革命精神，结合校情和学情，开展了一系列行之有效的价值观教育，将红色血脉根植于学生心中。我们以全领域渗透、全方位渗透、全人员渗透为路径，在先锋课程的实施过程中，通过课程思政，结合国家课程的实施，将语文、道德与法治学科作为价值观教育的主阵地，其他学科有机渗透，全科覆盖。学校以教材为蓝本，从革命文化、中华优秀传统文化、社会主义先进文化中寻找契合的资源加以拓展丰富，形成了学科内的长周期作业案例集，促进学生价值观的形成。

高质量实施国家课程，不能局限于课堂内。我校的晞光馆作为成都市内唯一建在中小学校园内的爱国主义教育基地，理应作为学校教育的资源补充和有效载体，为价值观教育创造更多可能。利用场馆内生动的情境、丰富的展品和先进的科技辅助手段，可以有效唤起学生对学习知识的兴趣和渴望。独特的学习形态与整合方式，能最大化地让学生体验从接受者到发现者的学习身份转变，实现知识建构、价值体认和情感升华。

学校立足语文学科这一主阵地，充分利用好教材中以传统文化、革命文化、社会主义先进文化为主题的篇章，发挥课文教学的育人功能。在新课标的理念之下，语文教师革新传统教学理念，对教材中红色主题的单元内容进行重新梳理、布局和调整，有机整合优化内容，预留足够的时间引导学生进行大量的课外实践，既提升学生对语文教学知识点的学习效率，又引导孩子们从小树立爱国之志，培育家国情怀。例如，统编版六年级《语文》上册第二单元的主题为"重温革命岁月，把历史的声音留在心里"。在这一单元的学习中，聚焦"爱国"这一核心内容，设计"制作革命英雄故事微视频"长周期作业，通过重访伟人故居、重温英雄故事、重现感人瞬间等活动，运用学校晞光馆内 VR、AR 等技术创设真实情境，引导学生切身体会人物心情、深切感悟人物形象。学生在完成作品的过程中体悟红色文化内涵，经历革命精神洗礼。该作业设计与场馆内的大情境紧密结合，给予了学生丰富的身心体验，促进爱国主义情感的产生。

以下是各学科长周期作业案例集：

忆峥嵘岁月 "展"盛世华章
——"我是小小策展人"长周期作业

学科：语文	年级：五年级
作业总时长：30 天	设计者：陈晓梅

一、设计意图

"青青园中葵，朝露待日晞。"成都师范附属小学华润分校的校园内有一处教育体验馆名为"晞光馆"，是成都市唯一建在校园内的爱国主义教育基地。学校依托场馆，开展了一系列红色教育，为了让红色基因在传承中焕发新时代的光芒，彰显"以文化人"，充分发扬主人翁的意识。我们利用场馆让学生在具身体验中重温英雄故事，设计了本次策展的长周期作业，让学生在真实的场域中浸润式体验，根植爱国情怀。

二、作业目标

1. 目标一：阅读与走访。阅读革命书籍、走访红色基地，在具身体验中浸润、感受老一辈革命家的英雄气概和高尚品格。

2. 目标二：搜集与筛选。多途径搜集革命英雄事迹，借助"我是小小策展人"的综合实践活动，在校园中传播红色精神，弘扬革命文化。

3. 目标三：策划与实施。拟定红色展区方案，撰写"革命英雄故事"

脚本与剧本，排练舞台剧、制作微视频；搜集红色诗词，创编"红色小诗集"；寻找并解读红色物件、书写红色诗词等。

三、核心素养及学科核心知识

本作业是落实"弘扬革命文化"课程目标的载体之一，把课堂教学、课外阅读、写作、综合实践活动统整为一体，联动表达能力的训练和人文教育的熏陶，实现核心素养和精神成长的共融发展，将精神塑造与价值导引有机寓于课堂和课外全过程，最终实现立德树人。

四、对应教材内容

对应 3~6 年级革命传统教育类课文：

表 1　革命传统教育类课文数量多、占比重

版本	课文总篇数	革命传统教育类篇目数	占比
统编版	284	40	约 14%
人教版	351	19	约 5%
苏教版	290	23	约 8%

表 2　革命传统教育类课文基本特征

革命精神内涵丰富	文章体裁多样性	人物角色多层次	内容富有时代感
革命理想主义：《天上的街市》等	识字韵文《升国旗》	革命领袖：《朱德的扁担》《军神》等	展现革命时代精神的文本多
革命英雄主义：《黄继光》等	诗歌《延安，我把你追寻》、文言文《少年中国说》	英雄人物：《手术台就是阵地》《狼牙山五壮士》等	新时代革命精神：《千年梦圆在今朝》
革命乐观主义：《七律·长征》等	说明文《圆明园的毁灭》、议论文《为人民服务》	普通人物：《小英雄雨来》《木笛》等	当代海军：《小岛》
革命集体主义：《金色的鱼钩》等	叙事性文本多	文艺名家：《梅兰芳蓄须》《我的伯父鲁迅先生》等	

五、作业任务及作业日历

任务	活动	时长
合作共议，形成展区简案	1. 展区划分：四个展区	1周
	2. 每个展区筹备的内容、呈现的方式等	
	3. 形成简案	
暑期自学，多途径浸润红色文化	1. 读万卷书，暑期自学	2周
	2. 行万里路，红色研学	
	3. 享视觉盛宴，观红色影视	
策划实施，多样态呈现展区	1. 搜集与制作	1周
	2. 布置展区：动态和静态	

六、作业实施步骤

任务一：合作共议，形成布展简案

明确任务后，六月底同学们认真解读作业，经多次积极商议、思维碰撞后，形成了以下简案。

分为四个展区，孩子们分别从呈现方式、筹备内容及措施几个方面进行了规划。

表3 展区规划方案

区域	展区一	展区二	展区三	展区四
内容	红色故事	红色诗文	红色研学	红色影视
呈现方式	故事梗概、思维导图；现场微话剧《金色的鱼钩》；讲故事微视频	诗歌书册集；红色书法展	图文介绍（研学馆、红色物件）；现场宣讲	易拉宝海报；经典片段视频
筹备内容	撰写故事脚本；制作讲故事微视频；排练红色故事《金色的鱼钩》	分类摘抄红色诗歌，集成书册；临摹红色诗文，进行书法展示	亲历游学基地；制作游学小报；寻找红色物件，宣讲红色故事	观看红色电影；制作海报或读后感推荐
具体措施	阅读革命书籍，撰写故事脚本，运用信息技术制作讲故事微视频，排练红色微故事《金色的鱼钩》	学习红色诗词并分类整理，合编红色诗集；临摹红色诗文，进行书法展示	走进成都或外地红学基地，沉浸式体验，寻找红色物件，在游学前或游学后制作小报	观看经典红色影片，选择影片制作电影海报，撰写影评

为了让方案落地，同时加深对革命文化的了解，暑假里同学们在老师的指导下进入了自学阶段，为下学期布展做准备。

任务二：暑期自学，多途径浸润红色文化

时间：暑假（7月、8月）

表4　暑期学习规划单

学习内容	学习支持	学习成效及建议
读万卷书，暑期自学	推荐红色书单 1. 革命历史类 如：《中华人民共和国简史》《中国共产党的九十年》《红军长征史》《中国抗日战争史简明读本》等 2. 英雄事迹类 如：《我的父亲邓小平：战争年代》《小兵张嘎》《毛泽东箴言》《重读先烈诗章》《习近平讲故事：少年版》《中华人物故事汇·中华先烈人物故事汇》等 3. 红色诗歌类 如：《我用残损的手掌》《把牢底坐穿》《我的"自白"书》《囚歌》等	了解革命历史，对革命英雄人物所处的社会背景和他们肩负的使命有更深了解，从而对革命英雄有全方位的整体认知 在阅读革命英雄的真迹、传记等书籍中，深入地体会英雄人物的人格魅力 鼓励学生阅读诗歌的同时，查阅创作背景，体会诗人文字背后的力量，并分类搜集诗歌
行万里路，红色研学	建议红色之旅 1. 成都本土红色印记 如：辛亥保路运动陈列馆、成都战役纪念馆等。 2. 国内红色研学基地 如：中国国家博物馆、井冈山革命军事博物馆等	学生自主选择红色基地，了解革命历史，激发爱国爱家乡的情怀，沉浸式体验，在红色之旅中接受心灵洗礼 建议：制作红色研学小报（出行前后均可），拍摄现场视频；PPT展示游学照片、小报
享视觉盛宴，观红色影视	赏红色影片 每位同学观看2部以上红色电影或者连续剧，如《小兵张嘎》《鸡毛信》《地道战》《英雄儿女》《红色娘子军》《智取威虎山》《建党伟业》《八佰》《开国大典》等红色文艺作品，了解红色精神，增强文化自信	建议：观看后绘制影片海报或撰写观后感、排练精彩片段

任务三：策划与实施，多样态呈现——以动态展区（红色剧目筹备）为例

（一）完善分工，明确任务

1. 个体任务

利用暑假了解革命历史，锁定一位革命人物，通过图书馆、网络、博物馆等渠道搜集相关的文字、图片、影像等素材，明确人物的特征和主要事迹，撰写脚本、剧本。

2. 小组任务

讲故事组：组建3~4人的"讲故事"小组，修改脚本，制作演示文稿，完成讲故事视频。

演故事组：组建5~6人的"演故事"小组，要求大方自信，语言、肢体表达能力强，排练舞台剧《金色的鱼钩》。

3. 班集体任务

班级内小组间讨论、甄选优秀"讲故事"视频，彩排"演故事"剧目，进行宣传与推广。

（二）子任务一 锁定"革命英雄"，搜索汇编素材

1. 学程规划

时间安排	学习的过程	关键的进程	重要的历程
9月19—22日	在暑期大量红色阅读的基础上，自主选择一位革命英雄深入了解，锁定想讲、想演的革命英雄人物	甄选、锁定革命人物	
9月23—26日	利用图书馆、网络、博物馆等渠道对锁定的革命英雄进行文字、图片、影像等素材的搜集		确定故事剧本
	汇编已锁定的革命英雄素材，形成文档素材	将已锁定的革命英雄生平介绍以及最能表现英雄"红色精神"的经典故事等相关素材汇集成文档	体会革命英雄的人格魅力，把散乱的素材汇编成有条理、成体系的资料，为后续撰写脚本提供支持

2. 学习支持

（1）激发作业兴趣

（2）引导有效搜集

指导学生进行"线上"和"线下"双线交互式搜集。"线上"即利用网络媒体，以文字、图片、影像等多种载体丰富资料内容；"线下"可以通过图书馆、书店、博物馆等渠道，也可以请教老师、家长、讲解员、相关革命参与者等，还可以观看纪录片，通过多渠道搜集资料。

（三）子任务二　组建两个小组，撰写脚本、改编剧本

1. 学程规划

时间安排	学习的过程	关键的进程	重要的历程
9月27—29日	组建"讲故事"小组，组内分享革命英雄的故事，明确重点展现的人物特征和事迹	组建具备关键能力、特长的两个"微小组"	
	组建"演故事"小组，筹备《金色的鱼钩》剧组，交流需展示的主要情节		
10月8—14日	联结、学习教材的表达，师生共同探讨适合"讲故事"和"演故事"的脚本、剧本撰写	完成讲故事脚本撰写；完成演故事《金色的鱼钩》的剧本改编	
	进行素材的再筛选、整合，完成脚本、剧本撰写，小组合作修改	小组间合作修改，请教老师寻求帮助	自我认知与表达的过程中，接受同伴的帮助，学着帮助别人，体会集体主义精神

2. 学习支持

表5　小组分工表

项目	组员分工		
	组员	分工内容	完成时间
脚本撰写			

续表

项目	组员分工		
	组员	分工内容	完成时间
视频制作			
后期宣传			

表6　演员筹备表

剧中人物	演员姓名	性格特征	服装道具
老班长			
小　梁			
红军甲			
红军乙			

结合教材的阅读与表达，如通过动作、语言、神态等内心品质来描写人物；通过感受开国大典的隆重、战斗场面的壮烈来学写活动场面。

（四）子任务三　制作"讲故事"视频，排练《金色的鱼钩》舞台剧

1. 学程规划

时间安排	学习的过程	关键的进程	重要的历程
10月15—21日	"讲故事"小组进行PPT的制作和视频软件的学习	完成与脚本相匹配的演示文稿	
	"演故事"小组做好分工，从语言、表情、肢体等方面揣摩人物特点，认真做好舞台剧排练		分享交流，当他人遇到困难时，学会奉献，感受帮助别人的快乐

续表

时间安排	学习的过程	关键的进程	重要的历程
10 月 21 日	"讲故事" 小组完成一次脚本、演示文稿、旁白相结合的汇报展示，交流修改意见	汇报	
	"演故事" 小组完成舞台布景、服装道具、背景音乐等场务工作，进行年级内展演，交流修改意见		
10 月 22 日	甄选优秀的 "讲故事" 视频，入选 "红色微故事" 展厅；"演故事" 揣摩好细节，完善后续工作		甄选微视频、完善舞台剧

2. 学习支持

（1）关于微视频制作技术

了解班级中擅长演示文稿、视频剪辑等技术的学生情况，将其分散于每一个小组中，分享技术经验，也可请信息技术老师提供后期技术支持。

（2）协助舞台剧指导表演

七、作业评价

本次评价紧紧围绕目标的达成，从学生语言文字运用能力、思维过程、审美情趣和人文价值等方面展开，关注自主、合作、探究学习，评价学生在 "微故事" 制作过程中和 "舞台剧" 展演过程中的表现。

表 7　"革命英雄微故事，红色精神代代传" 长周期作业（"讲故事"）评价表

	行动描述	我的发展性指标			组内互评	教师评价
		参与度	完成率	贡献值	认可度	认可度
脚本撰写	阅读书籍	☆	☆	☆	☆☆☆	☆☆☆
	搜集资料	☆	☆	☆	☆☆☆	☆☆☆
	组建团队	☆	☆	☆	☆☆☆	☆☆☆
	撰写脚本	☆	☆	☆	☆☆☆	☆☆☆
	合作修改	☆	☆	☆	☆☆☆	☆☆☆
	（自填）	☆	☆	☆	☆☆☆	☆☆☆

续表

	行动描述	我的发展性指标			组内互评	教师评价
		参与度	完成率	贡献值	认可度	认可度
视频制作	运用多媒体技术	☆	☆	☆	☆☆☆	☆☆☆
	设计制作	☆	☆	☆	☆☆☆	☆☆☆
	汇报展示	☆	☆	☆	☆☆☆	☆☆☆
	合作修改	☆	☆	☆	☆☆☆	☆☆☆
	（自填）	☆	☆	☆	☆☆☆	☆☆☆

表8 "革命英雄微故事，红色精神代代传"长周期作业（"演故事"）评价表

评价维度	评价要点
时间长短	不超过5分钟，短小精悍 ☆☆☆
主题结构	结构完整，凸显"红色精神" ☆☆☆☆☆
技术应用	综合运用多学科知识和技能 ☆☆☆
整体效果	引人入胜，动人心弦 ☆☆☆☆☆

"人生自古谁无死，留取丹心照汗青"。一百多年来，无数革命英雄为了中华民族伟大复兴，进行了艰苦卓绝的斗争，绘就了人类发展史上波澜壮阔的美丽画卷。在这次红色主题作业中，学生重温革命岁月，走近革命英雄，接受红色精神洗礼，在真实且丰富的语文实践中接受了革命文化教育，实现了自我成长。

"Shu"说长征

学科：数学	年级：五年级
作业总时长：1周	设计者：罗雪颖

一、设计意图

本作业基于学生在真实生活中遇到的问题而设计。晞光馆是我校爱国主义教育的互动体验馆，学生参观后了解到红军曾进行了长达两万五千里的长征，他们对两万五千里到底有多长感到疑惑。虽然换算成学过的长度单位为 12500 千米，但对学生来说仍显得抽象。教师有责任引导学生从教学的角度理解数据，通过比较和具象化数据，帮助他们深入了解长征的历史背景和精神内涵。这样的作业不仅能满足学生对历史事件的好奇心和求知欲，还能帮助他们深刻理解长征的重要意义，进而增强他们的爱国情感。这一目标高度契合"爱国"的价值观教育目标。

二、作业目标

1. 目标一：经历收集和整理信息的过程，了解长征的历史背景，彰显爱国情怀。

2. 目标二：运用获取的信息绘制路线图，进一步读懂历史；经历描述和分析数据的过程，能选择合适的信息绘制复式条形统计图，并能读懂统计图表所蕴含的信息。

3. 目标三：运用数学语言将对长征的观察与现实生活情境相结合，从而深化对长征历史事件的理解与感悟，从数学的视角更深入地理解长征的历史意义，同时强化爱国情怀，激发对祖国的热爱。

三、核心素养及学科核心知识

本作业所发展的数学核心素养主要为"数据意识"。数据意识主要是对数据意义的感悟，知道在现实生活中，有许多问题应当先做调查研究，收集数据，感悟数据蕴含的信息，知道同一组数据可以用不同方式表达，需要根据具体问题选择合适的方式。要使学生形成数据意识，最有效的方法是让他们真正深入到统计思想产生和发展的全过程。因此，以作业的方

153

式让学生经历收集数据、整理数据和分析数据的过程，能够进一步培养他们的数据意识。本作业所涉及的数学学科知识是复式条形统计图，学生收集、了解红军的长征背景和相关数据，尝试绘制复式条形统计图，并进一步描述和分析数据，巩固课上所学。

四、对应教材内容

本作业对应北师大版《数学》五年级下册第八单元《数据的表示和分析》中《复式条形统计图》一课的内容，让学生经历收集、整理、描述、分析数据的过程，体验统计方法在实际生活中的应用。

五、作业任务及作业日历

任务	活动	时长
收集信息	1. 收集问题，制作调查表	2 天
	2. 根据调查表收集相关信息	
"数"说长征	1. "数"说信息，感受长征之"长"	2 天
	2. "数"说图表，体会长征之"险"	
"述"说长征	1. 体悟"数"背后的本质意义，并用数学的语言述说感悟	3 天
	2. 了解的"长征精神"的内涵	

六、作业实施步骤

任务一：收集信息

（一）活动 1：收集问题

1. 学生提出对"长征"感兴趣的问题，并填写表格。

表 1 "追问长征"问题清单

追问长征
你想知道关于长征的哪些内容？
1.
2.
3.
4.

2. 学生收集并整理提出的问题，然后按问题类别制作调查表。（例如：包括"基本信息"和"数据信息"两大类）

表 2 "长征"背景的调查表

"长征"背景大调查		
基本信息	起止时间	
	基本路线	
	途经省份	
	主要战役	
	英雄人物及其事迹	
数据信息	各段行军的距离和时间	
	各部队的长征前后人数	
	各部队的行军速度	
	长征前后的资源情况	
	其他	

（二）活动2：根据调查表收集，填写相关信息

因为相关信息量大、数据多，所以要从海量信息中提取需要的内容。此任务能训练学生读信息、找信息和提取信息的能力，培养阅读能力。

任务二："数"说长征

（一）活动1："数"说信息，感受长征之"长"

请根据收集到的信息，自主查看地图，并利用过去学过的方向与位置等相关知识，绘制长征的路线图。

155

（二）活动2："数"说图表，体会长征之"险"

1. 利用任务一收集的数据信息，绘制复式条形统计图。

（考查学生对各类统计图特点的认识，能选择合适的数据绘制复式条形统计图，以便直观地展示多组数据的对比。）

表3　复式条形统计图

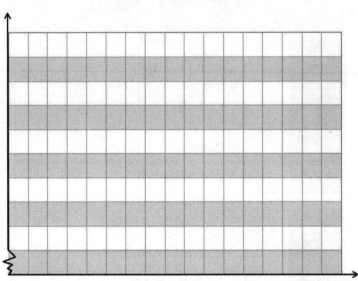

2. 仔细观察绘制的复式条形统计图，从中能够获取哪些信息？请结合数据做简要的分析。（部分学生作品如下图）

> 1.从图中可知红四方面军伤亡人数近四万，因为红四方面军获取食物极为困难，缺少药物，连续作战，导致不断减员。
>
> 2.长征精神就是把国家和人民的利益看得高于一切，不惧怕任何困难，顾全大局，严守纪律，紧密团结。

图1　学生对统计图的数据分析

任务三："述"说长征

（一）活动1：体悟"数"背后的本质意义，并用数学的语言述说长征，建立与现实生活的联系，进一步调动学生的身体感官

请用视频的方式记录下自己身体力行体验长征的过程，并结合数据述

说自己对长征的感悟，字数不少于 500 字。

图 2　述说对长征的感悟

（二）活动 2：了解"长征精神"

上网查阅"长征精神"的内涵，知道"长征精神"是中国共产党人精神谱系中的伟大精神之一，应继承和发扬长征精神，这对实现中华民族伟大复兴的强国梦具有重大意义。

七、作业评价

根据学生的作业完成情况，将进行以下四个方面的评价：数据资料的收集、数据的分析和推理、复式条形统计图的认识以及对长征精神的理解。评价标准分为三个水平层次，采取学生自评和师评的方式。

表4　作业评价表

评价表					
评价内容	A 水平	B 水平	C 水平	自评	师评
数据资料的收集	能用多种方法、通过多种途径搜集所需资料	能在他人的引导下完成搜集资料的任务	需在他人帮助下完成资料的搜集，搜集的资料少、价值低		
数据的分析和推理	能对搜集的数据进行整理，筛选出有价值的信息，根据信息进行分析、推理	能对数据进行简单的整理，在他人的引导下进行简单的分析、推理	能看懂他人整理的数据，能听懂他人的数据分析		
复式条形统计图的认识	非常了解复式条形统计图的特点，能正确绘制统计图，并分析数据及其意义	大概了解复式条形统计图的特点及绘制方法，大概知道数据的意义	不太了解复式条形统计图的特点、不能绘制复式条形统计图		
对长征精神的理解	能结合长征中的数据和具体事件，详细叙述对长征精神的理解	能简单说出自己对长征精神的理解	完全不知道长征精神的意义		

了解不一样的"红色"成都

学科：语文	年级：六年级
作业总时长：3周	设计者：罗域菀

一、设计意图

六年级学生阅读能力提升，平时能通过阅读课文了解英雄故事。但英雄故事毕竟有一定的历史感，学生较少切身体会。此次长周期作业，利用校园特色红色场馆晞光馆开辟"红色小脚印"新展区作为活动背景，让学生了解、寻访、宣传不一样的"红色"成都，制作微视频讲述关于成都的红色故事，让学生潜移默化地浸润在红色文化中，与"红色"成都开启一场奇妙的邂逅，去重温历史岁月，实现语文素养与"爱国"价值观成长的共融发展。整个作业配合学校的融媒体平台，打造项目式、具身感、融合性、合作型等要素兼具的学习方式，提高学生综合素养。作业过程中，孩子们通过多样化的任务驱动，在时间、空间得到保障的前提下，积极性大大提高，在实践与探究中不断思考、行动、收获、反思、创作。

二、作业目标

1. 目标一：能主动通过搜集素材、阅读书籍，对爱国故事进行生动形象的叙述，并融入向优秀人物学习"红色精神"的意愿，将对他们的崇敬之情进行充分的表达。

2. 目标二：能综合运用语文、美术、音乐等多学科知识和技能进行创意化设计，制作人物名片，并运用点面结合的写法记录精彩的场面，拍摄一个短小精悍、引人入胜、启发激励的讲述视频，更好地呈现了解内容。

3. 目标三：制作的"微视频"能使用于校园文化活动中，并能在校园晴光馆等多渠道进行宣传，弘扬以过去、今天、未来为时间轴，以爱国爱家乡为鲜明主线的精神。

三、核心素养及学科核心知识

本作业所发展的语文核心素养主要是"文化自信"。"文化自信"是指学生认同中华文化，对中华文化的生命力有坚定信心。通过语文学习，学生应当热爱国家通用语言文字，热爱中华文化，继承和弘扬中华优秀传统文化、革命文化、社会主义先进文化，关注和参与当代文化生活，初步了解和借鉴人类文明优秀成果，具有比较开阔的文化视野和一定的文化底蕴。因此，以作业的方式，结合本单元"了解文章是怎样点面结合写场面的""尝试运用点面结合的写法记一次活动"等语文要素，让学生亲身经历，在实践活动及探寻中了解成都的"红色"一面，实现语文素养与"爱国"价值观成长的共融发展。

四、对应教材内容

本作业对应统编版《语文》六年级上册第二单元，本单元以"革命岁月"为主题。围绕语文要素"了解文章是如何点面结合写场面的"，教材编排了《七律·长征》《狼牙山五壮士》《开国大典》三篇精读课文和一篇略读课文《灯光》，旨在引导学生感受革命者英勇斗争、不怕牺牲的革命英雄主义精神和在艰苦卓绝的斗争中表现出来的积极向上的革命乐观主义精神。口语交际让学生围绕生活中的话题学会演讲；语文园地中的书写提示渗透着爱国主义教育；交流平台带着学生回顾课文中点面结合的写法，并建议学生运用到自己的习作中去。日积月累主要是让学生背诵、积累历代圣贤的爱国名言，进一步呼应了本单元的人文主题。

五、作业任务及作业日历

任务	活动	时长
了解——不一样的"红色"成都	1. 搜集资料，绘制红色时间轴	4 天
	2. 展开阅读，制作人物名片册	
点亮——不一样的"红色"成都	1. 整合资料，汇编成都红色故事册	5 天
	2. 借助资料，点亮成都红色坐标图	
	3. 撰写计划，制定成都红色寻访线	
寻访——不一样的"红色"成都	1. 实地探访，录制视频	5 天
	2. 整理花絮，剪辑视频	
宣传——不一样的"红色"成都	1. 成果宣传发布	4 天
	2. 分享活动经历	

六、作业实施步骤

成都是一座充满红色记忆的城市，拥有着丰富的红色资源，许多地方见证了无数英雄的壮丽革命事迹。他们中有为革命奋不顾身的先烈，有参加抗日救亡运动的英雄，有解放成都的先锋，也有在新时代建设成都的探索者……在成都快速发展的背后，闪耀着一代代艰苦奋斗、薪火相传的榜样人物的身影。

学校晞光馆即将开辟"红色小脚印"新展区，同学们可踊跃拍摄微视频，一起点亮红色地图，走近时光里的英雄。最后我们将选取大家的优秀作品循环播放于展区影屏上，为师生展示从古至今涌现的仁人志士对祖国家乡的期盼和爱国精神，激励我们不断前行，追寻心中的声音。

任务一：了解——不一样的"红色"成都

1. 搜集资料，绘制红色时间轴

同学们，请查阅教材选编课文所涉及的历史事件、发生时间等资料，并补充中华民族伟大复兴过程中，一些重要时间节点、重大事件，尝试填入下列时间轴中。

图 1　红色事件时间轴

2. 展开阅读，制作人物名片册

在搜集的过程中，相信一定有非常多令你感兴趣的人物。你还可以继续阅读课内外与革命历史、榜样人物相关的文章、书籍，整体感知人物形象，体会英雄人物的人格魅力。同时，你还可以利用图书馆、网络、博物馆等渠道对成都优秀人物进行相关的文字、图片、影像等素材的搜集，寻找、了解成都不同时代杰出人物，探寻他们的生活、故事、价值观。最终，请你选择其中一位，制作人物名片，并将纸质的人物名片电子化，便于分享和长期保存。

示例：

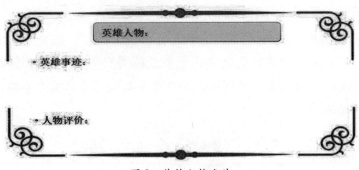

英雄人物：

英雄事迹：

人物评价：

图2 英雄人物名片

任务二：点亮——不一样的"红色"成都

1. 整合资料，汇编成都红色故事册

前期准备制作完毕啦！小组成员一起合作，将人物名片按照时间轴的顺序整理成册。这样能帮助提高你们信息整理、分类的能力，把散乱的素材汇编成有条理、成体系的资料，为你们后续视频拍摄提供支持哦。

2. 借助资料，点亮红色成都坐标图

借助成都红色地标概览图，请你选择感兴趣的一些地方，将天府人物名片，对应补充在其中，点亮你的红色成都坐标图，更好地沿着的志士仁人的足迹与脉络深入地探寻。你还可以利用讲故事的方式，向你的同学、父母重现当时的场景。

3. 撰写计划，制定成都红色寻访线

小组合作：围绕本次探究的意义、风格结构、主要内容、寻访路线等方面共同探讨，理清思路，明确小组拍摄计划的基本内容、要求，为后续镜头脚本的撰写奠定基础。

拍摄计划

作品名称：

拍摄目的：＿＿＿＿＿＿＿＿＿＿＿＿＿＿＿＿＿＿

拍摄路线：（　　　）→（　　　）→（　　　）

拍摄内容：＿＿＿＿＿＿＿＿＿＿＿＿＿＿＿＿＿＿

制作建议：配上＿＿＿＿＿＿（音乐），并以＿＿＿＿＿的语气来录制讲述词。

图3 拍摄计划框架图

任务三：寻访——不一样的"红色"成都

根据拍摄计划，实地走进红色成都坐标点，录制讲述视频。结合六年级上册第二单元的阅读与表达（如通过语言、神态、言行等体会人物内心品质——描写人物；感受开国大典的隆重、战斗场面的壮烈——学写活动场面；读革命先烈故事——讲述红色故事），通过视频镜头和文字展现精彩的场面。

1. 捕捉镜头

你打算留下哪些镜头？如何用最精彩的镜头来吸引观众的目光？请你进行详略梳理，突出特写镜头，聚焦画面，分享最精彩的部分。

表1　拍摄脚本

拍摄脚本					
序号	场面	特写镜头	全景镜头	文字讲述内容	备注
1					
2					
3					
……					

2. 记录花絮

运用点面结合的写法，抓住场景与细节描写，将寻访活动过程中印象深刻的部分记录下来。

图4　拍摄花絮记录单

任务四：宣传——不一样的"红色"成都

1. 成果宣传发布

同学们利用班队课时间，在班级内组织开展"成果发布会"，将各小组的视频进行交流展示。我们将推选出优秀作品到学校的融媒体中心，后续将会在晞光馆展厅中进行播放，并通过公众号以及学校官方抖音进行宣传与推送。

2. 分享活动经历

活动结束后，大家都被成都仁人志士的爱国情怀所感动，为新时代成都日新月异的发展、祖国的繁荣昌盛而自豪，更想继承爱国精神、传承革命意志、表达爱国爱家乡情感。请你选择其中一种方式来分享你的活动经历吧！

方式一：红色之旅我来讲。

可以围绕这一主题，结合录制的视频，在晞光馆内深情演讲，表达爱国、爱家乡的情怀和建设家乡的志向。

方式二：多彩活动我来写。

展开想象，在头脑中建构场面。尝试运用点面结合的方法，从本次活动所记录的花絮中进行延伸，进行更多的创意表达，完成一次习作。

七、作业评价

将评价纳入作业设计，让评价元素不再缺席，不仅凸显了评价对作业的改良与提升作用，也能让学生在作业实践中自评、互评，在评价中实现自我建构。本次评价紧紧围绕作业目标的达成，从学生语言文字运用能力、思维过程、审美情趣和人文价值等方面展开，关注自主、合作、探究学习。

表 2 评价项目表

（认真完成：★★★   基本完成：★★   需进一步完成：★）

作业步骤	评价内容	评价情况		
		自评	同学评	老师评
前期准备	能根据学习活动要求主动搜集合适的资料，并能对搜集的资料进行整理有序归类，完成时间轴及人物名片	☆☆☆	☆☆☆	☆☆☆
	通过阅读，体会点面结合写场面的方法及好处	☆☆☆	☆☆☆	☆☆☆
	能从中体会英雄人物身上所具有的价值观精神	☆☆☆	☆☆☆	☆☆☆
制定计划	能够制定科学的计划，合理进行小组分工，并根据计划开展实地探访及拍摄讲述活动	☆☆☆	☆☆☆	☆☆☆
探访拍摄	能运用点面结合的方法完成镜头脚本	☆☆☆	☆☆☆	☆☆☆
	能综合运用多学科知识和技能进行创意化的设计制作，完成一个时长不超过5分钟的短小精悍、引人入胜、让人共情、启发激励的讲述微视频，更好地呈现脚本内容	☆☆☆	☆☆☆	☆☆☆
	尝试运用点面结合写场面，记录下精彩花絮	☆☆☆	☆☆☆	☆☆☆
	组内合作互帮互助，主动想办法解决遇到的问题	☆☆☆	☆☆☆	☆☆☆
宣传分享	通过演讲或习作表达对家乡的热爱与对英雄人物的敬意	☆☆☆	☆☆☆	☆☆☆
	积极记录活动收获，在表达分享时做到语调适当、姿态大方	☆☆☆	☆☆☆	☆☆☆

绘制红色场馆平面图

学科：数学	年级：六年级
作业总时长：两周	设计者：康曦婧

一、设计意图

以小组合作的形式，通过"绘制红色场馆平面图"的实践活动，学生进一步理解并能够综合运用图形测量、比例、数据收集等知识，积累了

"从头到尾"思考问题的经验。学生亲历设计方案、动手实践、交流反思的过程，发展综合实践能力，体验团结协作、获得成功的快乐。

参观红色场馆并绘制平面图，学生会用数学的眼光参观红色场馆，用数学的思维体悟革命真谛，用数学的语言表达党史故事。完成整个长周期作业的过程中，学生领略红色美学，感悟红色精神，培养家国情怀。

二、作业目标

1. 目标一：参观红色场馆并绘制平面图，结合新课标培养学生用数学的眼光去参观红色场馆，用数学的思维去体悟革命真谛，用数学的语言去表达党史故事，感悟抗战革命精神，让家国情怀扎根在学生心里。

2. 目标二：以小组合作的形式，通过"绘制红色场馆平面图"的实际操作活动，进一步理解并综合运用图形测量、比例、数据收集等知识，积累"从头到尾"思考问题的经验。

3. 目标三：亲历设计方案、动手实践、交流反思的活动过程，发展统筹规划和按方案实践操作等综合实践能力，体验团结协作、获得成功的快乐。

4. 目标四：在设计、测量、整理等实践活动中感受数学与生活的密切联系，进一步激发学习兴趣，发展自我反思能力。

三、核心素养及学科核心知识

核心素养：应用意识。

学科涉及的主要知识点：图形位置、测量、数据的收集与统计、比例尺等。

四、对应教材内容

北师大版小学《数学》六年级下册"数学好玩"板块《绘制校园平面图》。

五、作业任务及作业日历

任务	活动	时长
明确作业	认识平面图，成立小组，确定红色场馆	1 天
设计方案	1. 全班探讨"绘制红色场馆平面图前，想一想，要先做哪些方面的准备？"	4 天
	2. 形成并交流方案	

续表

任务	活动	时长
实践操作	1. 组织学生进行数据的测量，确定比例尺，绘制草图	7天
	2. 小组交流，完成红色场馆平面图	
交流反思	全班交流平面图的绘制情况，畅谈收获	2天

六、作业实施步骤

任务一：明确作业

教师展示两幅平面图，让学生初步认识什么是平面图。学生明确长周期作业后，成立小组，确定要参观并绘制的红色场馆。

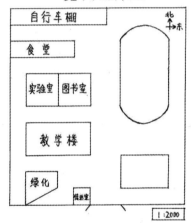

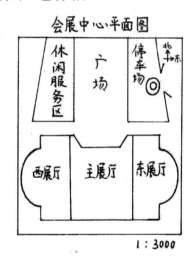

任务二：设计方案

（一）活动1：问题探讨

明确分组后，全班一起交流"绘制红色场馆平面图，想一想，要先做哪些方面的准备？"围绕以下4个问题进行探讨。

（1）在红色场馆平面图中需要绘制哪些主要建筑物？

（2）需要收集哪些数据？如何收集这些数据呢？

（3）如何确定这幅图的比例尺呢？

（4）设计绘制红色场馆平面图的活动方案，包括主要步骤与分工等。

（二）活动2：形成并交流方案

经过以上问题的讨论，再分小组探讨，每个小组形成一个活动方案。

每个小组的方案形成后，组织学生进行方案的交流，互相启发，完善方案，提高学生的统筹规划能力。

任务三：实践操作

（一）活动 1：测量数据，完成草图

组织学生测量所需数据，进行数据的整理，确定好比例尺，把红色场馆建筑物或者场地的形状草图画下来，并把计算获得的数据标注在图中。

（二）活动 2：绘制红色场馆平面图

小组成员对绘制的草图展开交流，共同努力进一步完善红色场馆平面图。

绘制红色场馆平面图

任务四：交流反思

学生已经分小组完成了红色场馆平面图的绘制，并进行全班汇报，组织他们围绕以下 5 个问题进行深入交流与反思。

（1）每张图是否都准确、合理？哪个小组的图有自己的特点？

（2）活动中，运用了哪些知识？

（3）绘制红色场馆平面图，可以帮助人们解决什么问题？

（4）活动中，你有什么收获？（数学层面、红色文化层面）

（5）还有哪些需要进一步研究的问题？

七、作业评价

1. 过程评价，主要指向作业目标的达标情况，对长周期作业每个阶段进行评价。评价内容包括：对任务的解读、数据的测量与收集整理、"从头到尾"思考问题的思维、团结协作及反思能力等。

《绘制红色场馆平面图》自我评价表

这次活动中，我的表现是（请把每项后面的☆涂上颜色，涂满5个为做得最好的）：

认真解读作业任务	☆ ☆ ☆ ☆ ☆
数据的测量、收集、整理准确	☆ ☆ ☆ ☆ ☆
积极参与活动，小组分工合理	☆ ☆ ☆ ☆ ☆
能够"从头到尾"思考问题	☆ ☆ ☆ ☆ ☆
遇到问题，能够及时反思并调整	☆ ☆ ☆ ☆ ☆

2. 结果评价，指向长周期作业绘制红色场馆平面图的完成情况。评价内容包括：方案介绍、作品呈现、小组讲解。

《绘制红色场馆平面图》小组评价表

第＿＿＿＿＿＿＿组　　　　作品名称：＿＿＿＿＿＿＿

从方案设计、作品呈现、小组讲解三个方面对绘制红色场馆平面图的完成情况进行评价（请把每项后面的☆涂上颜色，涂满5个为做得最好的）：

评价要素		自我评价	同伴评价	教师评价	综合评价
方案设计合理、全面		☆☆☆☆☆	☆☆☆☆☆	☆☆☆☆☆	
作品呈现	平面图整洁、美观	☆☆☆☆☆	☆☆☆☆☆	☆☆☆☆☆	
	平面图包含了红色场馆的主要建筑	☆☆☆☆☆	☆☆☆☆☆	☆☆☆☆☆	
	主要建筑的方向正确，位置比较准确	☆☆☆☆☆	☆☆☆☆☆	☆☆☆☆☆	
	选用的比例尺合理	☆☆☆☆☆	☆☆☆☆☆	☆☆☆☆☆	
小组讲解思路清晰，有特色		☆☆☆☆☆	☆☆☆☆☆	☆☆☆☆☆	

重走长征路

学科：体育与健康	年级：一年级
作业总时长：240 分钟	设计者：钟江、汪梦怡

一、设计意图

"每天锻炼两小时"是我们一直坚持的原则，本次作业设计了学生"重走长征路"的挑战活动，引导学生通过体育锻炼培养爱国、敬业价值观。作业设计目的是让学生了解长征的不易，活动中设置了有趣的花样跳绳闯关游戏，不仅让小学生身体得到锻炼，也让他们体会英雄烈士们拼搏向上的精神，从而树立坚定的信念，培养积极自信、不怕困难、勇于挑战的精神，进而根植学生爱国情怀。

二、作业目标

1. 目标一：通过体育锻炼了解和感受长征的不易，从而培养学生爱国意识和敬业精神。

2. 目标二：以跳绳为情景，学生通过个人和多人配合的方式进行练习、创编，并配上红色音乐进行展示，丰富学生的课余生活。

3. 目标三：通过作业展示，感受跳绳的魅力，弘扬中华体育精神。

三、核心素养及学科核心知识

1. 运动能力：让学生熟悉掌握花样跳绳技术动作，并能和家长完成两人配合跳短绳。

2. 健康行为：培养学生能自主参与锻炼的好习惯，做到每天锻炼两小时，在老师、家长的引导下，养成良好的锻炼习惯和正确的锻炼意识。

3. 体育品德：让学生形成科学、健康的生活方式，使学生尽可能减少屏幕的使用，降低近视率，避免久坐不动的不良生活方式。

四、对应教材内容

1. 校本课程《花样跳绳》：速度跳、个人花样跳、双人配合跳。

2. 《小学生体育与健康》：操控性技能。

五、作业任务及作业日历

任务	活动	时长
认识长征	了解长征故事并绘制长征路线图	60 分钟
重走长征路	采用花样跳绳的技术动作进行锻炼	120 分钟
感受长征	将花样跳绳技术动作用红歌进行创编	60 分钟

六、作业实施步骤

任务一：认识长征

请根据了解到的长征的故事，绘制出长征路线图。

长征路线图

任务二：重走长征路

采用花样跳绳技术动作进行锻炼，完成连续跳 8 次，成功后在表格中画"☆"。

活动	完成情况
并脚跳	
跑步跳	
开合跳	
左右跳	
侧打绳	
勾脚点地跳	
弓步跳	
交叉跳	
1分钟单摇跳	
30秒双摇跳	
两人配合—带一跳	
两人配合回旋跳	

任务三：感受长征

找一首节奏感很强的红歌，将花样跳绳技术动作进行创编，并拍成2分钟的视频上传。

歌曲名称	花样跳绳技术动作

七、作业评价

评价表

评价内容	A 水平	B 水平	C 水平	自评	师评
并脚跳、跑步跳、开合跳、左右跳、侧打绳、勾脚点地跳、弓步跳、交叉跳	连续完成8个	连续完成4个	连续完成2个		
1分钟单摇	160个	140个	120个		
30秒双摇	20个	15个	5个		
两人配合一带一、两人配合回旋跳	连续30个	连续20个	连续10个		
用红歌进行创编	完成 8×8拍，不失误	完成 8×8拍，失误4次以下	完成 8×8拍，失误6次以下		

设计红色研学旅游方案

学科：数学	年级：五年级
作业总时长：2 周	设计者：刘姗

一、设计意图

回应学校的红色场馆——晞光馆，通过设计红色研学旅游方案使学生获得生活经验从而唤醒情感体验，在润物无声的生活、学习场景中受到感染；能够向身边的人宣讲先进革命文化故事，从而学习伟大人物的精神品质与高尚言行，情感不断升华，最终树立正确价值观。这一目标深度契合"爱国"的价值观教育目标。

二、作业目标

1. 目标一：通过设计红色研学旅游方案，感受到生活中有很多数学问题，体会数学知识之间及数学与生活的密切联系，提高综合实践能力。

2. 目标二：通过交流讨论活动，培养在生活中发现和提出问题的意识以及综合应用知识的能力，培养合作意识和技能，丰富数学活动实践经验。

3. 目标三：在研学旅游方案的制定中，深入了解红色文化，学习伟大人物的精神品质与高尚言行，培养爱国主义精神，厚植家国情怀；在汇报交流等活动中，学会合理地评价活动过程和设计方案，以及认识到自己在团队活动中所起的作用，培养自我反思能力。

三、核心素养及学科核心知识

1. 核心素养：应用意识。应用意识是指面对实际问题，能主动尝试着从数学的角度运用所学知识和方法寻求解决问题的策略。

2. 学科涉及的主要知识点：数据的收集与统计、数的运算、方向与位置、时间等。

四、对应教材内容

北师大版小学《数学》五年级上册"数学好玩"板块《设计秋游方案》一课的内容。

五、作业任务及作业日历

任务	活动	时长
收集资料	收集资料	1 周
	确定路线	
制定方案	设计方案	2 天
	优化方案	
实地研学	实地参观	2 天
	感悟记录	
交流反思	畅谈收获	3 天
	反思改进	

六、作业实施步骤

（一）入项——理解任务，确定分工

1. 理解任务。老师正式抛出任务情境：假设你是本次红色研学旅游小导游，请你设计一份旅游方案。老师带领学生深入理解作业的任务、目标、时间、完成形式、所需资源等具体要求。

2. 小组分工。学生自愿形成小组，老师协调人员分配。

3. 确定景点。根据学校提供的"红色小脚印研学路线指导手册"，在川内五大红色旅游板块中，选取其中一个景点进行设计。

（二）建构——搜集资料，确定路线

1. 走近景点。小组成员通过实地摸排、景点官网、视频资料、书籍等多种途径搜集、整理资料，了解景区的人文环境、结构设计、红色文化等背景，初步设计好研学的参观路线图。

2. 确定路线。根据实地摸排情况和年级参与人数，确定交通路线、交通工具等，规划好路线的时间、乘车安排等初步方案。

（三）制作——确定主题，形成方案

1. 设计方案。根据前期收集的资料，初步设计研学旅游方案，包括景点参观、交通线路、餐饮安排、紧急情况处理预案等方面。

2. 优化方案。在老师和家长的帮助下，不断改进优化方案。小组成员从所选景点的代表性、研学方案设计的完整性、讲解的趣味性等方面对小组作品进行反思、修改、优化、完善，形成完整的研学旅游方案。确定好与研学相关的所有安排。

（四）实施——反思改进，完善作品

1. 方案讲解。小组在全班讲解研学方案，确保所有同学明确研学目的、研学地点、乘车安排、时间和安全等所有研学注意事项，确保研学的顺利开展。

2. 实地参观。在教师的帮助下，组织同学实地参观，真实地走进红色景点，感受红色文化，传承革命精神，厚植家国情怀。

（五）展示——公开成果，总结经验

1. 畅谈感受。所有同学畅谈参观感受，分享研学收获。

2. 反思改进。小组同学根据同学们的感受和反馈，总结经验。

七、作业评价

1. 过程评价。主要指向重要的课程标准达标情况，对项目实施每个阶段进行评价。评价内容包括：资料收集途径、资料收集的内容、资料处理的情况。

2. 结果评价。指向项目作品的完成情况。评价内容包括：方案介绍、作品设计、作品呈现、小组讲解。

基于此，为了更好地了解学生的活动参与情况，我们设计了如下评价：

《红色研学旅游方案》评价量表

评价条目	描述	自评	家长评	教师评	社区评	企业评
知识背景	是否了解这个研学点的历史、文化知识，并能介绍给家人、同学					
价值认同	是否感受、认同教育内容所传递的正确价值观					
情感体验	是否被研学点的革命故事、光荣历史所触动、感染					
行为表现	是否能将研学所感、所得转化成实际行动，落实到日常行为中					
作品呈现	是否能将研学所获转化成具有吸引力的研学旅游方案等					
参与情况	是否积极、主动、深入地参与到研学活动中，主动交流自己的感悟					
小组合作	如需要小组合作，是否进行了明确的分工，是否良好协作					

（备注：如果这一项表现非常好则评价"☆☆☆"，表现比较好则评价"☆☆"，表现值得改进则评价"☆"。如果本次研学点没有同伴、教师、家长、企业等角色，则在相应评价栏画"＼"。）

弘扬红色文化　开启美好旅程

——《校园生活真快乐》长周期作业

学科：道德与法治	年级：一年级
作业总时长：4周	设计者：林洁

一、设计意图

1. 认识与了解自己的新校园，知道新校园中的相关设施与使用方法；走进红色教育场馆——晞光馆，体验爱国主义教育。

2. 知晓少先队的"六知""六会""一做"内容，时刻准备着成为一名合格的少先队员，涵育正确的价值观。

3. 了解与熟悉学校生活的制度化象征——号令，并能够依据号令做出相应的行动。

4. 掌握"上课"与"下课"两种最主要的学校生活形式，知道课间玩耍的游戏、做好上课准备及积极参与课堂生活的重要性。

二、作业目标

1. 目标一：通过走进红色场馆，知道新校园中的相关设施与使用方法；了解自己的新校园，熟悉校园生活，适应新的生活；同时培养主人翁意识，健全人格，从热爱校园、热爱革命文化开始，厚植家国情怀。

2. 目标二：知道每年的 10 月 13 日是中国少年先锋队建队纪念日，对少先队的队前小知识有初步的认识与了解，并能知晓少先队的"六知""六会""一做"内容，从而感受红色精神，弘扬红色文化，涵育正确的价值观。

3. 目标三：了解与熟悉学校生活的制度化象征——号令，并能够依据号令做出相应的行动；掌握"上课"与"下课"两种最主要的学校生活形式，实现课间积极游戏、做好上课准备及积极参与课堂生活的引导目的。

三、核心素养及学科核心知识

道德与法治课程要培养的核心素养，主要包括政治认同、道德修养、法治观念、健全人格、责任意识。本单元对应的核心素养是健全人格、政治认同。

在通读了教材之后，联系孩子的实际情况和学习的情况，知道他们经过一个月的校园学习生活，已经对校园不再陌生，有了一定的规则意识。而第二单元《我的校园生活真快乐》的教学贴近孩子的生活，能够让孩子尽快熟悉校园环境，适应校园生活。本单元的内容与新课标核心素养中的"健全人格"板块相结合，能够通过感受校园生活，让孩子体会成长的快乐。

四、对应教材内容

《道德与法治》一年级上册第二单元《校园生活真快乐》。

承接第一单元，本单元依然是入学适应教育，其核心内容是对学校生活内容的引导，如对校园的熟悉、明白上课的要求等。我们建议本单元内容与入学教育内容相整合，一方面将本校的入学教育课程化，使之有明确有效的教育目标与活动；另一方面，使教材内容真正实现校本化和班本化，将本单元的教育内容与学校生活的实际情况和需要结合起来，开启班集体生活的引导与教育。第二单元《校园生活真快乐》，由第5课《我们的校园》、第6课《校园里的号令》、第7课《课间十分钟》、第8课《上课了》四课组成。本单元围绕学生学校生活这一生活空间及其中的重要事件展开，分别对应认识与了解自己的新校园，知道新校园的相关设施与使用方法；了解与熟悉学校生活的制度化象征——号令，并能够依据号令做出相应的行动；掌握"上课"与"下课"两种最主要的学校生活形式，实现课间积极游戏与做好上课准备及积极参与课堂生活的引导目的。

五、作业任务及作业日历

作业日历	作业任务	
第一周	我们的校园	校园探秘 这个地方很特别 我最喜欢的地方
第二周	校园里的号令	神秘的指挥 铃声告诉我 升国旗了 保健节拍
第三周	课间十分钟	我最喜欢的课间游戏 玩个课间小游戏 课间还要做什么？ 这样做好吗？
第四周	上课了	课前准备好 多提问题勤举手 大家一起学

六、作业实施步骤

（一）入项——我们的校园

课前作业：入学一个月了，你是否认识了校园、老师和同学？你是否是行为规范小达人呢？是否成为学习小标兵了呢？结合新课标中核心素养的表述，设计了"我是华润好少年"系列活动。

"我是华润好少年"活动设计

系列项目	打卡足迹				素养目标
我是华润好少年	认识校园	认识老师	认识同学		道德修养 健全人格 责任意识
我是行规小达人	上学礼仪	课间礼仪	就餐礼仪	放学礼仪	法治观念
我是学习小标兵	课堂常规	道德与法治、语文、数学、英语 科学、音乐、体育、美术			法治观念
	其他本领	学唱国歌、学会整理、学做"两操" 排队行走、自我介绍			政治认同 责任意识

本活动可以作为课堂导入，先了解学生已认识的校园区域、校园制度和校园设施，然后老师通过图片等方式展示和介绍，帮助学生更加全面、直观地认识校园。

课中作业："校园探秘"活动之"校园打卡"——分组、确定组名、选出组员、进行任务分工、确定探秘打卡路线、设定汇报形式、写下活动感受。

"校园打卡"任务单

任务要求：各组给自己取一个小组名，合作完成校园地图上打卡任务，要求每位同学都能找到晞光馆，并记住1~2个活动区域或校园设施，说一说注意事项，最终进行汇报。

小组名称	
小组成员	
任务分工	校园设施：　　　　　　　　　注意事项：
打卡路线	
汇报形式	组长汇报（　　）　　　　　　分工汇报（　　）
活动感受	

课后作业：

1. "校园探秘"报告会。

2. 完成"我是华润好少年"学习综合评价。

　　学生在完成"校园打卡"任务之后，我们跨学科设计了"校园一角"活动，让学生通过画一幅图，介绍自己喜欢的"校园一角"，表达对校园的热爱。还可以将学科活动与学校德育活动相结合，设计"校园献策"活动，同时以制作PPT和演讲的方式，让学生以主人翁的态度，对校园的建设献计献策。与中国少年先锋队建队日相结合，让孩子们对少先队的小知识有初步的认识与了解，并能知晓少先队的"六知""六会""一做"内容，设计"你好，少先队"的队前教育学习任务单，进而弘扬红色文化，传承红色精神。

"六知"活动评价表

内容	少先队队名	少先队的创立者和领导者	少先队队旗的含义	少先队队礼的含义	少先队员的标志	少先队的作风
自评						
家长评						
老师评						

"六会"活动评价表

内容	会戴红领巾	会敬队礼	会呼号	会唱队歌	会读入队誓词	会写入队申请书
自评						
家长评						
老师评						

"一做"活动评价表

内容	入队前要为人民做一件好事		
自评	家长评		老师评

"我是华润好少年"学习综合评价表

参与活动的感受	😊 😐 😣			
项目任务	活动参与度	活动完成度	能力表现	评价主体
校园打卡	能积极参与小组合作、遵守规则	能说出 2 个场馆及注意事项	合作	自评☆
				同学评☆
校园一角	主动参与活动，用积极心态适应校园生活，愿意分享校园趣事	能画一幅校园图，并能介绍自己喜欢的"校园一角"	创造沟通	自评☆
				家长评☆
				教师评☆
校园献策	有责任心，愿意以主人翁态度为校园献计献策	能提出合理 想法和建议，制作 PPT+演讲	审辩思维理解与践行	自评☆
				同学评☆
				教师评☆
你好，少先队	主动了解并知晓少先队的"六知""六会""一做"内容	能说出"六知"的内容，能做"六会"的内容，并能在入队前为人民做一件好事	理解与践行	自评☆
				同学评☆
				教师评☆
				家长评☆
总结性评价	根据评价情况进行整体评价：共（ ）星			

开展"校园打卡"活动的过程中可以锻炼学生的人际交往能力、综合能力。通过交流汇报，可以让学生进一步熟悉校园环境，了解设施功能，产生亲近感；关注学生在"探秘"中是否举止文明，在交流中是否认真聆听，并对学生的行为习惯进行指导。

开展"校园一角"活动，可以让学生主动参与活动，用积极心态适应校园生活，愿意分享校园趣事，进一步融入校园生活中去。

开展"校园献策"活动，可以培养学生的责任心，让学生以主人翁态度为校园献计献策，增强学生的集体荣誉感。

开展"你好，少先队"的队前教育活动，可以培养孩子们的思想意识和品德修养，增强责任意识。

（二）建构——校园里的号令

了解校园里的号令是集体生活顺利开展的必要保证，引导学生适应学校公共生活的制度化。

课前作业：校园里的神秘"指挥"，你找到了吗？是什么？藏在哪里呀？

引导学生探究学校铃声的设备。

课中作业：这些铃声有什么含义？它们传递着怎样的指令？

通过对各种铃声的视听和辨析，唤起学生已有的生活经验，明确校园生活中各个时间段、各种铃声的含义与要求。同时明确铃声对应的行为规范，引导学生了解为什么要做出回应，听到铃声，应该怎样做。

（三）优化——课间十分钟

教会学生合理安排课间生活，了解课间需要做的事情，感受快乐、文明的校园生活。

课前作业：你最喜欢的课间游戏是什么呢？

引导学生明确意识到课间十分钟不仅要玩好，同时还要安排好自己的课间生活。引导学生学会做几个课间游戏，从中体验游戏带来的快乐。

深度课中学习作业设计：课间还要做什么？

课间十分钟哪些行为值得提倡，哪些行为存在安全隐患？还有哪些需要注意的地方？课间有哪些行为是我们不能做的？还有哪些习惯是需要我们养成的？我们怎样做才能让活动既文明又安全呢？

通过插图告诉学生，除了游戏，课间还有不少需要安排的重要事情：上厕所、喝水和课前准备。对图中学生的行为进行讨论与思考，从而明白课间的良好习惯和不良行为。

（四）提升——上课了

上课是学生学校生活的核心内容，引导学生上好课，适应课堂学习生活。

课前作业：怎样才能上好课呢？

引导学生准备好上课所需的学习用品，同时做好上课的思想与精神准备。

课中作业：上课时要注意什么呢？上好课有什么方法与秘诀呢？

本环节从学生最基本的学习状态出发，倡导"多提问勤举手"，旨在引导学生喜欢提问和探究问题，在课堂上保持积极的学习状态，同时通过探究，知道在课堂教学中与同伴合作，向同伴学习。

七、作业评价

1. 自我评价

自我评价是学生自己对实践作业的一个反思，也是自我成长、自我完善的一个过程。通过自我评价，学生可以再次回顾自己完成实践作业的整个过程，再次感知实践作业的意义，反思完成的情况。在自我评价过程中要注意引导学生评价的客观性，既能发现自己的优点又能够意识到自己的不足。

2. 同伴互评

同伴互评可以改善学生自我评价的片面性，在评价过程中注意引导学生评价的公正性，让学生能够学会用欣赏的眼光发现别人优秀的地方，同时又能够给同伴中肯的建议，相互学习，取长补短。

3. 家长评价

家长参与实践作业的评价，一方面可以让家长更好地了解自己孩子的学习情况，让家长也参与到孩子的成长中来，另一方面可以有效促进学生、教师、家长之间的沟通与互动。在家长评价过程中要注意引导家长给予孩子更多精神层面的支持，更多的是对孩子实践过程的肯定，不能仅仅是对结果的物质奖励。

4. 教师评价

教师的评价要力求全面，评价角度多维，关注学生整个实践作业的过程，对学生在整个实践性作业完成过程中的态度、方法、结果等进行全面的发展性评价与激励性评价，进而有效激发学生对实践作业的兴趣，有效促进学生能力的提升、个性的发展。

爱国从节约开始

学科：数学	年级：三年级
作业总时长：4 周	设计者：范丹

一、设计意图

勤俭节约是中华民族的传统美德，而粮食又是人民生活的保障，国家发展的基础。我们学校每天都为学生提供营养均衡的食物，每天都要消耗大量的粮食与蔬菜，但仍然有很多同学将部分粮食倒入泔水桶，造成了很大的浪费。本次作业设计将结合北师大版小学数学三年级下册第七单元《数据的整理和表示》，从数学的角度让学生感受节约粮食的必要性。同时，也让学生在日常生活中用自己的实际行动去践行节约，从而涵育爱国的价值观。

二、作业目标

1. 目标一：了解红军长征时期的食物，体会节约粮食的必要性，初步感受革命胜利的来之不易，激发学生的爱国情怀。

2. 目标二：经历简单的数据收集和整理过程，能对数据进行简单的分析，提升学生运用数据分析、解决问题的能力，明确爱国可以从节约开始。

3. 目标三：通过食谱设计以及倡议书撰写活动，使学生能够在日常生活中时刻铭记节约的重要性，并用实际行动去践行节约，从而涵育爱国的价值观。

三、核心素养及学科核心知识

1. 核心素养：数据意识、应用意识、责任意识。

2. 相关学科所涉及的主要知识点

数学：数据收集、整理、分析。

道德与法治：勤俭节约是中华民族的传统美德，我们要养成勤俭节约的好习惯。

四、对应教材内容

此作业对应的是北师大版小学《数学》三年级下册第七单元《数据的整理和表示》，隶属于统计与概率板块，是义务教育阶段数学学习的重要领域之一。这个单元主要是引导学生进行简单的数据收集和整理，感悟收集数据的意义和方法，用数学语言表达数据所蕴含的信息，从而形成初步的数据意识。

五、作业任务及作业日历

任务	活动	时长
了解长征	1. 了解红军长征经历，收集相关食物信息	1周
	2. 分享资料，交流感受，理解活动任务	
数据收集	1. 调查三年级各班浪费粮食情况，完成统计表	1周
	2. 根据调查数据进行分析理解，提出解决方案	
食谱设计	1. 了解营养膳食，并调查学校一周的食谱	1周
	2. 整理素材，设计自己一周的食谱	
宣讲倡议	1. 升旗仪式时提出"节约粮食，爱我中国"的倡议	1周
	2. 进行食谱设计展	

六、作业实施步骤

任务一：了解长征——收集资料，理解任务

（一）活动一：收集资料

作业内容：了解长征过程中红军吃过的食物，记录感受。

资料记录单

> 1. 长征过程中红军吃过哪些食物？写一写，画一画。
>
>
> 2. 了解长征期间红军吃过的食物后，你有什么感受？

（因为相关信息量大、数据多，要从海量信息中提取需要的内容，此任务能训练学生读信息、找信息和提取信息的能力，培养阅读能力。）

（二）活动二：交流感受

组织学生交流了解了红军长征过程中食物信息后的感受，并带领学生理解作业的任务、时间、完成形式等具体要求。这一活动旨在让学生感受节约粮食的必要性，同时激发学生调查三年级每个班一周浪费粮食情况的兴趣。

任务二：数据收集——整理数据，分析问题

（一）活动一：收集数据

作业内容：每天午餐结束后，收集三年级各班浪费粮食的数据，并对一周的数据进行记录整理，完成《粮食浪费情况记录表》。

粮食浪费情况记录表

周一	周二	周三	周四	周五
（　）千克	（　）千克	（　）千克	（　）千克	（　）千克

备注：在老师的带领下，每天午餐后，对浪费的食物进行称重及记录。

（二）活动二：分析数据

组织学生计算"每个班一周共浪费了多少千克的粮食"，并对三年级各班一周浪费粮食的数据进行分析，提出解决问题的方法。（让学生经历简单的数据收集和整理过程，并对数据进行简单的分析，体会运用数据分析解决问题的重要性，并在此过程中培养学生的数据意识和应用意识）

任务三：食谱设计——学习记录，完成作品

（一）活动一：收集资料

作业内容：1. 通过查阅资料，了解营养膳食的知识；2. 收集学校午餐食谱，完成《资料记录表》。（丰富学生的生活常识，感受学校午餐搭配的合理性）

资料记录表

班级：		姓名：	学号：
资料类型			
记录内容			
我的收获			
我的问题			

备注：可以在家长的帮助下按要求查找资料，并将资料进行分类记录；也可以用其他的方式记录资料。

（二）活动二：设计食谱

作业内容：整理作品素材，用海报等形式制作自己一周的食谱。（通过设计食谱，让学生感受营养配餐的不易，进一步体会节约粮食的重要性）

任务四：宣讲倡议——提出倡议，提升品质

（一）活动一：撰写倡议书

作业内容：在教师的指导下，撰写以"节约粮食，爱我中国"为主题的倡议书，并在全校集会时进行宣讲。（通过撰写倡议书，让学生明确在日常生活中，时刻铭记节约的重要性，并用实际行动去践行节约，从而涵育"爱国"的价值观）

（二）活动二：食谱展示

组织学生在班级内进行食谱展示评选，并选出最受欢迎食谱提供给学校厨房，实际应用。（建立与现实生活的联系，让学生感受劳有所获，感受成功的喜悦）

七、作业评价

1. 评价主要体现过程性评价和结果评价

过程评价——主要指向重要的课程标准达标情况，对项目实施每个阶段进行评价。评价内容包括：长征资料收集情况、数据整理分析情况、食谱设计情况。

结果评价——主要指向项目作品的完成情况。评价内容包括：倡议书的撰写、食谱呈现、小组讲解。

2. 具体呈现

（1）学生自我评价

学生是作业的主体，因此学生对自己的评价应该放在首要的位置。学生要在教师的引导下，在自我评价中总结出自己的收获和感悟，对自己在实际操作中存在的差距和不足进行反思。完成自我评价表。

自我评价表

在这次活动中，我的表现是（请把每项后面的☆涂上颜色，涂满5颗为做得最好的）：

能够按要求查找资料	☆　☆　☆　☆　☆
能够和同学交流自己收集的资料	☆　☆　☆　☆　☆
能够和小组成员分工合作	☆　☆　☆　☆　☆
能够提出自己的想法或问题	☆　☆　☆　☆　☆
能够和小组成员一起设计食谱	☆　☆　☆　☆　☆
能够积极参与整个活动	☆　☆　☆　☆　☆

（2）同伴相互评价

整个活动都有同伴、小组的共同合作。组员之间的分工、每个同学配合程度、任务完成情况等等，同伴、组员之间最清楚、最了解。因此，同伴互评可以对学生的良好表现给予赞扬，对其表现的不足提出改进的建议。（评价表格参考"自我评价表"）

（3）教师总结评价

教师在评价时应注意学生对节约的认识、学习态度和完成质量等，对完成作业的整体过程进行综合评价，主要指向完成长周期作业的整个过程以及几个表格，运用表扬的方式建立学生学习的自信心。

第二节　跨学科长周期作业设计

学生在课程中成长，也在真实的生活实践中成长，真实生活中的问题往往不是单一学科知识能够解决的，而要综合各学科的知识加以运用。同样，少年儿童的价值观也需要在多学科交汇融合的视野下进行塑造，这对学生的社会性发展是十分有益的。

《义务教育课程方案和课程标准（2022年版）》明确提出，"设立跨学科主题学习活动，加强学科间相互关联，带动课程综合化实施，强化实践性要求"，"原则上，各门课程用不少于10%的课时设计跨学科主题学习"。跨学科主题学习打破学科界限，学生需找到不同学科知识的内在逻辑关联，综合运用多科知识解决现实中的各种生活问题。而作业作为教学活动的重要环节，也应当渗透跨学科融合的理念。

跨学科的作业，是一种非常重要而且比较新颖的作业设计形式，它是指围绕某一主题，融合不同学科、不同层次的多元化作业，旨在提高学生的综合素质，培养学生跨学科思维和跨领域融合的能力。通过在实践中活用知识，直接指向学生核心素养的提升，而将价值观融入跨学科的作业实践，有助于培养德智体美劳全面发展的社会主义建设者和接班人，帮助学生树立正确的价值观。

教材中蕴含的丰富资源为培育核心价值观奠定了基础。但在实践中，大部分小学生对正确价值观的认知仍停留在课本上的文字层面。在价值观教育的实施过程中，我们通过跨学科作业这一有效载体，为学生的学习创造身心俱在的真实生活环境，可以很好地促使学生在"身体——心智——环境"相耦合的实践体验中更好地感知，产生心理共鸣并内化精神信仰，实现价值认同。

在跨学科作业中渗透培育价值观，需要整合两门以上的学科资源，设计实践、创意、探究等形式的作业，激发学生的兴趣，使完成作业变成一件有趣的事，学生更乐意探索，在主动实践、深度探究中获取知识技能、发展思维品质、加强情感体验、形成价值体认。

以培育爱国价值观为例，小学各学科的教材中都有关于优秀传统文化的篇章，在课堂浸润感知以后，老师设计跨学科作业作为课堂教学的有效补充，可以使学生增强对中华优秀传统文化的认同感，坚定传承并创新发展中华优秀传统文化的自信心和使命感，增强爱国主义情感。

以"体验民俗　传承有我"这一期作业为例，教师在设计跨学科作业时，有效融合"爱国"与"爱家"的情感教育，有机统一劳动和语文学科素养，以"体验端午节的民俗文化"为主线，开展包粽子实践活动，让学生在学得劳动技能的同时，培养良好的劳动品质，加深对优秀传统文化的理解，厚植爱国情怀。

以下是跨学科作业案例集：

<h2 style="text-align:center">体验民俗　传承有我</h2>

——体验"包粽子"

学科：劳动、语文	年级：三年级
作业总时长：3周	设计者：田静、唐箫

一、设计意图

在端午节来临之际，成都马鞍东路上的一家家店铺热闹起来，粽香飘满一条街。千年来，中国人对粽子的喜爱只增不减，一颗颗小粽子，能迅速激荡起人们感念家国的热情。

于是我们如此构思：利用节日，带领学生开展"'粽'情端午"为主题的民俗体验活动，以"学习包粽子"为劳动技能目标，以"爱国爱家"情感为价值导向，让学生在亲身劳动中"溯源端午""纪念端午""传承文化"，习得劳动技能，赓续民俗文脉。

二、作业目标

1. 目标一：链接诗词中端午节的习俗，通过亲身实践，掌握包粽子的步骤和手法等技能，初步感知中国传统文化的深厚底蕴。

2. 目标二：搜集传统节日资料，了解端午节的来历和过节风俗，体会节日背后深刻而丰富的中华文化。

3. 目标三：深刻理解端午节饱含了中国人延续千年的爱国之情，懂得用自己的方式传承传统节日承载的中华文化，厚植烙印血脉的家国情怀。

三、核心素养及学科核心知识

1. 劳动核心素养及核心知识

劳动能力：通过前期学习和课堂练习，掌握包粽子的基本技能。

劳动观念：能帮助家人做端午节日准备，感受劳动创造美好生活；懂得传承传统文化的重要性。

劳动习惯：合作完成包粽子的任务，懂得珍惜劳动成果。

劳动精神：能通过多种方式解决劳动过程中的困难并创新性地完成作品，逐步形成精益求精的精神；在体验与反思的过程中逐步产生文化自信。

2. 语文核心素养及核心知识

文化自信：端午节是纪念爱国诗人屈原而来，这个传统节日背后是中国人延续千年的爱国之情，具有深刻的内涵，是中华文化的重要组成部分。学生在深入了解后，逐步珍视传统文化的精神内涵，产生文化自信。

语言运用：传统节日在诗词历史中留下难以磨灭的痕迹，学生链接古今，深入理解诗词中的传统文化，讲述当今节日的传承方式。

思维能力：节日背后不仅是仪式与习俗，更是文化的延续，学生由表及里，深入理解传统文化的内涵。

审美创造：学生自己体验包粽子的过程并进行创新，赋予传统美食新的内涵，把中国人的审美与创造完美融合。

四、对应教材内容

劳动课标：《大中小学劳动教育指导纲要（试行）》指出：小学中高年级以校园劳动和家庭劳动为主要内容，开展劳动教育，体会劳动光荣，尊重普通劳动者，初步养成热爱劳动，热爱生活的态度。本课内容属于《义务教育劳动教育课程标准（2022 年版）》第二学段日常生活劳动的第 3 个任务群：烹饪与营养。任务群要求学生"按照一般流程制作凉拌菜、拼盘，学习用蒸煮方法加工食材"。成都市锦江区编写的《劳动教育指南》"家庭生活动"板块指出 4 年级学生要在家长的帮助下完成一道家常菜。包粽子是端午节时孩子可以亲手完成的食物制作。

语文教材：统编版《语文》三年级下册第三单元是"传统文化"主题的综合性学习单元，其中第 9 课《古诗三首》由三首关于传统节日的古诗组成，描述的是人们过节时的情景，课后安排了"综合性学习活动"了解传统节日及其习俗。学生在学习古诗的同时，查找传统节日的相关资料，体验中华文化的丰富多彩，感受节日背后灿烂的文化。

五、作业任务及作业日历

任务	活动	时长
任务一：溯源端午	1. 为什么要过端午	1 周
	2. 端午的来历及习俗	
	3. 诗词里的端午	
任务二：纪念端午	1. 粽子制作步骤与思考	1 周
	2. 粽子的深深情意	
任务三：传承文化	1. 讲端午故事，述爱家情怀	1 周
	2. 我的中国心，传承爱国志	

六、作业实施步骤

任务一：溯源端午

五月五，过端午。你知道端午节背后的来历吗？你是怎样和家人过端午的呢？端午节的习俗有哪些？你可以通过上网查找资料，或者请教家人、邻居，完成下面三个任务。

（一）活动1：我和家人话端午

"溯源端午"调查卡

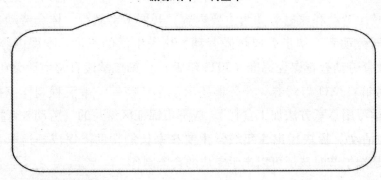

附：调查问题参考

端午节的来历是什么？

端午有其他别称吗？

家乡的人怎么过端午？

为什么人们喜欢过端午？

端午节有哪些故事传说？

…………

（二）活动2：我和家人庆端午

根据任务一，你了解了各式各样的端午习俗后，尝试着用思维导图或者名片的方式画一画。

端午节的习俗有哪些？

（可用思维导图或名片呈现）

（三）活动3：诗词里的端午——写一写与端午有关的诗词

端午节是一个非常重要的节日，文人墨客也喜爱过端午，在他们笔下，端午节是怎样的呢？搜集一些你喜欢的诗词，工整地写在书法纸上。（可重复打印）

任务二：纪念端午

过端午，有"老三样"——挂艾草、赛龙舟、包粽子。吃粽子，是纪念端午最重要的习俗之一。粽子最初是用来祭祀祖先神灵的贡品，传入北方后，用黍米做粽，称"角黍"。由于各地饮食习惯的不同，形成了南北风味。在你的家乡，人们喜食哪种粽子呢？你会包家乡粽吗？快去学一学吧。

（一）活动1：跟着微课一起学

请你打开老师提供的微课学习视频，思考包粽子的步骤有哪些，怎样才能包出一个满意的粽子？

（二）活动2：我与家人一起包粽子

我想要包的粽子是_____粽，它是_____形状的，我列出了材料清单，准备和家人一起去超市购买。

家中已有材料	
待购材料	
物品清单	购买情况

买好了材料，就和家人动手试一试吧。记住要先清洗干净双手哦！把你动手操作的过程记录下来，在后面的阶段与同学们分享你的感受。（可以画图或者粘贴照片，配上文字简介）

动手做,乐在其"粽"

图画或照片粘贴　　　　文字讲解

第一步:

第二步:

第三步:

第四步:

成果展示:

小小的粽子,蕴含了满满的情意。劳动的成果,邀请家人评一评:

为你"粽"情好评卡

学校	成都师范附属小学华润分校	班级		姓名	
评价标准		自评		家长评	
劳动态度	①热情积极、耐心专注 ②有礼貌地向家人求助	☆ ☆ ☆		☆ ☆ ☆	
制作过程	①按照步骤操作 ②使用时间合理	☆ ☆ ☆		☆ ☆ ☆	
劳动成果	①结实不漏 ②精巧美观	☆ ☆ ☆		☆ ☆ ☆	
安全意识	①佩戴卫生用具 ②正确使用剪刀	☆ ☆ ☆		☆ ☆ ☆	

任务三：传承文化

（一）活动1：讲端午故事，述爱家情怀

和同学们聊一聊，你和家人是如何一起包粽子的？端午假期里，还有其他乐事发生吗？讲给同学们听听吧！

1. 有条理地讲故事，说清楚怎么包粽子的。

2. 所讲故事具有一定新鲜感，能吸引听众的注意。

（二）活动2：我的中国心，传承爱国志

"节分端午自谁言，万古传闻为屈原"，端午因"屈原"而久久流传。在第一阶段"溯源端午"的学习中，我们搜寻到了与屈原相关的资料，让我们提笔与他对话，将心中饱含的情感记录下来吧。

1. 了解屈原

生卒年	
出生地	
身份	
主要作品	
生平经历	
与端午节的关系	

2. 走近屈原

屈原写下的动人诗句

名人们对屈原的评价

3. 对话屈原

屈原毕生的梦想是希望自己的国家兴旺发达，人民安居乐业。千年后，曾经的楚国已经成为繁荣富强的中国的一部分。作为新时代的小学生，若你获得了一次穿越时空的机会，游走于汨罗江畔，遇见了在江边徘徊的屈原先生，你想对他说些什么呢？

_____

_____

_____

七、作业评价

评价项目	成果预设	评价维度	评价方式	评价结果
溯源端午	完成调查卡	1. 能通过多种途径展开调查，如询问家里长辈、周围邻居，或者求教父母上网查找资料等	自评	☆☆☆
		2. 能大方、有礼貌地请教他人，获取信息 3. 能对端午节的来历有一定的了解	家人评	☆☆☆
	习俗思维导图或名片	1. 图文并茂，清晰美观 2. 填写内容正确，符合端午习俗	组评	☆☆☆
			师评	☆☆☆
	收集诗词里的端午	1. 书写工整 2. 内容正确、丰富	组评	☆☆☆
			师评	☆☆☆
纪念端午	完成粽子制作	1. 学习微课示范视频，能自己包出粽子	自评	☆☆☆
			家长评	☆☆☆
		2. 遇到困难能主动寻求家人帮助 3. 能包出一个自己满意的粽子	师评	☆☆☆
	图文（或视频）记录制作过程	将包粽子的过程用图画或照片（视频）的形式记录下来，配上文字描述	自评	☆☆☆
			组评	☆☆☆
			师评	☆☆☆
传承文化	讲述端午故事	1. 有条理地把和家人共度端午的节日故事讲出来，宣传端午习俗文化	自评	☆☆☆
		2. 所讲故事具有一定新鲜感，能吸引听众注意	组评	☆☆☆
	"忆屈原"分享会	1. 清晰地介绍屈原的基础信息 2. 能够自信地分享和评价人物 3. 能够正确认识屈原所具备的爱国主义精神	师评 ☆☆☆	
整体评价	项目作业共获得（　　）☆			

以诗诉情，颂扬红色革命精神

学科：语文、道德与法治	年级：四、五年级
作业总时长：30 天	设计者：李煜

一、设计意图

红色文化是中国共产党领导中国人民在革命、建设和改革的伟大实践中创造、积累的先进文化。在教学中我们发现，孩子们虽然有爱国之心，但对革命历史和革命英雄事迹了解比较少。在学习革命先辈为中华民族伟大复兴而奋斗的光辉历史时，孩子们的认知相对较浅显，因此，进行红色革命精神的宣扬和具体革命实践的教育显得尤为重要。借助跨学科的作业设计，帮助孩子接受红色教育，引起学生心灵上的认可和共鸣，引导其形成正确的价值观。

二、作业目标

1. 目标一：借助关键词体会诗人的情感，借助比较阅读、情境诵读等方法初步体会现代诗的特点；结合晞光馆资源，聚焦五大红色精神，学习革命英雄故事，领悟精神内涵，并尝试仿写传扬红色革命精神的现代诗。

2. 目标二：激发学生自主收集、诵读现代诗的兴趣，体验合作整理及分享资料的快乐；能对自己收集的诗歌进行整理，尽量完善各主题的诗歌整理与摘抄；全班合编一部诗集，传扬革命英雄故事、颂扬革命精神。

3. 目标三：举办班级诗词大会、朋友圈诵读宣传等活动，多种形式传扬革命英雄故事、颂扬革命精神。

三、核心素养及学科核心知识

1. 本次作业设计对应语文核心素养中的"文化自信"和"语言运用"。《义务教育语文课程标准（2022 版）》总目标中提到"热爱中华文化，继承和弘扬中华优秀传统文化、革命文化、社会主义先进文化，建立文化自信"。本次作业将作为着重落实"弘扬革命文化"课程目标的载体，由四年级下册第三单元"诗歌"主题生发作业主题——"创编现代诗集，颂扬红色精神"，联动学生表达能力的训练和人文教育的熏陶，实现核心素养和精神成长的共融发展。"语言运用"要求通过主动的积累、梳理与整合，初步形成良好语感。落到中段学生，需学习组织有趣味的跨学科实践活动，在活动中学会合作。结合语文和道德与法治学习的方法，观察社会、积极思考，尝试运用书面或口头方式，呈现自己的观察与探究所得。

2. 本次作业设计还对应道德与法治核心素养中的"政治认同"。本作业设计回应"爱国"这一核心价值观。经过前几年的学习积淀，同学们已经能做到积极参加少先队活动和学校场馆活动；熟记社会主义核心价值观并试着践行；参与重访伟人故居、重走长征路等学校德育活动，感悟精神，积累了深厚的爱国情怀和较高的语文素养。

四、对应教材内容

本次作业对应统编版《语文》四年级下册第三单元"诗歌"。诗歌是文学宝库中的瑰宝，叩击着一代又一代人的心灵。此次以单元整组编排的形式呈现，旨在引导学生走进丰富多彩的诗歌世界，初步了解现代诗的一些特点，体会诗歌的情感。

本次作业对应《道德与法治》五年级下期第三单元《百年追梦　复兴中华》。"政治认同"作为五大素养中的首要素养，是社会主义建设者和接班人必须具备的思想前提。实现政治认同并不是一句空洞的口号，须在教育教学实践中将其变为现实的、可见的行动，要基于素养目标，重新审视教材、思考教学，将政治认同培育转化为儿童喜闻乐见的学习内容和方式。

五、作业任务及作业日历

任务	活动	时长
任务一：课文中的现代诗——学写现代诗	1. 组建诗社、进行分工	1 周
	2. 学习课文，领悟现代诗特点	
	3. 积累课外收集的现代诗，并尝试仿写现代诗	
任务二：课外读物中的中华魂——领悟红色革命精神内涵	1. 以诗社为单位合作学习，锁定一种红色革命精神深入探究，领悟精神内涵	1 周
	2. 分享革命英雄故事，拓展探究领域	

续表

任务	活动	时长
任务三：自主创编，以诗诉情——颂扬红色革命精神	1. 创作部引领，结合诗社深入探究的精神和人物故事，自主创编现代诗	2周
	2. 编辑部牵头，组织小组合作，互读互评	
	3. 诗配画：将修改后的诗歌进行誊抄和绘画装饰；收集每一位同学的诗配画，装订成册	
	4. 举办诗歌朗诵会，弘扬红色革命精神	
	5. 录制诵读视频，自愿发朋友圈，传扬革命英雄故事、颂扬红色革命精神	

六、作业实施步骤

任务一：课文中的现代诗——学写现代诗

（一）活动1：组建诗社，分配角色和任务

我们的诗社名：	
社员姓名/职务	座右铭：
_____（社长）	
_____（创作部长）	诗社 Logo：
_____（编辑部长）	
_____（宣传部长）	

（二）活动2：学习课文，领悟现代诗特点

1. 通过学习《短诗三首》，初步感知诗歌表达上的特点，以及传递的真挚情感。

2. 品读三首诗歌，体会现代诗的特点——有节奏感、表达独特、想象丰富、情感真挚。

3. 对比同主题现代诗，如以"绿"为主题、以"植物"为主题，比较诗之异同。

活动 3：积累课外收集的现代诗，并尝试仿写现代诗

1. 仿照《繁星（七一）》，写一首小诗。"月明的园中，藤萝的树下，母亲的膝上"，唤起了你怎样的感受？

2. 拓展诗集《繁星》，可以通过阅读报纸、杂志、书籍等方式，收集喜欢的诗摘抄到诗词本上，注意写上作者和出处。

3. 按主题分类别地摘抄自己喜欢的现代诗。

诗歌主题：	
抄一抄，积累美的诗句	
同主题诗歌 1 《　　　　》 _____ _____	同主题诗歌 2 《　　　　》 _____ _____
比一比，记录我的发现	
相同点： _____ _____	不同点： _____ _____

任务二：课外读物中的中华魂——领悟红色革命精神内涵

（一）**活动 1**：聚焦五大红色精神，阅读革命英雄故事、看相关影片、听家人讲述，领悟精神内涵

"红色记忆"带我们重温新中国走过的历程，红船精神、井冈山精神、长征精神、延安精神、西柏坡精神是奋进明灯，是铸就在中华儿女心中的永不褪色的精神丰碑，是值得每一位中华儿女铭记和颂扬的宝贵精神财富。让我们以笔言志、以诗诉情，传扬革命英雄故事、颂扬革命精神。

1. 个人：依托晒光馆馆藏资源，了解五大精神具体内容。

2. 小组：以诗社为单位合作学习，锁定一种精神深入探究，领悟精神内涵。

（二）**活动 2**：全班分享革命英雄故事，拓展探究领域

任务三：诗社合作，创编颂扬五大精神的现代诗

（一）活动 1：创作部引领，结合诗社深入探究的精神和人物故事，自主创编现代诗

（二）活动 2：编辑部牵头，组织诗社合作，互读互评

对诗歌进行评价：好在哪？有哪些地方要改？怎么改？

组员	有节奏感	表达独特	想象丰富	情感真挚	我想帮你改改
组员 1	☆☆☆	☆☆☆	☆☆☆	☆☆☆	
组员 2	☆☆☆	☆☆☆	☆☆☆	☆☆☆	
组员 3	☆☆☆	☆☆☆	☆☆☆	☆☆☆	
组员 4	☆☆☆	☆☆☆	☆☆☆	☆☆☆	
组员 5	☆☆☆	☆☆☆	☆☆☆	☆☆☆	
组员 6	☆☆☆	☆☆☆	☆☆☆	☆☆☆	

（三）活动 3：诗配画，装订成册

各诗社社长、编辑部主任分工完成后续整理任务。

后期整理任务单

任务	负责人	完成时间
诗集素材分类整理	社长 1、社长 2	3 天
设计封面	社长 3、社长 4	3 天
校对诗集中的错别字和错误信息	各诗社编辑部主任	3 天
编写目录	社长 5	3 天
编写扉页内容	社长 6、社长 7	3 天

（四）活动 4：成果宣传，举办诗歌朗诵会

由各诗社计划、组织班级诗歌诵读会，各诗社成员以自己喜欢的方式进行诵读，如配乐读、表演读、个人诵读、诗社共读等。

诗歌朗诵会方案

朗诵会主题	
时间、地点	
主持人	
主持词撰写	
节目安排	
场地布置	
拟请评委	
奖项设置	
备注	

诗歌朗诵会评价表

诗社名：				
	发音标准 语言流畅	语气恰当 情感真挚	表情自然 手势动作	总评
成员 1	☆ ☆ ☆ ☆ ☆	☆ ☆ ☆ ☆ ☆	☆ ☆ ☆ ☆ ☆	
成员 2	☆ ☆ ☆ ☆ ☆	☆ ☆ ☆ ☆ ☆	☆ ☆ ☆ ☆ ☆	
成员 3	☆ ☆ ☆ ☆ ☆	☆ ☆ ☆ ☆ ☆	☆ ☆ ☆ ☆ ☆	
成员 4	☆ ☆ ☆ ☆ ☆	☆ ☆ ☆ ☆ ☆	☆ ☆ ☆ ☆ ☆	
成员 5	☆ ☆ ☆ ☆ ☆	☆ ☆ ☆ ☆ ☆	☆ ☆ ☆ ☆ ☆	
成员 6	☆ ☆ ☆ ☆ ☆	☆ ☆ ☆ ☆ ☆	☆ ☆ ☆ ☆ ☆	

（五）活动 5：录制诵读视频，由同学自愿发朋友圈，传扬革命英雄故事、颂扬革命精神

七、作业评价

教学效果提升的秘诀是评价。如果能让学生的作业成为教师和学生情感交流的桥梁，可以使每一次作业都成为学生进步的起点。

1. 分层评价，鼓励为主。

对基础特别薄弱的学困生，只要完成了相应层次的作业要求，就应该得到肯定。没有科学、准确的作业评价，教师就无法得到真实、准确的学习反馈，也无法在下一次作业设计时关注到学生的薄弱环节。根据班级学生情况，设置分层作业评价制度。

☆☆☆：主动作业、善于积累、乐于创作；

☆☆：主动进步、勇于挑战、乐于摘抄；

☆：进步明显、不怕困难、坚持诵读。

2. 符号评价，激励肯定。

在批改学生的作业时，在学生的作业等级后面画一颗五角星或者盖上一个大拇指印章，成为学生互相比较的标准，能激发他们的好胜心。和学生约定每次作业得到三颗五角星是最佳作业，连续三次获得三颗五角星即可兑换一枚大拇指印章，每月进行汇总，得到大拇指印章多的同学可获得老师的奖励，能够在奖励清单中挑选奖品。奖品可以是一次合影、一起读一个故事、免一次作业、一颗棒棒糖等，奖品是学生喜欢的，让学生对完成作业有期待。

3. 评语评价，激发情感。

在学生作业上写评语，发现学生表现有明显进步时，及时用肯定、激励性评价语，并针对性地给予学生学习方法上的指导，对学生完成的作业进行精准点评，让学生感受到老师对学生完成作业态度的肯定，有利于提高学生的学习积极性和主动性，激发学生学习内驱力。

4. 结合评价量表，及时有效鼓励。

评价量表在进行评分的同时为学生提供及时、有意义的反馈，这给我们节省了大量时间。只要使用得当，评价量表还能成为课堂教学的有机组成部分，引发有效的课堂讨论，并促进学生自我激励及独立学习。评价量表还有助于培养学生的评判性思维、促进与他人的沟通、提升教学水平、创造公平的竞争环境。

诗社互帮评价表

组员	有节奏感	表达独特	想象丰富	情感真挚	我想帮你改改
组员 1	☆ ☆ ☆ ☆ ☆	☆ ☆ ☆ ☆ ☆	☆ ☆ ☆ ☆ ☆	☆ ☆ ☆ ☆ ☆	
组员 2	☆ ☆ ☆ ☆ ☆	☆ ☆ ☆ ☆ ☆	☆ ☆ ☆ ☆ ☆	☆ ☆ ☆ ☆ ☆	
组员 3	☆ ☆ ☆ ☆ ☆	☆ ☆ ☆ ☆ ☆	☆ ☆ ☆ ☆ ☆	☆ ☆ ☆ ☆ ☆	
组员 4	☆ ☆ ☆ ☆ ☆	☆ ☆ ☆ ☆ ☆	☆ ☆ ☆ ☆ ☆	☆ ☆ ☆ ☆ ☆	
组员 5	☆ ☆ ☆ ☆ ☆	☆ ☆ ☆ ☆ ☆	☆ ☆ ☆ ☆ ☆	☆ ☆ ☆ ☆ ☆	
组员 6	☆ ☆ ☆ ☆ ☆	☆ ☆ ☆ ☆ ☆	☆ ☆ ☆ ☆ ☆	☆ ☆ ☆ ☆ ☆	

对学生作业及时评价、针对性评价、亮点评价，尊重学生的自尊心，呵护学生的自信心，重视评价学生完成作业的态度和习惯，都是为了激活学生学习的内驱力，让作业评价成为老师和学生之间的互动平台。

心之所向　"职"在必得

学科：英语、语文	年级：六年级
作业总时长：3 周	设计者：罗星、陈彦池

一、设计意图

在开展教学的过程中，我们发现学生对"学习名人"这一主题比较感兴趣。但从调查结果来看，多数学生对什么样的人才算是名人缺乏深入思考，相当一部分学生将流量明星、网红、影星等人物当作榜样，忽视了他们是否具有优秀品质、是否真正对社会和他人做出巨大成就及积极贡献。六年级学生逐渐进入青少年时期，正处于寻找榜样的孕穗拔节期，渴望模仿体验与探索创造的活动能力进一步增强。基于此，我们设计此作业引导学生认识和了解名人的精神品质、职业追求与高尚言行，助力学生从小树立正确的榜样价值观。

二、作业目标

1. 目标一：能通过梳理名人的名字、国籍、职业、成名原因等认识古今中外名人，进一步了解名人的经历及成就。

2. 目标二：能结合名人的经历及成就，深入探究名人面对困难时坚持不懈、不断探索、勇担重任的品质。

3. 目标三：能学习名人刻苦钻研和孜孜不倦的奋斗故事，传承名人敬业奉献的精神，树立为祖国现代化建设添砖加瓦的远大理想。

三、核心素养及学科核心知识

1. 英语核心素养及核心知识

文化意识：名人往往来自不同的文化、背景和时代，学习他们的故事和成就，有助于学生理解并尊重不同的文化和价值观，培养跨文化交流的能力，有助于培养学生的文化意识和社会责任感。

英语学习中，学生提取名人国籍、职业、成就等关键信息，运用与职业、社会成就相关的表达方式介绍名人基本信息；梳理名人成就，讨论、分析名人的社会影响和成名原因，总结、概括出名人值得自己借鉴学习的优秀品质。

2. 语文核心素养及核心知识

文化自信：学习中外著名人物，学生能够初步了解和借鉴人类文明优秀成果，具有比较开阔的文化视野和一定的文化底蕴；而深入了解在西方颇具影响力的中国名人，认识到他们为全世界做出的杰出贡献，愈加能够让学生认同中华文化，对中华文化的生命力有坚定信心。

语文学习中，学生通过阅读与名人传记有关的叙事性作品，了解事件梗概，描述印象最深的场景、人物、细节，说出自己对名人的喜爱、崇敬等感受，并受到优秀作品的感染和激励，向往和追求美好的理想。

四、对应教材内容

本作业内容对应人民教育出版社（一年级起点）《英语》六年级上册第五单元"Famous People"的五个语篇恰好围绕"名人"展开。为便于学生理解和学习关于"名人优秀品质"的思想观念和文化价值，教材以"了解名人的成就—品读探究名人品质—向名人学习，传承名人精神"的编排方式环环相扣，层层递进，服务于学生学科核心素养的形成与发展，有助于引导学生在发现问题解决问题的过程中，发掘名人内涵、丰富名人文化。学生通过学习文本故事，了解名人并非天生有名，而是通过永不言弃的精神克服困境，坚持不懈地探求真理。引导学生回归自身，深入了解社会上各行各业有突出贡献的名人，思考自己应该如何加强学习，提升自我对未来职业的向往和爱岗敬业的热情，传承名人的开拓创新、永不言弃的精神。

本作业内容同时还对应六年级《语文》上册第八单元《走近鲁迅》。这是统编版《语文》教材中唯一一个以名人为主题的单元，教材编排了《少年闰土》《好的故事》《我的伯父鲁迅先生》《有的人——纪念鲁迅有感》四篇文章以及鲁迅的名言等内容。通过学习，学生对鲁迅为何在世界文学史上如此出名将有更为深刻的认识，也一定能够体悟到鲁迅的"孺子牛"精神，那便是鲁迅笔耕不辍、孜孜不倦的敬业精神、奉献精神。

五、作业任务及作业日历

任务	活动	时长
任务一：了解名人成就	1. 梳理中外名人的基本信息	1周
	2. 介绍中外名人的成就	
任务二：探究名人品质	1. 了解国外名人的经历及优秀品质	1周
	2. 阅读袁隆平的故事，了解他的经历及甘于奉献、善于钻研的敬业精神	
任务三：传承名人精神	1. 阅读鲁迅的故事，了解他取得的成就和"孺子牛"精神	1周
	2. 介绍自己最崇敬的中国名人	

六、作业实施步骤

任务一：了解名人成就

（一）活动1：根据框架，和同学谈论你所熟悉的名人基本信息

Basic Information about Famous People

Name	This is…
Nationality	He was…
Year of Birth and Death	He was born in … and passed away in …
Occupation	He was…
Be good at	He was good at…

（二）活动2：填写名人的基本信息，介绍名人成就

名人基本信息表

Name	Nationality	Occupation	Achievement
Thomas Edison			
Hans Christian Andersen			
Xu Beihong			
Li Bai			
Jean-Henri Fabre			

任务二：探究名人品质

（一）活动1：阅读文本，完善表格中名人信息

J.K. Rowling

J.K. Rowling is the author of the *Harry Potter* books. When she started writing, some people said the books were bad. Twelve companies said they didn't want them, but she didn't stop writing. Later, she sold 11 million books in one day!

It is impossible to live without failing at something …

——*J.K. Rowling*

Michael Jordan

Michael Jordan is one of the most famous basketball players in the world. When he first went to his high school, he couldn't play on the school team. They said he was too short! Later, he said that not getting on the team was good. It made him work harder and become a better player.

I have missed more than 9,000 shots in my career. I have lost almost 300 games. … I have failed over and over and over again in my life. And that is why I succeed.

——*Michael Jordan*

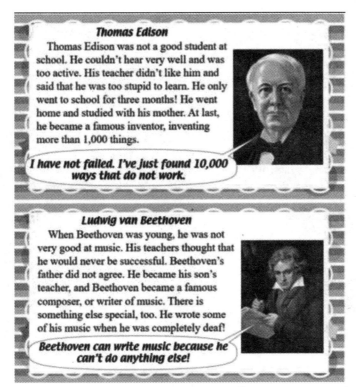

图 1　四位名人成功的故事

四位名人的成长经历

Name	Job	Problem	Solution
J. K. Rowling			
Michael Jordan	basketball player		
Thomas Edison			He went home and studied with his mother.
Ludwig van Beethoven		He was not very good at music when he was young.	

（二）活动2：阅读"杂交水稻之父"袁隆平的资料，谈论并总结袁隆平是一位怎样的科学家

你将如何向他学习实现自己未来的职业理想和远大抱负？请写一段读后感。

图2　"杂交水稻之父"袁隆平

造福全人类的先驱者

尽管是中国最著名的科学家之一，袁隆平仍然认为自己是个农民，因为他在田里耕作，进行科学研究。的确，他被太阳晒得黝黑的脸庞和手臂，以及他那瘦削而又结实的身躯，就跟其他千百万中国农民一样，过去50年来，他一直在努力帮助他们。

袁博士种植的是被称为"超级杂交水稻的"的稻种。1974年，他成为世界上第一位种植高产水稻的农业先锋。这种特殊的稻种使得同样的田地多收获三分之一的产量。如今中国每年出产的稻米有60%以上出自这种杂交稻种。

很久以前，袁博士曾在梦里看到水稻长得像高粱一样高，稻穗跟玉米穗一样大，而每粒稻谷像花生米一样大。袁博士从梦中醒来，希望能种植一种能养活更多人的水稻。

在很多年后的今天，袁博士还有另外一个梦想，那就是他的稻谷可以出口并长遍全球。

一个梦想总是不够的，尤其对一个热爱和关心人民的人来说更是如此。

任务三：传承名人精神

（一）活动 1：阅读介绍中国著名文学家鲁迅的短文，并完成相关练习

图 3　鲁迅

鲁迅原名周樟寿，后改名周树人，字豫山，后改字豫才，浙江绍兴人。

他是一位著名的文学家、思想家、革命家、教育家、民主战士，新文化运动的重要参与者，也是中国现代文学的奠基人之一。

鲁迅，是他发表《狂人日记》时所用的笔名，也是最为广泛的笔名。他写了一些著名的小说，抨击了当时的社会风气。在他的作品中，许多人都很有名，比如"阿 Q""孔乙己"。

鲁迅一生在文学创作、文学批评、思想研究、文学史研究、翻译、美术理论引进、基础科学介绍和古籍校勘与研究等多个领域具有重大贡献。

（二）活动2：说一说你最敬佩的中国名人及敬佩的原因，记录在下图的名人卡上

图4 我心中的名人卡

七、作业评价

作业评价表

评价内容	评价标准（☆☆☆）	自我评价	同学评价	教师评价
口语表达	音量、音速、发音			
	观点中的顺序和关系			
	内容与主题的相关性和与情境的适应性			
	语法和词语选择			
书面表达	内容与逻辑			
	字迹工整			
	思维品质			
以上内容，完成很好☆☆☆，完成较好☆☆，完成☆。				

八、反思收获

经过三周的学习研究，学生提高了获取并梳理有关时间、人物、事件的信息能力，通过对知识的梳理，学生能够得体地表达对名人的评价，并制作出名人名片，逐一进行介绍分享等。通过这一作业，学生感受到了榜样的力量，并将榜样的力量根植于心，同时转化为实际行动，在日常生活和学习中激励他们继续前行。

本次作业实践活动，从语言能力、文化意识、思维品质和学习能力等多方面培养了学生的核心素养，初步树立学生的远大理想，有助于学生长

大后积极投身社会主义事业，践行爱国敬业的社会主义核心价值观，形成为实现理想而脚踏实地奋斗的意识并付诸实践。

科技强国——长征 X 号火箭设计

学科：信息科技、科学	年级：四、五年级
作业总时长：3 学期	设计者：曹婷、史勇强、徐媛媛

一、设计意图

中国航天，高速发展。长征系列运载火箭的成功发射令我们自豪，但其中也曾经历过重重困难。为什么我们要造火箭？火箭需要怎么设计制造才更科学？参观了学校的爱国主题教育场馆晞光馆、参加了"探秘两弹一星"主题研学活动后，你有什么感想和感受？

基于以上真实情境，我们以"具身认知理论"作为指导方向，结合新课标中"信息科技"与"科学"两门学科核心素养和四、五年级国家课程和地方课程的教材内容等，设计了这次跨学科的作业。

在作业实施过程中，学生们需要了解真实的科技进程、航天发展历程，树立科技强国的信念，传承中国载人航天精神和新时代的北斗精神，维护国家利益和祖国尊严；在动手探索、实践操作、交流汇报、对自己未来职业进行畅想的过程中，产生探索的热情和克服困难的勇气，要成为"有理想、有本领、有担当"的时代少年，有为人类幸福生活努力奋斗的理想信念！

我们期待这些真实的情感共鸣、深切领悟，能增强学生的爱国之情，实现价值观教育的新突破！

二、作业目标

1. 目标一：通过了解我国长征系列火箭的发展史，进行作业交流分享，增强学生的爱国主义情怀，使其为祖国的强大而骄傲自豪。

2. 目标二：以我国自主研发的"长征二号 F 火箭"为蓝本，学生通过设计与制作"长征 X 号火箭"，深入探究火箭形状、结构、颜色、材质等特征，同时在制作过程中发现新问题，研究解决问题的方法，为后续学习提供动力。

3. 目标三：通过多种作业形态，模拟火箭发射效果，感受火箭的反冲力，传承中国载人航天精神和新时代的北斗精神，使学生树立成为"有理想、有本领、有担当"的时代少年，并为人类幸福生活努力奋斗的理想信念。

三、核心素养及学科核心知识

1. 信息科技核心素养及核心知识

信息意识：学生能在了解长征火箭历史的过程中，在设计制作火箭模型、模拟发射火箭的过程中有意识地收集信息、分析信息。

计算思维：学生能在设计制作火箭模型和模拟火箭发射的过程中，用信息化的方式分析问题、处理问题，并最终解决问题。

数字化学习与创新：利用数字化形式和资源进行火箭相关内容学习，对于收集到信息和资源能充分运用，对程序作品有整体理解与设计的能力，并能创新性地完成各类作品。

信息社会责任：树立科技强国，帮助人们生活得更美好、更幸福的理想信念。

2. 科学核心素养及核心知识

科学观念：了解水和空气可以产生反冲力；知道物体结构及材料特性对其功能的影响。

科学思维：能基于所学的知识提出设计方案，将自己简单的创意转化为模型。

探究实践：能通过实验，选择合适的材料制作模型，探究反冲力的作用。

态度责任：能有自己的想法来完成设计，具有创新精神；愿意接受他人的合理意见，反思和改进作品。

四、对应教材内容

在川教版《信息科技》教材和教科版《科学》教材中，都有与"火箭"知识或者主题相关的学习内容。

学科	学段	单元	学习内容	核心知识点
信息科技	五年级上册	《图形化编程》	广播火箭发射，侦测太空垃圾，克隆躲避太空陨石等	图形化程序设计，图像处理技术，数字化学习
信息科技	五年级下册	《神奇的三维设计》	三维设计圆我航天梦	三维设计、建模、材质渲染等
科　学	四年级上册	《运动和力》	水火箭的制作	结构与功能、力与反冲力，不同材料的特性等

五、作业任务及作业日历

任务	活动	时长
任务一：了解中国火箭发展史	1. 了解中国火箭的发展史，并通过制作思维导图、电子或纸质小报、PPT、短视频等任何一种自己熟悉和喜欢的方式呈现出来	2个月
	2. 将自己了解到的中国火箭发展史、作业作品、自己的想法观点，在班级进行交流分享。各班级选出优秀作业，在年级、全校进行分享和展示	2个月
任务二：进行火箭模型外观设计与制作	1. 手绘平面设计草图，并展示	1个月
	2. 3D 设计及打印火箭模型，并展示	1个月
	3. 手工制作火箭模型，并展示	1个月
任务三：模拟火箭发射	1. 水火箭制作，发射，作品展示	1个月
	2. 编程模拟火箭发射，作品展示	1个月
	3. 自己想到的其他方式，模拟火箭发射	1个月

六、作业实施步骤

任务一：了解中国火箭发展史

情景引入：中国航天，高速发展，长征系列运载火箭的成功发射令我们自豪，但在其中也曾经历过重重困难。为什么我们要造火箭？科技强国，展现科技实力，保家卫国，发射卫星，用科技带给人们生活工作中的便捷。

在班级、年级、学校科技节上分享、介绍火箭的发展史，可利用电子小报、PPT、短视频等多种形式呈现。

任务二：进行火箭外观设计与制作

问题驱动及跨学科学习：如果你是我国的一名火箭设计师，你想为国家设计什么样的火箭？火箭的外形设计，要满足哪些条件？

信息科技课堂学习内容：电脑绘画、平面设计、3D 设计、PPT 制作、视频制作、程序编写等。

科学课堂学习内容：了解火箭的结构（箭体结构、动力装置、稳定尾翼），形状（尖头圆筒——风阻小、携带燃料多），颜色（白色——较低的太阳吸收率和较高的红外辐射率，可起到隔热的效果，方便追踪），材质（轻质、阻燃等）。

火箭设计与制作：电脑绘画、纸质手绘等方式绘制火箭草图；利用 3D 设计软件设计火箭外观，3D 打印出火箭模型等。

任务三：问题解决及跨学科作业完成

模拟火箭发射：动手制作水火箭，感受火箭的反冲力；利用编程的方式，模拟火箭的发射——地面发射、空中发射、海面发射等

七、作业评价

1. 能清楚地介绍中国长征系列火箭及发展历史，能任选思维导图、电子或手绘小报、PPT、短视频等不同形式的作业完成，并能在班级进行交流。作业作品制作精良，内容丰富，有自己的逻辑和观点。

评价内容	评价要素及水平层次			评价人员及等级		
	A 级	B 级	C 级	自评	他评	师评
作业一：介绍中国火箭发展史	1. 能任选思维导图、手绘或电子小报、PPT、短视频等不同形式完成作业，作业制作精良 2. 作业中能清楚地介绍中国长征系列火箭及发展历史，内容丰富 3. 作业展示交流中，效果精彩，听众兴趣高昂	1. 能根据自己的作品，清楚地介绍中国长征系列火箭及发展历史 2. 能在班级进行交流	通过思维导图、手绘或电子小报、PPT、短视频等不同形式，在师长和同伴们的帮助下完成作业			
				总评		

2. 能通过纸质手绘、电脑设计等方式绘制出火箭草图；能根据设计草图，利用塑料瓶、瓦楞纸等废旧材质，制作出自己设计的火箭模型；或3D设计并打印火箭模型。

评价内容	评价要素及水平层次			评价人员及等级		
	A 级	B 级	C 级	自评	他评	师评
作业二：火箭设计与制作	1. 能通过纸质手绘、电脑设计等方式，完善而详细地绘制火箭草图 2. 根据草图，进行模型设计，模型设计科学、制作精美 3. 模型设计有自己独特的创新之处	1. 能绘制出火箭设计草图 2. 利用塑料瓶、瓦楞纸等身边常见的废旧材料，制作出火箭模型	1. 能绘制出火箭草图 2. 能在老师、同学、家长帮助下，完成火箭作品的制作			
				总评		

3. 能利用编程的方式，模拟火箭在地面、空中、海面的发射，并能释放飞船去侦测太空垃圾、躲避太空陨石等；能动手制作水火箭，尝试在水火箭下降过程中打开降落伞，在指定范围回收火箭。

评价内容	评价要素及水平层次			评价人员及等级		
	A 级	B 级	C 级	自评	他评	师评
作业三：模拟火箭发射	1. 水火箭发射成功后，能在降落时打开降落伞，在指定范围回收火箭 2. 程序能模拟火箭发射，并能侦测太空垃圾，躲避太空陨石等场景，以及其他有创意的情境	1. 制作水火箭，并发射升空到较高距离 2. 能用编程的方式，模拟火箭在地面、空中、海面进行发射	能动手制作水火箭，并发射升空			
				总评		

火星未来城建设

学科：科学、数学、信息、美术	年级：五年级
作业总时长：1学期	设计者：祝嘉懿

一、设计意图

选择火星未来城建设作为长周期作业设计主题，从生活真实问题探讨，让学生在项目学习中充分发挥想象力、创造力和求知欲。从真实生活的城市建设延伸到解决火星城市建设的问题，注重在解决问题的过程中运用已有认知，动手设计、操作、体验和沉浸参与。在作业推进过程中，引导学生价值观形成：在爱国层面，以城市建设规划引导学生热爱家乡，能关心国际局势，为国家感到骄傲；在敬业层面，能保持专注学习的好习惯，有探索的热情与克服困难的勇气；在友善层面，接纳自己，微笑待人，积极营造班级和谐氛围。

二、作业目标

1. 目标一：在长周期作业的完成过程中，涵育核心价值观。首先在爱国层面，在城市建设的规划思考过程中更加热爱家乡；在研究火星城市相关资料收集时能关心国际局势，为自己是中国人感到骄傲。其次在敬业层面，能保持专注学习的好习惯；有探索的热情与克服困难的勇气；能较好规划自己的学习和生活时间，同时，对自己未来职业产生畅想。最后在友善层面，养成接纳自己，微笑待人的习惯；能够在学习过程中积极营造班级和谐氛围，积极面对一切困难。

2. 目标二：在项目式学习作业设计的过程中，注重培养学生发现问题、分析问题、解决问题的能力，激发学生对各学科知识的灵活运用，引导学生综合运用知识解决问题。

3. 目标三：通过丰富的作业形式，模拟火星城市建设，营造合作、开放的研究学习氛围，通过合作学习培养学生的合作精神和团队协作能力。通过小组讨论、合作实验等活动，组织辩论或让学生互相提问等方式实现学生科研思维提升。

三、核心素养及学科核心知识

长周期作业的设计旨在发展学生以下核心素养：

（一）科学

科学观念：

1. 认识太空，探索拓宽人类视野；知道各种自然现象产生的原因。

2. 了解太阳系相关知识，描述太阳系八颗行星的相对位置。

3. 知道火星的相关特点，认识它被人类定位为宜居星球的原因。

4. 能描述生物与生物、生物与环境之间相互依存的关系。

5. 了解人类社会运行的必需资源和基本的城市建设规划板块。

科学思维：

1. 能对人类生存的基本需求进行分析，对比火星与地球的特点，提出建设火星未来城市中遇到的问题及解决问题的办法。

2. 能进行初步的未来城市建设的创意设计，并利用影像、文字或实物表达自己的创意。

探究实践：

1. 能运用多种方式获取信息，运用科学方法描述和处理信息。

2. 查阅了解目前已有的火星计划，能在已有基础上发现和提出问题，并指出优化方向。

3. 用科学语言、小报、平面设计图、建模等形式表述探究结果。

态度责任：

1. 善于客观评价他人观点，乐于尝试运用多种思路和方法完成探究和实践。

2. 了解科学、技术、社会、环境之间的相互影响，以及科学研究和技术应用中考虑的伦理道德，认识到保护家园的重要性。

（二）信息科技

1. 信息意识：学生能在了解长征火箭历史的过程中，在设计制作火箭模型、模拟发射火箭的过程中收集信息，分析信息。

2. 计算思维：学生能在设计制作火箭模型和模拟火箭发射的过程中，用信息化的方式分析问题、处理问题，并最终解决问题。

3. 数字化学习与创新：利用数字化形式和资源进行火箭相关内容学

习，对于收集到的信息和资源能充分运用，有对程序作品的整体理解与设计能力，并创新性地完成各类作品。

4. 信息社会责任：树立科技强国、帮助人们生活得更美好，更幸福的理想信念。

（三）数学

1. 数学眼光：学生在设计从地球到火星的方式时，能意识到需要查阅地球与火星之间的距离、火箭飞行速度等数学信息，发现该问题需要用数学计算，能用敏锐的数学眼光在问题中进行观察；在设计火星未来城的过程中，有要将现实建筑等比例缩小的意识；收集数据后，有整理、分析数据的意识。

2. 数学思维：获得相关数据后能探究地球到火星的火箭发射速度、飞行时间等的计算方式，发展运算能力和推理意识；能以比例尺的引入设计各板块建筑的大小；能将收集的数据汇总整理、进行分析，计算出 5000 人规模的火星城市日常资源消耗量。

3. 数学语言：在探究和计算过程中能完整、清晰地表达从地球到火星的距离、发射速度、飞行速度、时间等过程；在火星城市设计过程中，能完整清晰地表达清楚相关的数学问题和设计理由。

（四）美术

美术概念：

1. 认识日常生活中的城市导视图，在造型表现方面大胆创作。

2. 通过对火星居住等知识的调查、分析，结合课堂学习中观察与体验、思考与讨论等学习过程，最终掌握火星城市规划设计的核心理念，创作出畅想火星城市规划的设计作品。

3. 查阅资料：了解已有的城市建设设计规划图；从导视图的造型、色彩、构图三方面查阅资料并整理。

4. 以小组为单位绘画火星 5000 人居住的城市规划图。

美术探究：

学习如何查阅与鉴赏导视图，合理选择规划导视图的绘制方法。

美术态度：

强化对导视图的鉴赏，提升规划图造型表现能力。

本次跨学科作业以科学为主学科，让学生在真实情景中探索"火星城市建设"，综合运用多学科知识，解决复杂问题，形成和发展核心素养。

四、对应教材内容

科学：教科版《科学》六年级下册《宇宙》单元——太阳系的构成；恒星的一生。

数学：北师大版《数学》三年级下册、四年级下册、六年级下册——数据的整理和表示；比例尺的认识与应用；图形的放大与缩小。

信息科技：川教版《信息科技》五年级上册《图形化编程——模拟火箭发射》——图形化编程中，对随机数、克隆、变量、自定义函数积木块的理解与使用；如何对角色、造型、背景等进行合理切换。

美术：《家乡的历史和发展》家乡文化——造型表达，色彩归纳。

五、作业任务及作业日历

任务一（2周）	为什么选择火星作为未来移民星球？	子任务一（1周）	宜居星球有哪些特点？
		子任务二（1周）	选择火星的目的和意义
任务二（4周）	怎样顺利到达火星？	子任务一（1周）	有哪些太空交通方式？编写程序模拟从地球到火星的过程。
		子任务二（3周）	设计、制作到达火星的长征 X 号火箭模型
任务三（8周）	如何设计一座人类宜居的火星城市？	子任务一（2周）	建设火星未来城必须解决哪些问题？需设计哪些城市功能板块？
		子任务二（2周）	小组合作，图文结合，设计火星未来城并命名
		子任务三（4周）	制作火星城市实体模型，编写模拟程序

六、作业实施步骤

（一）任务一：了解为什么选择火星作为未来移民星球

作业一：什么是宜居星球？

地球——人类的宜居家园

	你搜集到哪些资料?	你有哪些疑问?
你了解太阳系吗?你知道太阳系有哪些天体?		
你知道宜居星球吗?太阳系有哪些宜居星球呢?		
地球是我们人类的家园,地球有哪些适宜人类生存的特点?		
若要移民,人类选择的星球应有什么特点?		

作业二:为什么选择火星移居?

火星移民知多少

	你搜集到哪些资料?	你得到什么结论?
你知道火星吗?火星环境有什么特点?		
你认为火星适合作为宜居星球吗?		
你知道目前世界上对移居火星的研究进行到哪一步了吗?还有哪些需要完善和提升的地方?		

（二）任务二：讨论如何顺利达到火星

作业一：有哪些太空交通方式？收集长征系列火箭资料。

作业二：设计、绘制并制作自己的长征 X 号火箭模型。

（三）任务三：分析如何设计一座人类宜居的火星城市

作业一：生活物资数据调查。

火星未来城计划——学生家庭生活问卷调查

亲爱的同学们,在地球岌岌可危时,为了帮助大家更好地建设火星未来城,我们需要收集一些数据,了解各位平时的生活状态及物资损耗,请协助我校小小科学家完成以下问卷,感谢你们的支持与理解。

* 1. 请问你家现在一户住了几口人？

* 2. 请问你家平时一个月用多少度电？

* 3. 请问你家平时一个月用水多少立方米？

* 4. 请问你家一周消耗的米、面等主食大约多少千克？

* 5. 请问你家一周消耗的肉类大约多少千克？

* 6. 请问你家一周消耗的蔬菜大约多少千克？

提交

对生活必需物资情况进行调查，分析、整理数据并计算 5000 人的城市维持日常生活所需。

作业二：绘制和交流城市规划设计图。重点交流如何解决城市的水资源、能源、交通、生态环境、垃圾处理等问题，根据要解决的问题板块分析和讲解清楚自己的设计思路。根据已有的城市规划设计图选择出需要的模型材料。

火星城市我设计

1. 火星城市和我们现在居住的城市有哪些地方不一样呢？

2. 建设火星城市需要解决哪些问题？

3. 分小组设计出板块规划图。

作业三：根据设计规划图制作城市模型。

1. 观看城市规划设计图，制作底板，开始布局。

2. 放置基础建筑模型。如太阳能发电站、基本农田等，让学生根据自己的规划科学放置。

3. 制作大气空气罩，根据模型尺寸，选用轻薄材料制作。

4. 小结模型特点：实物呈现、布局等等。

七、作业评价

评价条目	描述	自评	学生互评	教师评
展示交流	★★★能清晰、完整地介绍本小组的设计意图，语言流畅、目标明确 ★★☆较为清晰地介绍本小组的设计意图，语言能较为流畅 ★☆☆能简单描述本小组的板块设计意图	☆☆☆	☆☆☆	☆☆☆

续表

评价条目	描述	自评	学生互评	教师评
适宜火星	★★★板块设计中找到合理的解决火星环境问题的方法，并能清晰解释 ★★☆板块设计中找到较为合理的解决火星环境问题的方法 ★☆☆找到能解决一部分问题的方法，但仍有较大的优化空间	☆☆☆	☆☆☆	☆☆☆
资料收集	★★★能运用信息技术资源查阅丰富的相关资料，并能合理辨别选择和整合信息 ★★☆能运用信息技术资源查阅相关资料，并合理选择信息 ★☆☆能运用信息技术资源查阅资料，但对信息选择和整合较为欠缺	☆☆☆	☆☆☆	☆☆☆
数据分析	★★★能收集完整全面的数据，对收集的数据进行合理的分析计算，并运用于火星城市建设的设计 ★★☆能收集到部分数据，对收集的数据进行分析计算，并运用于火星城市建设的设计 ★☆☆收集的数据较为片面，准确性和全面性较为欠缺	☆☆☆	☆☆☆	☆☆☆
作品呈现	★★★能将设计图较好地转化成实体模型作品，并富有造型、色彩上的美观性和功能上的合理性 ★★☆能将设计图转化成实体模型作品，并具有一定的造型、色彩上的美观性和功能上的合理性 ★☆☆能将设计图转化成实体模型，但缺乏一定的美观性和合理性	☆☆☆	☆☆☆	☆☆☆
参与情况	★★★积极、主动、深入地参与到项目活动中，主动交流自己的感悟 ★★☆能在成员引导或任务安排下参与到项目活动中，分享收获和感悟 ★☆☆较少参与到项目活动中，很少分享自己的感受	☆☆☆	☆☆☆	☆☆☆
小组合作	★★★小组合作中进行了明确的分工，有良好协作 ★★☆小组合作中有部分任务分工，能够合作呈现作品 ★☆☆小组合作中分工较为不明确，团结协作程度不高	☆☆☆	☆☆☆	☆☆☆

踏水锦江，一行一美

学科：美术、语文	年级：四年级
作业总时长：5 周	设计者：张瑞、李璐西

一、设计意图

成都"夜游锦江"游船项目空前火爆，吸引了大众目光。从小成长在锦江沿岸的"华润娃"，也对这条带来"城中行船"新体验的母亲河产生了浓厚的兴趣。为此我们设计了"踏水锦江，一行一美"跨学科项目式长周期作业，引导学生在学习过程中感受家乡之美，培养学生自主发掘、探究、推广家乡之美的意识，树立爱生活爱家乡爱祖国的思想感情。

二、作业目标

1. 目标一：学生通过实地探访等方式调查了解锦江周边的自然景观和历史文化，感受家乡之美，树立爱家爱国的思想感情，主动宣传和推广家乡之美，成为一个具有家国情怀的文化传播者。

2. 目标二：学生进行有目的的创意、设计和艺术实践活动——制作"踏水锦江 一行一美"旅行手册，并按旅游手册的游览顺序写一篇游记，把印象深刻的景物作为重点，写出特点，成为一个具有审美情趣的创意表达者。

三、核心素养及学科核心知识

本作业内容对应美术核心素养中的"美术表现""创意实践""文化理解"，属于3~5年级的学习任务5"融入跨学科学习"，主要组织学生以个人或小组合作的方式，将美术与自然、社会及科技相融合，探究各种问题，提高综合探索与学习迁移的能力，采用体验化教学、具身化教学、信息化教学等多种教学方法，引导学生结合地域特色，探究美术与身边的自然环境、传统文化相结合的问题，注重引导学生理解"美术与其他学科相融合可以富有创意地解决问题"。

同时本作业对应语文核心素养中的"语言运用"和"审美创造"，属于"发展型学习任务群"中的"文学阅读与创意表达"任务群。此任务群中第二学段要求学生结合自己的生活体验，尝试用文学语言表达自己热爱自然、珍爱生命的情感。

四、对应教材内容

本作业内容对应人美版《美术》四年级下册《放学了》。放学后丰富多彩的课余生活是学生很感兴趣的内容，以"放学了"为主题进行绘画创作，有益于引导学生学习用绘画语言表现课余活动的有趣场面，培养学生关注生活中的人和事，感受其中的乐趣。前一课《植物写生》对学生的观察方法和线条造型能力进行了强化与练习，为本课的学习与创作奠定了基础。为了培养学生综合解决问题的能力，本作业设计将课本内容进行拓展延伸，由学生放学后的各项活动联系到学校周边的锦江夜游，以项目式作业的形式呈现。

为了更好地进行创意表达和艺术实践，本课与语文学科融合，进行跨学科学习，对应统编版《语文》四年级下册第五单元习作内容"游_____"。本次习作要求学生回顾一个游览过的地方，按游览顺序写景物，提出了三个具体建议：第一，画路线图，确定顺序；第二，印象深刻的景物重点写；第三，运用过渡句使景物的转换更自然。让学生明白画路线图能够更直观地展示景物，按顺序写会使习作更有条理，更好地解决"踏水锦江"项目情境中的真实问题。

五、作业任务及作业日历

任务	活动	时长
任务一： 锦江探秘——景点文化寻迹	1. 实地探访，形成游玩考察表 2. 寻觅锦江古韵，分享诗词之美	2 天
任务二： 数据整合——导图构建显真章	1. 团队协作，完成小组调查表 2. 创意碰撞，构建旅行手册思维导图	1 周
任务三： 内容精选——线路策划绘新篇	1. 明确方向，设计踏水锦江旅行路线 2. 细化内容，确定旅行手册设计方案	1 天
任务四： 手册绘制——游记撰写传乡音	1. 手绘旅行手册，编写踏水锦江游记 2. 线下交流，推广锦江魅力	3 周

六、作业实施步骤

基于"培养学生爱家乡、爱祖国，文化认同、文化自信"的大概念，形成了项目式长周期作业设计序列的阶梯：整体认知—重点突破—融合创生，并以此阶梯为基本逻辑，设计了以下四个实施步骤。

任务一：锦江探秘——景点文化寻迹

以小组为单位，上网查资料或实地探访锦江河道周边的景点及历史文化。

"踏水锦江"游玩考察表

姓名：　　　　　　　　　　班级：

游览具体时间		游览路线	从_____出发，
游览时长			经过_____，
游览方式			到达_____。
你观赏游玩了哪些景点？			
你最推荐哪个景点？请结合你的感受说明推荐理由			
根据你的游玩体验，你对游客有哪些温馨提示？ （如：防晒，饮食等）			

任务二：数据整合——导图构建显真章

分小组汇报调查结果，梳理整合有效数据；尝试根据调查结果制作旅游手册思维导图。

"踏水锦江"小组调查表

问题	调查结果
"锦江游船"有几条旅游线路？分别是什么？	
"锦江游船"途中有哪些码头和景点？	
你知道关于锦江的历史吗？	（可附上打印资料）
你知道锦江旅游航线有哪些民俗文化活动吗？	
你们小组最想为大家推荐哪一个景点？请结合你们的感受说明推荐理由	

任务三：内容精选——线路策划绘新篇

在学生查找资料和实地探访的基础上，小组整合有效数据，共同筛选出用于制作旅游手册的主要内容，形成制作旅行手册的具体方案并完成"踏水锦江"游玩线路设计图。

"踏水锦江"小组调查表

问题	调查结果
"踏水锦江"途中，你们游览了哪些景点？	
你们最喜欢的景点是哪个？	
请根据游玩体验，设计出小组推荐的旅行路线图	
请结合小组设计的旅行路线图说明推荐理由	

任务四：手册绘制——游记撰写传乡音

学生绘制"踏水锦江"旅游手册，并根据旅游手册写一篇游记，将家乡文化宣传推广给更多的人。

七、作业评价

表现程度 评价内容	☆☆☆☆☆	☆☆☆☆	☆☆☆	☆☆
创造 自主 合作	在美术活动中，有自己独特见解，善于提出问题并能自主解决问题；尊重他人，合作能力强，常能领导小组合作完成任务	能提出自己的看法，有创新意愿，能解决学习中的问题，主动和他人合作完成任务，有帮助他人的意愿	学习美术过程中较被动，在他人启发下能发表自己看法，想象能力有限，不善于和他人合作完成任务	在学习美术过程中无自己见解，人云亦云，不愿与他人合作
知识 能力 方法	对锦江的历史人文景观比较了解，具有较好美术感悟能力，如观察力、分析力；能运用所学过的美术常识、技能、技法，绘制出内容翔实、主题突出、美观实用的锦江旅行手册。通过景物描写的学习，能按顺序、有重点地根据旅行手册写一篇锦江旅游宣传稿，学习方法有效，动手能力强	对锦江的历史人文景观有一定的了解，理解能力较好，能掌握所学过的美术知识技能，喜欢动手，能运用所学过的美术常识、技能、技法，绘制出结构完整的锦江旅行手册。通过景物描写的学习，能基本按顺序根据旅行手册写一篇锦江旅游宣传稿，通过自己的学习方法达到学习目标	对锦江的历史人文景观了解一点，基本能掌握学过的美术知识，但学习方法被动，动手、观察能力较弱，能在家长和同学的帮助下基本完成锦江旅行手册和锦江旅游宣传稿	对学科知识了解一般，初步掌握部分相关技能，对学科知识常有错误理解，不能掌握基本知识技能、完成学科任务
态度 参与 情感	关注美术；对美术课保持热情态度，积极参与项目学习活动，课堂表现活跃，善于自我评价，善意评价他人，认真填写各项表格，能运用已有的知识表达情感体验；了解家乡历史，热爱家乡文化，愿意成为家乡的推广者和代言人，做一个具有家国情怀的文化传播者	对美术课持认真态度，常能参与课堂发言，按要求完成学习任务，善于自我评价；能通过美术作品表达自己的情感；认识家乡，热爱家乡，能宣传家乡文化，有一定的家国情怀	对美术教学无抵触情绪，能正常开展美术学习活动，参与学习活动的意识不强，学习较被动，不善于把学到美术知识与自己的情感关联起来，能了解一些家乡文化	对美术教学不感兴趣，课堂表现冷漠，不能主动参与美术教学活动，知识面单一，不能自觉遵守课堂纪律；不了解家乡文化

八、反思收获

我们围绕"夜游锦江"游船项目的热潮，为"华润娃"们设计了一次别开生面的跨学科项目式作业——"踏水锦江，一行一美"。活动旨在让学生感受家乡之美，激发其自主探究、推广家乡之美的意识，同时培养他们爱生活、爱家乡、爱祖国的深厚感情。如今活动已告一段落，是时候进行一番深入的反思和总结。

在活动中，我们鼓励学生走出教室，亲自踏足锦江，感受那独特的城中行船体验。跨学科的学习方式，使学生能够从不同的学科角度审视锦江，发现其独特的魅力。这种学习方式不仅提高了学生的实践能力和跨学科整合知识的能力，还培养了他们独立思考和解决问题的能力。

在活动中，学生们对锦江产生了浓厚的兴趣，他们自发组成小组，进行调查研究，深入挖掘锦江的历史文化、生态环境和经济发展等方面的信息。通过采访当地居民、查阅历史资料、实地考察等方式，学生们对锦江有了更加全面深入的了解。这不仅增强了他们对家乡的自豪感，还锻炼了他们的信息收集和处理能力。

此外，学生们还积极参与了锦江之美的推广活动。他们制作了精美的锦江旅行手册、宣传游记和视频，向全校师生展示了锦江的独特魅力。这些作品不仅创意十足，而且充满了对家乡的热爱之情。通过这些推广活动，学生们不仅提高了自己的艺术修养和创作能力，还激发了更多人对锦江的兴趣和关注。

然而，活动也存在一些不足之处。首先，由于时间限制，部分学生在深入研究时感到时间紧迫，无法充分挖掘锦江的各个方面。未来可以考虑将活动时间适当延长，以便给学生更多的研究时间。其次，学生的推广作品质量参差不齐，需要进一步加强指导和培训。未来可以组织更多的培训和实践活动，提高学生的创作水平和表达能力。

总的来说，"踏水锦江，一行一美"项目式学习活动是一次成功的尝试。它不仅让学生们深入了解了锦江之美，还激发了他们爱生活、爱家乡、爱祖国的思想感情。在未来的教育工作中，我们将继续探索和实践这种跨学科、实践性的学习方式，为培养更多全面发展的优秀人才贡献力量。

第七章　价值观教育中的师生故事

树立和培育社会主义核心价值观，要在勤学、修德、明辨、笃实上下功夫。我校围绕"勤学、修德、明辨、笃实"要求，从落细、落小、落实入手，形成课堂教学、校园文化和社会实践等三位一体的育人平台，促进学生学会劳动、学会勤俭、学会感恩、学会助人、学会谦让、学会宽容、学会自省、学会自律。

让我们一起去聆听来自学生和老师们的价值观故事吧！

第一节　学生践行社会主义核心价值观的故事

爱国篇

有些事，永远不该忘记

成都师范附属小学华润分校六年级 1 班　颜童菲
指导教师　罗域菀

我们身在这和平时代，有些事情，是我们永远不应该忘记的。

我永远会记得在四年级的时候，我们学习的一篇课文——《圆明园的毁灭》。昔日的圆明园是那样的金碧辉煌、美丽，但这些所谓的"文明人"把我们古代智慧的结晶都毁于一旦了！

那天开课的时候，语文老师在我们面前播放了一张张电脑复原出的圆明园景色，教室里响起了一声声惊叹，大家无一不惊讶于圆明园的美丽。但紧跟着的，我们看到的却是残垣断壁。同学们的声音渐渐平息了，心里出奇地沉重。老师叹了叹气，和我们讲起了150年里人们历经千辛万苦的建造，讲起了结合各地特色的建筑，诉说起了那些价值连城的国宝的故事。

老师带着我们一句一句读着课文里的暴行："……英法联军侵入北京，闯进圆明园。他们把园内凡是能拿得动的东西，统统掠走；拿不动的，就用大车或牲口运走；实在拿不走的，就任意破坏、毁掉。为了销毁罪证，10月18日和19日，三千多名侵略者奉命在园内放火。大火连烧三天……"放下课本后，老师的表情分外凝重："对呀，我们花150年建成的瑰宝，侵略者三天就烧完了。漫天的火光，一点点吞噬着价值连城的国宝，人们叹息着，但却无能为力。"听着老师在讲台上激昂的讲述，我的心情久久不能平静，愤怒、悲伤、惋惜，各种情感都涌上了心头。

"在前些年香港拍卖会上，拍着的正是我们的铜牛头、铜猴头、铜虎头，就是圆明园里喷水泉里的十二生肖中的铜牛头、铜猴头、铜虎头。中国花费了数千万元才买回了自己的这三件国宝，这本是我们中国的国宝，按理来说，我们应当拿回来的！"同学义愤填膺地和我们分享着他所了解的故事，听得我们在下面不禁握紧了拳头，热泪在眼眶里打转。

听了同学们的一阵阵愤怒的控诉，我不禁想到圆明园的毁灭是不可估量的损失，我要永远记住这件事！我们还应该记住这些事：南京条约，中国失去了多少富饶土地？南京大屠杀，我们失去了多少无辜同胞的生命？朱自清先生悲愤地感叹一句"怎么办？"对呀！损失了这么多东西，我们怎么办？死了这么多人，我们怎么办？！

身在这和平时代，我们不应该忘记红船上的小心翼翼，我们不应该忘记长征途中的艰苦困难，我们更不应该忘记死去的几十万冤魂！

作为祖国的花朵，我们要铭记过去，把爱国之志化为报国之行，让我们为了中华民族的富强而奋起学习，创造出祖国更加辉煌的未来！我们不能再让别的国家欺负我们的祖国，我要用自己学过的知识，来报效我的祖国。

教师点评：

鲁迅先生曾说过：悲剧就是将有价值的东西毁灭给人看。这句话，在教授完《圆明园的毁灭》这一课时，师生共同才有了更加深切的体会。这篇课文是统编版小学《语文》五年级上册的一篇精读课文，出现在第四单元"爱国"主题单元。课文描述了圆明园昔日辉煌的景观，又展现了其惨遭侵略者肆意践踏后毁灭的景象，虽只是寥寥数笔，却足以让我们心痛不已。

小作者以自己的视角讲述了语文课堂上学习这篇课文的内心情感与活动，以课文为载体充分沉浸在一场真实的爱国主义教育之中，并通过自己的笔触表达了同学们对祖国灿烂文化的热爱和对侵略者强盗行径的愤恨，不忘国耻、振兴中华的责任感和使命感油然而生。

跨越时空，点亮红心

成都师范附属小学华润分校五年级 6 班　薛云天

指导教师　李　煜

在学习五年级下册《道德与法治》第三单元《百年追梦，复兴中华》之前，我并不清楚这些：为什么要在井冈山建立革命根据地？为什么红军要进行二万五千里长征？长征路上走了多久？红军在长征路途上经历过什么？为什么我们一直在强调民族复兴……带着这么多的问题，我开始了学习之旅。

老师在课堂上带着我们回顾了课文《朱德的扁担》。这篇课文讲述了井冈山时期红军官兵艰苦奋斗的故事。由于敌人残酷的经济封锁，军民生活异常艰苦，基本生活物资非常匮乏。朱德的扁担、井冈山的油灯、红军给老百姓留的便条……这一件件感人的事迹，无不体现井冈山红军官兵艰苦奋斗的精神。正是这种艰苦奋斗、不怕牺牲的精神，才使得中国革命武装力量不断壮大，井冈山根据地不断地扩大。国民党反动派的军队也一次又一次地"围剿"革命根据地。1934 年 10 月，中国红军第五次反"围剿"失败，被迫撤出中央革命根据地，开始了漫漫长征路。历时一年多的路途，红军历经千难万险，同敌人进行 600 余次战斗，跨越近百条江河，穿越 40 多座高山险峰，用顽强的意志征服了人类生存的极限，最终取得了伟大的胜利。

我们学校有市级爱国主义教育基地——晞光馆。该馆以"不忘来时路，薪火相传承"为线索，通过大量的图文展陈、数字影像、云上场馆富集教育资源，将爱国主义教育融入互动体验，让我们身临其境地感受到二万五千里长征路的各种场景。学校"晞光姐姐"团队定期重走长征路上的红色景点，让我们随着"晞光姐姐"的脚步重走当年的红色路。长征以其穿越时空的永恒魅力，源源不断地为我们提供精神养分，让革命事业一代代薪火相传。长征没有终点，长征依然在路上。作为新时代的青少年，我们要学习长征精神，坚定理想信念，树立中华民族伟大复兴的远大理想，坚定走中国特色社会主义道路的信念，培养百折不挠的乐观主义精神。通向理想境界的道路从来就不平坦，任何辉煌业绩都要通过艰苦奋斗去创造。我们要用长征中团结互助的集体主义精神，树立社会主义核心价值观，把个人的成长与祖国和人民的需要结合起来。我们要继承和弘扬长征精神，勤奋学习，提高素质，努力成长为社会主义建设者和接班人，为社会主义建设不懈奋斗。

教师点评：

在《百年追梦，复兴中华》这一单元的教学中，我重视学生的需求，聚焦问题，设计体验活动，结合学校爱国主义教育基地——晞光馆的馆藏内容，在德育课程一体化背景下，充分发挥场馆育人的功能，扬长征精神，借"红色"资源之"力"，将立德树人落到实处。

以学铸魂，初心溯源，赓续红色血脉。在晞光馆，我引导学生观看一堂堂生动的微课，一次次身临其境的现场观摩和精彩纷呈的体验式学习，给学生们再现了红军长征的鲜活场景，具象化地展现了革命前辈坚定的信念和伟大的信仰，展示了红军战士之间不抛弃、不放弃，团结协作、互爱互助的强大精神力量，也让我更加深刻地理解了，为什么只有中国共产党才能救中国，为什么只有中国共产党能够把亿万人民团结和凝聚起来，一次次跨过急流险滩，一次次战胜困难危机。新征程上，长征精神激励着我们新一代的共产党人牢记初心使命，无所畏惧、勇往直前，拧成一股绳、拼尽一份力，坚持跟着中国共产党走，努力在民族复兴、强国建设中做出应有贡献。

以学增志，坚定信念，勇担时代使命。要说本单元给同学们留下印象最深刻的内容，那一定是"胜利翻越夹金山"。"长征万里险，最忆夹金山。""夹金山，夹金山，鸟儿飞不过，凡人不可攀。要想越过夹金山，除非神仙到人间！"我曾到过夹金山，当我喘着气，吸着氧，在同伴的鼓励支持下好不容易走完体验路段的时候，我深深地被红军将士们"革命理想高于天"的顽强意志和革命斗志所折服。等来到山顶垭口，在红旗下，在雪山巅，面对壮阔山河，我又体会到红军战士"万水千山只等闲"的乐观从容，也被"无限风光在险峰"的攀登精神所激励。作为新时代的共产党人，我们应当有青春建功的魄力和勇于担当的责任感，以理想和信念做帆，以推动中华民族伟大复兴的责任担当为桨，乘着"新时代"的东风，在实际工作和生活中，脚踏实地，不断锤炼和提升自己。

以学正风，对标检视，传承长征精神。作风优良是我们每位共产党员教师应当具备的品质。红军严明的纪律要求，对群众的关心关爱，成就了军民鱼水情，讲规矩、守底线是红军胜利的重要因素之一。而现在我们生活的条件变好了，诱惑也更多了，党员教师要带头学习革命先贤的优良作风，用真抓实干、务实重行的作风和优异的工作成效，将长征精神传承发扬下去。

让我们携手共进，做"有理想，有担当，有思想，有格局，有情怀"的共产党人，引领学生跨越时空，点亮红心，铭记长征精神、传承革命信仰，以所学促所行，共同走好属于我们这一代人的长征路！

诚信篇

"市集"里的诚信

成都师范附属小学华润分校四年级 3 班　林子渝

指导教师　李佳芮

　　诚信是一个人必备的品质，在买卖中的诚信更是必不可少。

　　学校里有一个非常有趣的活动，叫"华润市集"。在活动中，我们自己组成小组，采购一些同学们喜欢的商品在学校里摆摊卖出去。这次，我、小钱、小王和小罗组了一个小组，采购了一些小风扇、小发夹和积木。小店就这样开张了！

　　第一位顾客是小萱。她看见小风扇很是喜欢，问多少元一个。我们见店一开张就有了顾客，打心眼儿里高兴，就优惠了 5 元，决定将 20 元小风扇以 15 元的价格卖给小萱。

　　小萱挑了一会儿，拿着小风扇转身就走时，我叫住了她："嘿！小萱，你还没有付钱呢！"小萱惊讶地瞪大了眼睛："我……我不是……付了钱吗？""你付了钱？"小钱怒火冲天地大喊着，"我们没有一个人看见你付了钱！"小萱的眼中立刻盛满了泪水，脸涨得通红。可是没办法，她只好放下小风扇，伤心地走了。看着小萱离去的背影，我生气地想：小萱真不是一个诚信的人，明明没付钱还非说自己付了！而且，我们还给她优惠了 5 元！小萱这家伙，怎么得寸进尺呀？哼！

　　卖完后，我们在清理账单时，发现多了 15 元！那一刻，所有人都沉默了：小萱是付了钱的！此时，我觉得心里沉甸甸的，仿佛有一块大石头。要不要把钱还给小萱呢？我不知所措，心想：小萱反正都走了，不把钱还她也没什么。可转念一想：不行，老师特别强调在市集活动中要诚信交易，做人应该诚实！诚信可是做人的基本品质呀！

下午，我们去到小萱家，把钱还给她，并向小萱妈妈坦白了一切。小萱妈妈告诉我们，她原谅我们了。听到这里，我如释重负，心里那块大石头终于落了下来，不禁松了一口气。

今天的事给我上了重要的一课，它使我意识到了诚信的宝贵。或许我们可以没有金钱，但必须要有精神上的财富——诚信！当然，诚信不能只是嘴上说着，还要用实际行动体现出来。这样才能使诚信发芽、开花，最后结出甘甜的果实！让我们都做一个诚信的人吧！

教师点评：

诚信，自古以来便是中华民族的传统美德。在现代社会，诚信更是每个人应当具备的基本素质。"华润市集"活动是我校的特色财商教育，学生自行采购，摆摊售卖，在活动中学生学习经商之道，同时感受并学习经济交易中的诚信经营。

故事中"小摊主们"误会了小萱没有给钱，但在得知真相后把钱还给了小萱。这种诚信的态度值得赞扬。诚信不仅仅是嘴上说着信守承诺，更是在面对真实具体的情况时还能够坚守原则，这对于九岁的孩子来说难能可贵。

共创诚信校园，享受美好人生

成都师范附属小学华润分校六年级6班　文俊龙

指导教师　张　渝

"人无信不立，业无信不兴。"诚信，作为社会主义核心价值观的有机组成，于个人而言，是财富。

——题记

在校园这片肥沃的土壤中，诚信的根脉深深扎入其中。在追求知识的殿堂里，我们视诚信为无价的珍宝，用勤奋和智慧，用真诚和努力，去耕耘这片田园；每一份作业、每一次考试，都是我们心血的结晶，我们用诚信书写着学习的真实篇章。

在一次期末考试中，我遇到了从未见到过的题型，面对这种新颖的题型，我百思不得其解，一个又一个问题将我团团围住。可在我苦思冥想时，心中生出了另一种声音：

"反正都不会，抄同桌答案不就行了吗？"

"但是……这是不对的啊！"

"不对又怎样？你难道不想获得高分吗？"

"可是……"我心中百般纠结。"考试是检验你的真实水平，你必须诚实作答！"老师曾说过的话出现在我的脑海中，我终于清醒过来，考试是检验自己的真实水平，要是不诚实作答，只会在虚假的成绩中沾沾自喜，最后迷失自我。考试结束后，我如实交卷，尽管这次成绩不尽如人意，但我在考试中学会了"诚信"两个字。

在校园中，诚信更是学生们对自己承诺和责任的坚守。我们应以诚信为准则，认真履行自己的职责，勇于担当，不推诿，不敷衍，用实际行动诠释对诚信的执着追求。

就在不久前开展的华润市集中，大家干得热火朝天。在市集之中，我看上了一件小商品，它小巧玲珑、精致美丽，我的眼睛忽地睁大，拿起这件商品，左看看，右看看，过了好一会儿，我询问起了价格：

"同学，这件商品多少元？"

"这件商品，不贵，仅需 2 元。"

"真的这么便宜吗？"我用疑惑的眼神望向店长，"这华润市集中，这么便宜而精美的物品属实少见。"

"这件商品之所以这么便宜，是因为已经被人使用过了。"店长回答道。在这之后，我用两元的价格买下了这件商品，到现在，想起这件事时，还是心生感触："在校园之中，大家都应该像这位店长同学一样如实回答，不贪图利益，诚信经营才好。"

诚信如同一道亮丽的风景线装点着整个校园，它是校园文化的重要组成部分，更是我们成长的宝贵财富。

让我们携手共进，以诚信为航标，引领校园文化的航船破浪前行，共同创造更加美好的校园！

教师点评:

　　人无信不立。言必信,行必果,是做人的基本原则,也是取信于人的根本。靠真诚、诚意结交的朋友,其友谊会像常青树一样;将心比心,人与人之间的感情才会得到巩固和升华。个人如此,校园如此,社会亦如此。

　　小作者的文章结构简单合理,内容生动具体,叙述真实自然,能在生活平常小事中悟出深刻的道理,似乎引领着读者在心灵的原野上漫步。文章引发我们思考:何为诚信? 诚信如灯,如水如梅,让诚信的雨露滋润每一个人的人生之花,让人生灿烂而美丽。

热闹集市中的诚信之光

成都师范附属小学华润分校三年级 6 班　朱乔雅

指导教师　孟丽娜

　　在学校的多彩生活中,我们总是怀着无尽的期待,其中有一件事尤为让我们心潮澎湃——校园里热闹非凡的集市。每当集市来临的日子,整个学校都仿佛被欢乐和期待的气氛所笼罩。我们会换上最漂亮的衣服,手握父母给的零花钱,踏上这场购物之旅,心中充满期待和兴奋。

　　然而,在那一次的集市活动中,我却遭遇了一个小小的插曲,这让我对诚信和尊重有了更深的认识。集市活动刚刚拉开帷幕,一个精致可爱的小物件立刻吸引了我的目光。然而,按照集市的规则,我们必须分两轮进行购物,而我恰好被分在了第二轮。面对心仪的物品,我深知不能破坏规则,于是,我走向那位负责小店的同学,恳切地请求他:“同学,这个你能帮我留着吗?”他微笑着答应了我的请求:“当然可以。”

　　当第二轮购物开始的时候,我迫不及待地前往那家小店,但遗憾的是,那个可爱的小物件已经不见了踪影。我心中涌起一股失落和愤怒,感觉被背叛了一般,愤然离开。我向同学们讲述了我的遭遇,他们也为我感到不平,纷纷表示不再光顾那家不诚实小店。

　　我带着失望和不甘在集市上徘徊,心中仍抱着一丝希望,或许别的店铺还有类似的东西。然而，我并未找到完全相同的物品，却在不经意间发现了一个更加可爱的小物件。我生怕错过，连忙询问价格。售卖的同学略带羞涩地说："十元钱。"尽管我觉得这个价格略高，但在那个时候，我依然迅速地拿出十张一元钱递给他。

我满心欢喜地拿着新购的物品离开，但没走多远，便听到有人在叫我。我心中一紧，难道是之前的误会引发了纠纷？然而，当我回头一看，却是那位看上去有些腼腆的同学气喘吁吁地跑到我面前，递给我一元钱说："同学，你多给了一张。"我这才恍然大悟，原来我之前给的是十一张一元纸币。我连忙感谢她，并看着她跑回自己的小店。

这一刻，我心中的愤怒和失落都烟消云散，取而代之的是一股暖流。我意识到，诚实守信不仅仅是一种品质，更是一种能够带给人内心安宁和喜悦的力量。那位同学虽然只是一个普通的集市卖家，但她用她的行动为我上了一堂生动的课，让我深刻理解了诚信的重要性。

每当我回想起那个集市上的小插曲，都会感到一种由衷的感激。那次经历不仅让我学会了如何面对失望和挫折，更让我明白了诚信和尊重是我们生活中不可或缺的一部分。而那位同学，用她的善良和诚实，为我点亮了诚信道路的一盏明灯。

教师点评：

这篇作文《热闹集市中的诚信之光》以学生在集市购物的一次经历为线索，生动地描绘了华润市集活动的热闹氛围和学生在其中的期待与兴奋。更重要的是，通过一个小小的插曲，深入探讨了诚信对于个人和集体的重要性。

学生通过自身经历，向我们展示了诚信的力量和影响力。当因为规则无法立即购买心仪的物品时，她选择信任同学并请求帮助。然而，当物品不见时，她感到了背叛和失望。这种失望和愤怒的情绪在学生中传播，显示出诚信缺失可能带来的负面影响。但随后，作者遇到了另一位同学，她用诚实的行为化解了作者的尴尬，并让她重新认识到诚信的价值。

这篇作文不仅展示了诚信在个人交往中的重要性，还强调了诚信对于构建良好学校氛围的作用。当作者因为误会给同学多付了钱时，同学毫不犹豫地退还了多余的钱，这种诚实的行为让作者感受到了内心的安宁和喜悦。这也提醒我们，在社会生活中，每个人都应该遵守规则、保持诚信，这样才能共同营造一个和谐、美好的环境。

此外，这篇作文还体现了作者对于诚信品质的深入思考和认识。作者从这次经历中汲取了教训，明白了诚信不仅是个人品质的表现，更是一种能够带给人内心安宁和喜悦的力量。这种认识对于培养学生的诚信品质具有重要的启示意义。

总的来说，这篇作文以生动的笔触和真实的故事情节，展现了诚信在个人交往和学校诚信之风建设中的重要作用。它提醒我们要时刻保持诚信品质，遵守规则，这样才能在生活中收获更多的喜悦和成就。

学大商之道，悟诚信之美
——记成师附小华润分校里仁市集系列活动

成都师范附属小学华润分校六年级3班　宫语涵
指导教师　刘俊英

在成师附小华润分校的校园里，有一个培养财经素养、启迪商道智慧的里仁市集。我们的翩翩少年，如行云流水一般，踏上了一段关于商业的探索之旅。

在市集活动的筹备阶段，友善的笑脸和热情的合作让整个班级成为一个和谐的大家庭。同学们相互帮助、鼓励、共同商讨策划，为对方的摊位设计、商品进货等出谋划策，激发出了集体的智慧和信任的力量。我深刻意识到，友善不是一种表面的礼貌，更是内心的真诚和善良。接着同学们的摆摊梦终于成真了，以"追寻丝绸之路，探索古老商道"为主题的华润市集活动开幕啦！

我们化身为一个个小商贩，经营着不同主题风格的小店，商品琳琅满目、应有尽有，让人目不暇接。老板们使出浑身解数吸引着来来往往的顾客，叫卖声、讨价还价声、欢笑声夹杂在一起，好一个人间烟火气！在里仁市集，你可以充分地享受市场交易的乐趣，因为背后还有市场秩序管理员、市集活动解说员等人在默默工作，为整个活动保驾护航。除了商品的售卖，还有知识问答体验区，让同学们通过答题的方式了解历史知识、学习经营之道。

随后学校还将丰富多彩的市集活动搬到了校园剧的舞台上。我扮演了"捣蛋鬼小贾"这个角色，在经营中出现了"不诚信""不友善"的行为，最后在市场的监督、商贩们的帮助下市场秩序又回到了正轨。该剧让大家明白了经营市场的时候不同的商家之间难免会有一些竞争，但如何真诚地去沟通、协作、共同成长更为重要，"诚信经营是立业之本"。除了观看表演，同学们也观察到其他人物角色在市集中的位置和经营表现，每个小商贩都是这个文明市场中不可或缺的一分子。大商之道不仅仅是自己的产品和市场，不仅仅是交易和获利的多少，更是对美好品质的考验。诚信、友善、敬业这些社会主义核心价值观贯穿于整个演出，希望可以在同学们心灵深处埋下美好种子，静待花开。

通过参与店铺的经营、担任市场解说员和参加校园剧的表演，我深刻理解了经营"百年老店"的财经素养：懂交易、明事理、立品格。在真实的市集环境中我们不仅学习了如何营造市场氛围、开展市场交易、实践商业智慧，还感受到了友情的温暖、诚信的分量和合作的力量。友善让我们心灵更加宽广，诚信是我们立业之根本，而合作更是我们共同努力的方向，这也是我们最大的收获：学大商之道、悟诚信之美。

教师点评：

这篇作文语言流畅、结构清晰、内容丰富，通过生动的描写和深入的思考，展现了对于市集的探索与领悟。字里行间透出诚信、友善、敬业等核心价值观，对青少年成长有重要的启示。华润市集筹备阶段大家互帮互助，和谐友善；经营过程中商铺"小老板们"配合默契、和谐经营。学校将市集搬上舞台，用校园剧生动活泼的形式润物无声地将核心价值观植根于孩子们幼小的心灵。

如果在生动的市集场景里，再增加一些细节，如具体描述某些特别吸引人的摊位、独特的商品或者特别有趣的交易场景，就更好了。可以尝试使用一些更具表现力的词汇和句式，适当运用一些修辞手法，增强表达效果。这样读者一定能够更深入地感受市集的魅力，体验"诚信、友善、敬业"核心价值观。

我们的"至诚小店"

成都师范附属小学华润分校三年级 7 班　李辰光

指导教师　唐　箫

"好消息！好消息！同学们，学校决定要在里仁开办华润市集了！"

老师的话音刚落，我们的欢呼声就响彻教室。华润市集是我们最期待的校园活动。"里仁"很快就要热闹起来了！

"×××，你想在'里仁'卖什么？"

"我想卖……"

我们忍不住热烈讨论起来，老师面带微笑地拍了拍手，示意我们先"冷静"一下。

"要成功举办这个市集，你们可要分工合作呢。同学们可以自由组队，但每组要有一个组长，负责组织大家完成前期的筹备工作。"老师补充道。

一瞬间，同学们各自为营，而我，成功当选为本组的小组长。

"我不能辜负小组成员对我的信任，要把我们组的'店铺'办得有声有色！"我悄悄为自己鼓劲。

可是，我也有点担忧：平时我喜欢去买东西，当一个"顾客"，倒是没什么难度，但我没当过老板，要怎么才能卖出去商品，从而盈利呢？带着这个疑问，我打算回家找妈妈请教一番。

一到家，我就把我的困惑抛给妈妈，没想到，妈妈不理会我，反而给我讲起另一个故事："孩子，你知道吗？在南北朝时期，有一个叫明山宾的人，他做官清正廉洁，为人忠厚耿直……"

"妈妈，您说的故事我知道！"我迫不及待地叫道，"您想给我讲的故事是《明山宾卖牛》。《道德与法治》书上有这个故事，我看过的。"

妈妈抬头一笑："是的，那聪慧的你，一定能想到我要对你说什么。"

我点了点头。那一刻，我懂了妈妈没有说完的话，那是告诉我，经营，离不开做人的本分——诚信。只要以诚为本，卖的东西质量好，那就不缺买家。

说干就干，我召集我们组的伙伴，经过询问老师，商量出了小店的名称——至诚小店。这个名字也表达了我们要诚信经营的决心。随后，我们将《明山宾卖牛》画在了宣传海报上。得到老师的点拨，我们又在海报上写上了"明山宾卖牛，至诚矣，至善矣。"同时，我们列出了商品的清单，一起商量商品的定价。小伙伴们一致决定，哪怕我们挣得少一些，但只要卖得多，卖得快，也是值得的！

终于等到市集开张的那一天，锣声一响，集市上立刻人来人往，如小小的池塘，挤满了欢蹦乱跳的鱼儿一样。我们满怀信心地介绍着"至诚小店"的货物，很快，素不相识的同学被我们的商品吸引，迅速聚拢了一大波"顾客"光顾。最后，连班上的同学也说道："帮我留一个盲盒呀！你们卖的东西便宜又好看。"听了之后，我们心里美滋滋的。

我们的商品被抢售一空，快乐的时光飞逝而过。这次活动结束了，但我的心里却留下了《明山宾卖牛》的故事，也刻印下做人要"至诚至善"的真理。

看来市集留给我的，不只有欢乐，还有人生的道理。

教师点评：

"华润市集"是学生最感兴趣的校园活动之一。在这个活动里，孩子们"改头换面"，当起了小老板，也当起了小顾客，甚至，有的同学还当起了小城管。市集的举办地点叫"里仁"，这个名字和《论语·里仁篇》有关，其所谈的内容，便是义与利的关系问题。在三年级的孩子眼中，他们思考的义与利是什么呢？也许孩子们不会深究太多，只会纠结"商品怎么样定价才合理""什么样的商品才受欢迎""我们的商品能卖光吗，能挣到钱吗"这些问题。

因此，当孩子们来请教我，要怎么给店铺取名字的时候，我就想到了"至诚至善"这一句。这句典出自古代四书中的第一本《大学》。《大学》开宗明义就有这样一句："大学之道，在明明德，在亲民，在止于至善。"

卖最靠谱的商品，用最真诚的经营，收获良好的信誉，才是孩子们要从市集中学到的做人道理。

可见，孩子们先是从"明山宾卖牛"的故事里，确定了以诚为本的理念；然后分工合作，做到合理定价；接着团结一心，诚信经营；最终商品大卖，薄利多销。在体验感极好的市集活动中，孩子们学到了为人处事的道理，也促进了他们真正对"义与利"的理解。

坚守诚信

成都师范附属小学华润分校五年级 2 班　钟奕阳

指导教师　胡怀玉

孔子云"民无信不立"。这学期，我在语文课上也学到过"言必信，行必果。"这些关于诚信的名言，教育我们从小立志做一个诚信的人。我一直觉得要做到诚信很简单，讲真话、不撒谎就可以了，但是在参加了学校的华润市集活动，当过一次"老板"后，我才知道一直坚守诚信并不是一件容易的事情。

在市集活动中，同学们摆摊销售商品，体验当店主、当顾客、当管理人员等角色，我两次面临了艰难的诚信考验，记忆深刻。

我们销售的货品中有一款售价 3 元的"三国小人"特别受欢迎，刚一开市，喜欢"三国小人"的同学们就把我们的摊位围得水泄不通，争相抢购，很快就只剩下最后一个了。我们组所有同学都很开心，这时不知是谁小声提议："就只剩一个了，这么好卖我们涨点价，卖 5 元吧！"

听到这话，我心动了：如果涨价的话，可以增加我们小组的收益，每个人都能多分到钱，而且更有希望获得这次活动的冠军。但是我转念又想：看见东西好卖就坐地涨价，这样的行为非常不诚信，我还是做一个诚信的"老板"，不涨价吧！

我刚想张嘴大声吆喝"三国小人"3 元一个，突然又一想：如果不涨价的话，就这么白白错过了一次商机，真的太可惜了，如果还影响我们组得冠军的话，那就更不划算了。

就在犹豫不决之时，一个声音打断了我的思量："老板，这个三国小人多少钱？"生意就这么来了，我瞪大了眼睛看向同组的同学，他们也瞪大了眼睛看向我，有的同学使劲摇头，仿佛在说："不能加价，这样不是诚信经营！"有的同学使劲点头，好像在说："有钱不赚是傻子，赶快加价吧，我们要拿冠军！"

我左右为难，一时张不开嘴，短短一瞬间各种念头在我脑海里轮番上场，最后孔子那句"人无信不立"占了上风，我大声报出了"3元"。话刚说出口，我一下子就轻松了，拿冠军远不如诚信经营重要，冠军不能靠坐地涨价得到。

商品里除了"三国小人"，还有一款桌游也受到大家欢迎，在开始售卖之前，就有同学预订了一个。开始售卖不久，又一位同学看上了这个被预订的桌游，我抱歉道："这个桌游已经被预订了，不卖的。"这位同学不甘心："我一直想要这个桌游，找了好久了，这样吧，我给你们加钱，你们就卖给我吧！"还不等我拒绝，他又说："你把这个卖给我的话，我可以把你们其他的桌游全部买走，你们可以赚不少钱，说不定还是最先卖完货品的小组呢！"不等我考虑清楚，我的手已经不自觉地把所有桌游都打包递了过去。我心想：这可太好了，我们卖得快，又赚得多，这次冠军必定是我们了。再说，我只需要把定金退了，预订的同学也没有损失什么呀！

这位同学赶紧接过桌游，满脸欢喜地开始给钱。看着他的笑容，我突然想到了预订桌游的同学等一会儿来的时候失望的样子，还有答应他时，我那坚定的语气："放心，一定给你留着！""言必信，行必果"我做到了吗？我拿钱的手触电般收了回来，为难道："同学，不好意思，这个桌游不能卖，别的同学预订了，就不能失信于人，你去其他地方看看吧！"看着同学生气地离开了，我长舒了一口气，幸好我悬崖勒马，没有在利益的诱惑下，丢掉诚信。

最终我们小组也拿到了冠军，一个实至名归的冠军，一个诚信经营的冠军。这次市集活动，让我深刻地认识到：一时的诚信很容易，坚持诚信却很难，我们要时刻坚守住诚信的底线，不要让欲望迷惑了本心。

教师点评：

　　小作者围绕"诚信"这一核心价值观，生动具体地描写了华润市集里的两件小事：是"奇货可居"还是按原价售卖；是遵守承诺还是"见钱眼开"。小作者写出了自己面临的"诚信"考验，也用实际行动做出了诚信的回答，真实地展现了一个小学生从学校的活动中践行社会主义核心价值观的成长经历。

敬业篇

我身边敬业的人

成都师范附属小学华润分校五年级 7 班　黄千寻
指导教师　巫峡鸥

　　在最近一次社会主义核心价值观的学习中，老师重点给我们介绍了"敬业"这一核心价值观的内涵和先进事例，并要求我们寻找自己身边的敬业榜样。而我脑海里第一个想到的敬业榜样，是我的妈妈。我的妈妈是一名大学教师，我觉得她在很多方面都符合老师对于"敬业"的阐释。

　　首先，是充满热情。妈妈时常跟我说教师是人类灵魂的工程师，不仅仅是传授知识，更要帮助学生成长和成才。因此，妈妈不仅仅在课堂上认真授课，平时还经常抽空主动关心学生各个方面，她的微信通讯录里有她教过的好几百个学生，并且人数每年都在增加。我经常看到她通过微信或者电话跟学生联系，指导他们的毕业课题，解答他们的疑问，在学生找工作的时候向他们提供建议，在他们遇到人生困惑的时候跟他们谈心。我觉得学生们应该都能感受到我妈妈的用心，因为他们很多人在毕业后都还保持着跟我妈妈的联系，跟她分享自己的经历和感受。

　　第二，是工作勤奋。经常有人说当老师很轻松，因为有很长的寒暑假，但我却知道我妈妈是一个典型的"工作狂"。她总有干不完的工作：

讲课前要备课，讲完课要批改作业，要指导很多学生做毕业论文，要组织学生参加技能竞赛，要参加各种教学比赛和科研……有的人下班回家可能是休息放松，但我妈妈下班后经常说的一句话就是"今天我有作业要做"，然后就对着电脑开始"噼里啪啦"干活。从我懂事以来，妈妈从来没有过过一个完整的寒暑假，总是有各种事情要加班，要不就是参加培训，总之一个假期下来，上班的时间比放假的时间还长。当然，妈妈的努力也得到了回报，家里一大堆的各种表彰和获奖证书就证明了大家对她工作的认可。但是，妈妈不是为了获得认可才勤奋工作，她跟我说："既然要做一件事情就要认真做到最好，这是我做人的原则。"

第三，是不断学习。妈妈是一个喜欢不断学习提高的人，她会主动学习许多新的知识和技能，比如，她考了导游证；考取了酒店管理的职业证书，还去酒店挂职实践；她拿到了咖啡师、品酒师、茶艺师的证书，还自学了不少专业软件的使用……在我眼里她简直就是个无所不知的"女超人"。不过，妈妈的学习并不是心血来潮，她是为了更好地做好自己的工作，而不断地自我提高。妈妈常感叹说"活到老学到老"，我觉得她真的能做到。

总之，我觉得能够从妈妈的言传身教中学习到很多关于敬业的精神，她是我心目中当之无愧的敬业榜样。我要努力做一个像我妈妈一样热情、勤奋、不断学习的人，传承社会主义核心价值观，早日成长为社会的栋梁。

教师点评：

这篇习作让我想到了北师大版《语文》四年级下册第四单元的第二篇课文《一双手》。这篇文章通过对林业工人"全国五一劳动奖章"获得者张迎善一双奇手的细节描写，透射出这位普通劳动者为绿化祖国的敬业，为大家的幸福甘愿奉献的高尚情怀。

妈妈的敬业精神会影响着小作者，成为孩子心目中当之无愧的敬业榜样。相信孩子能在自己目前的学业中也竭尽全力，做得更好。

风雪中的"绿色天使"

成都师范附属小学华润分校五年级 5 班　杨荣轩

指导教师　陈晓梅

群山环绕，积起千堆雪，冰湖镶嵌于天山中。走在冰湖上，能看到天鹅在自由地游弋，屹立不倒的雪松守护于此。大年初四，我与父母奔赴这美丽的地方——新疆，如此美景，怎能不令人心驰神往？

"今天下午到晚间，北疆大部、巴州北部山区等地有降雪，风力达 10~13 级。气温继续下降至-20℃左右，多条路段将实施交通管制……"正沉浸在美景中的我们突然听到这则播报。

此时的天空已经变得灰蒙蒙的，妈妈赶紧让我们钻回了车里，以最快的速度回到酒店。渐渐地，远处的视线越来越模糊，风卷起一团团雪，从车子的左边横扫到右边。雪越下越大，风越来越猛，风雪交加下的视线已不足 10 米，周围的电线杆都感觉将要被拔地而起。好奇的我微微打开了窗户缝，如同哀号一般的风声迅速涌入车内，车子瞬间像被巨大的外力往右拉扯了一下，吓得我赶紧关上窗户。就在这短短的几秒钟，我的脸像被利剑刺入血肉般疼痛，车子的雨刮器工作得越发卖力，时而发出咚咚的碰撞声，积雪不断蹿进车身的缝隙处，这让我们越发紧张。

慌张的妈妈拿出手机，不停地查看附近的实时路况，她脸上的神情透露出担忧。我好奇地凑过去看，前方的路上堆积的雪甚至高过我们的车头，有些车已经被雪掩埋。闪着灯的铲雪车不停地在道路上前行，远处有几个绿色的身影在风雪中不停地穿梭。越来越近，原来是身披绿衣的警察和工作人员，他们如同天使一般，冒着 10 级左右的大风和-20℃的低温，拿着铁锹把困在雪中的车胎上的冰铲掉，又步履蹒跚地抱着被困于雪中的群众艰难转移。我隐约看见他们的睫毛已挂上了冰珠，暴露在雪中的手已冻得通红，他们已疲惫得快要倒下，但仍然没有放弃。

夜已深，温度越来越低，我们虽已回到酒店，但心仍在茫茫大雪之中，时刻担心着那些"绿色天使"的安危，明日是否可以出行？

清晨，我们接到消息，前方的路可以通行，但我们仍然忐忑不安。走着走着，一辆警车闪着灯，有序地带领我们前行，悬着的心因"绿色天使"而安定了下来。更让我们彻底惊呆的是，两米厚的雪已被铲雪车整整齐齐地推至道路两侧，车道清晰可见，伸向远方。

蓝天白云下的天山，被覆上厚厚的积雪，只有那屹立不倒的雪松并排于道路两侧，和这些"绿色天使"们一起，护送着我们。今日能看到如此美景，都因为有了他们在这恶劣的环境中为我们负重前行！他们的爱国、敬业精神让我为之震撼！

"绿色天使"们，谢谢！新疆之美，恍若仙境，而你们却是这美景中的美景！

教师点评：

杨荣轩同学以自己的亲身经历为切口，将新疆之行看到的、听到的、想到的详细地记录，"绿色天使"们的爱国、敬业精神跃然纸上。

你眼中的景，你笔下的文，皆美如画。然暴雪途中逆行而上的身影，却是画中的"天使"。远远地，他们似乎发着光，这光，在我们心中升腾。我们一起追随吧，也成为光……

友善篇

友善的大家庭

成都师范附属小学华润分校六年级 5 班　杜雨浓

指导教师　林晓芳

我生活在一个友善的大家庭里。

前一阵班级里的一名同学外出活动时不小心摔伤了腿，为了不影响学习进度，他拄着拐杖每天坚持来上学。老师叮嘱我们要给予他更多的关心和帮助。于是同学们纷纷行动起来，有的帮助他打午饭和开水，有的帮他拿课本和作业，有的搀扶他上下楼梯，还有的同学陪伴在他身边安慰和鼓励他。在大家的帮助和照顾下，他的腿伤逐渐痊愈，同时也没有耽误学习的进度。

有一天他兴冲冲地拎着一个口袋来到教室里，同学们好奇地凑过去围观，只见口袋里装满了精美的书签。我们仔细一看，每一枚书签上都刻着一个同学的名字，还有激励的话语。他说感谢同学们这段时间的关心和照顾，这是他给每位同学准备的一份小礼物。大家都兴奋地寻找着属于自己的那枚小书签，我当然也不例外，很快，我也找到了我的专属书签。只见上面写着"心有不惧、方能无畏"。看着这心意满满的礼物，我感受到了一股暖意在心中流淌。

我的班级真是一个有爱的大家庭。虽然这只是一件普普通通的小事。但通过这件事情，我深刻地体会到了友善这个词语的分量。我们都是班级的一分子，而友爱和善意，能够让我们生活的班级更加温暖和睦，让置身其中的每一个人的幸福感都得到极大的提升，同时我们还能把这份幸福感传递给班级之外的其他人。

作为小学生，我们也可以践行社会主义核心价值观，为建设祖国更美好的未来贡献自己的力量。

老师点评（林晓芳）：

《友善的大家庭》这篇文章，大处着眼，小处着手，从核心价值观联想到班级小故事，从班级里一个腿受伤的同学着手描写，展现的情景仿佛一幅流动的画卷，让我们看到班级中的团结友爱、友善待人、知恩图报，朴素的语言中蕴含真挚的情感，首尾呼应、详略得当，文从字顺，作者是一个善于观察的心思细腻的心灵美好的女孩。

开心的比赛

成都师范附属小学华润分校二年级 2 班　魏琬凌

指导教师　王　捷

我问妈妈："友善是什么?"妈妈说："友善就是别人需要帮助的时候,你去帮助别人。"

2023 年 10 月 29 日是个令人难忘的日子。这天,我参加了四川省第八届跳绳锦标赛。我很兴奋,起了个大早,坐了半个小时车来到比赛场地。我们要参加交互绳、双摇、大众三级等。我们到了就开始化妆,然后就开始练习。我在赛场外用竹节绳跳了起来,跳着跳着,听到旁边的姐姐说:"遭了,我忘了带竹节绳了。"我听到了跑过去,对她说:"姐姐,你是哪个比赛需要用竹节绳呢?"姐姐说:"我是大众三级需要用竹节绳。"我说:"我可以借给你,我们比赛的时间不同。"姐姐很开心地说:"谢谢你,你帮我大忙了。"我也很开心:"不客气,我们是一个学校的,都是一起训练,一起比赛的。"

帮助了姐姐,我自己觉得很开心,我以后还要多帮助别人。跳绳比赛结果出来了,姐姐取得了好成绩,我也取得了好成绩,老师为了鼓励我们继续努力训练,送给我们一本笔记本和一支笔,我们开心地回家了。

教师点评:

这篇文章展现了魏琬凌同学对友善价值观的理解以及在实际生活中如何践行这一价值观的实例。通过描述参加跳绳比赛时帮助忘记带竹节绳的姐姐,不仅解决了对方的困难,也感受到了帮助他人的快乐。这种行为正是友善价值观的具体体现,说明学生已经内化了这一价值观,并能够在适当的时机将其付诸行动。作为教师,我感到非常欣慰和骄傲,期待学生在未来能够继续保持这种积极向上的态度,成为一个对社会有益的人。

友善之光

成都师范附属小学华润分校二年级 3 班　宋思哲
指导教师　刘　英

　　我记忆中第一次认识"友善"这个词，是在学习社会主义核心价值观的时候，但让我真正体会"友善"这个词的含义，还是在感受了几次温馨时刻之后……

　　记得在一年级开展春季研学活动的时候，同学们都在各类游乐设施上玩，有一个同学站在秋千座椅上荡秋千，摔了下来。同学们看见了赶紧跑过去，有的搀扶起他，有的焦急地询问："摔疼了吗?""受伤了吗?"还有的去找老师求助。大家一起搀扶他坐在椅子上休息，帮他揉摔疼的地方，很快这位同学忘记了疼痛，和同学们一起开心地玩耍起来。

　　还有一次，是在二年级上学期的时候，我们班的一名同学因学习轮滑，不小心摔了一跤，手骨折了。班里同学看着她用石膏板固定的左手做事很不方便，每天上学放学时都争先恐后地帮助她拿饭盒、背书包，时常关心她的手有没有好一些。这些爱心举动一直持续到她的手完全康复。这期间我被同学们自发的友善举动感动、感染了，也主动表示关心，帮助她做事情。

　　我们班就像是我的另一个家，有和蔼可亲的老师，还有团结友爱的同学们。我相信，爱是可以传递的，希望我们班的纯洁、友爱、善良可以传递到学校和社会的每一个角落，让更多的人得到帮助，感受到爱。

教师点评:

　　这篇作文充满了真挚的情感和生动的描述，让人仿佛身临其境地感受到了友善的力量。作者通过具体的事件，生动地描绘了班级中同学们之间互相帮助、互相关心的温馨画面，让人深受感动。

人间友善处，最抚凡人心

成都师范附属小学华润分校五年级 3 班　王梓宣

指导教师　张　悦

每个人的心中，都会有一个真善美的小世界，而在我的小世界里悄然绽放着一朵友善之花。任世间花开花落，雨疏风骤，这朵友善之花也会常开不败。

你们听说过成师附小华润分校的里仁市集吗？它可是我们学校很有特色的一处教育活动场地。这里有同学们每年翘首企盼的盛大集会，这里也成了我们成长的一处乐园。

9 月里，激动人心的时刻终于到啦！同学们从家里带来各种各样的物品，摆满的摊位上，有卖多肉植物的，有卖学习用品的，还有卖各种美食的……商品琳琅满目，叫卖声此起彼伏，还有人打出五花八门的广告牌，看得我眼花缭乱。

开市锣声一响，顿时，市集里像炸开了锅一样，一片沸腾。大家化身"售货员"，站在自家摊位招牌下拼命吆喝："卖发卡啰，卖折扇啰，物美价廉……""走过路过，不要错过！""过了这个村，再无这家店……"同学们讨价议价、挑挑选选的欢乐把"热火朝天"体现得淋漓尽致，阵阵欢声笑语萦绕校园上空。

活动结束了，大家准时回到自己的班上，点点老师开始对当天的活动进行总结。"同学们，我想请各组同学谈谈今天最大的收获是什么？""我体会到了想要做好一件事，必须要付出很多的努力，比如本次从设计店招到购置货物，从布置摊位到售卖商品，大家做了好长时间的准备工作。""是的，一组的同学开了个好头，想要做好任何一件事，都需要付出汗水与努力，正所谓'台上一分钟，台下十年功'。""我们组感触最深的是要团结合作，分工明确，正如语文课本上的名言——二人同心，其利断金。""还有还有，'三个臭皮匠，顶个诸葛亮'！"大家你一句我一句，点点老师笑了："嘿，还学会抢答啰！"语文老师就是这么幽默，我班的氛围就是这样融洽，哈哈。老师接着给我们讲，2023 年"五一"期间，淄博烧烤火速出圈，这座城市之所以能够吸引众多游客，不仅仅是因为其独特的美食和旅游资源，更是因为城市所展现出的温暖与诚信。政府的因势利导、优化服务，市民的友善好客、真诚待人，都让人们感受到了这座城市的魅力。同学们瞬间意识到，市集活动还是一次重要的"诚信"教育。卖家的真诚和友善是顾客光顾的重要筹码。老师们总能在适当的时候对我们进行思想的启迪和做人的教育。

考虑到重阳节将至，各小组经过商量，向学校申请用市集盈利来做一次"敬老爱老"的公益活动。为老人们选购一些所需的生活用品，希望在即将来临的寒冬中，能给老人们送去一丝温暖。2023 年 10 月 20 日，成师附小华润分校五年级的学生代表，在老师们的带领下，一同前往东光街 9号院的"长者乐生东光苑"慰问孤寡老人，开展了以"献出一份爱，温暖老人心"为主题的重阳敬老活动。

时过半年，当我再次品味才发现：里仁市集活动，培养了我们诚信、合作等品德；通过献爱心，在老人心中传递人与人之间友善的温度。至此，"友善"一词根植在我的心中，让我不停地去思考友善的意义……

我发现，"友善"不仅出现在我的语文课本里、主题班会中，学校德育活动也处处浸润着爱国、诚信、敬业、友善等核心价值观。友善还见于生活的细节中，街边小店为环卫工人设置的免费休息区，火灾时帮助独居老人逃生的好心人，为迎接外国运动员而学起英语的市民，这些细节最能体现中国人民的友善。生活本平凡，但细微处的友善却能给人以极大慰藉。

作为新时代的青少年，我们要以实际行动传递友善与关爱。可以是一个微笑、一句问候，也可能是一次志愿服务、一次公益活动。通过这些小小的举动，我们可以让身边的人感受到温暖与善意。此外，我们还要在日常生活中注重自身素质的提升，做到文明用语、礼貌待人，以实际行动践行社会主义核心价值观。

我无比庆幸作为华润分校平凡中的一员接受了"这一课"的教育。"友善"在我心中生根、发芽，也将茁壮成参天大树！

人间友善处，最抚凡人心。

教师点评：

随着学生成长需求的多样化，华润校园文化更加有培养目标。学生们从市集活动的计划、参与，再到市集进行时的集体凝聚力和团队合作意识培养，最后再把挣得的钱孝敬了爷爷、奶奶，学会了爱老、敬老。

学生们了解了钱币文化，学会了诚信交易，在真实情景中，体验了传统文化，融会了大商之道，涵养了廉洁品质。

一场尽显团结友爱的网球比赛

成都师范附属小学华润分校二年级 4 班　邓锦源
指导教师　游　满

在秋高气爽的十月，我们迎来了成都市第十四届中小学生网球比赛。比赛要求每支校队必须派出不少于两男两女的队员分别参加男单、女单和混双的比赛，运动员不能兼项，三盘两胜。我和四年级的戴之杉、三年级的葛一凡、陈姝伊、车奕辰组队代表成师附小华润分校迎战来自全市的另外 63 支球队。

我们两名男运动员都是成都市相应级别中排名靠前的选手，实力较强，而两名女运动员则是刚刚学习网球不久，实力较弱，而且完全没有比赛经验。为了取得好成绩，我们在比赛前制定了周密的"作战"计划。通常其他学校会采用男一打男单，女一打女单的排兵布阵，简单直接地去拼前两分，我们则采用了"田忌赛马"的方法：（1）我们女生实力都很弱，女单那一分肯定没戏，于是用实力更弱的女二去打女单；（2）男二由于本身实力就非常不错，就去拼男单；（3）通过男一带实力稍强的女一来加强混双的力量——而我就担当了带领女一去打混双的重任。我们希望通过这种安排争取男单和混双的胜利，从而完成三盘两胜。

我们的战术奏效了，一路过关斩将进入了前八。在四分之一比赛中我们将对阵石室天府小学，这个学校的网球实力是全市闻名的，他们男女运动员实力也比较均衡。尤其有个叫周伊多的女生是我在体工队一起训练的队友，她在成都市同级别女单选手中是数一数二的水平，而且，他们通过前面场次的观察识破了我们的战术，知道我们想通过男单和混双得分，也知道我们女生的实力很弱，即便他们的女二也可以横扫我们的女一，更何况是我们的女二，所以他们没派女一打单打，而是让女一打混双，加强混双的力量。面对他们这样的安排，我们除了拼尽全力，也是无计可施了。

不出所料，我们和石室天府小学的前两场比赛打成了1∶1。终极对决的混双比赛就要开始了，我的搭档陈姝伊信心不足，她有些胆怯，竟然不敢走上赛场。她喃喃细语地对我说："我们的对手好强啊，我的腿都有些软了……"虽然我也没有必胜的把握，但是为了让搭档增强信心，我拍着胸脯和她开玩笑说："没关系，你只要站上球场，剩下的都交给我了。对面的周伊多根本不是我对手，我经常打得她满地找牙。"陈姝伊听后"扑哧"一声笑了，她放松下来，蹦蹦跳跳地跑上了赛场，坚定地站在我旁边，和我一起勇敢地迎战对手，我们的队友则在场外聚精会神地凝视着我们。当我们打出一记记好球的时候，他们为我们鼓掌庆祝，欢呼声响彻云霄；当我们发挥不好的时候，他们不停鼓励我们，为我们加油的声音此起彼伏。最后，经过艰苦拼搏和团结合作，我们学校荣获了成都市中小学网球比赛第五名、团体二等奖，我个人获得了"体育风尚奖"。

在这个金桂飘香的秋季，我们不仅收获了丹桂的醇香、胜利的果实，还收获了友爱的芬芳。

教师点评：

流畅生动的语句，好像庐山瀑布，飞流直下，一气呵成。文章有张有弛，叙述比赛的部分，语言平实柔和，流畅连贯，老师仿佛也和你们一起参加了一场精心布局、激动人心的网球比赛。你安慰队友的部分，语言生动幽默，感情细腻真挚，老师也真切感受到你和队友之间的团结与友善。

友善的力量

成都师范附属小学华润分校三年级 3 班　郑雯心

指导教师　童心艺

友善是一种美好的品质，它不仅能让别人感受到温暖和关爱，也能够激励别人传递同样的友善，让我们的世界变得温暖而幸福。还记得去年学校举行的秋季运动会上，令我最难以忘怀的不是我们班惊艳全场的出场仪式，也不是我们获得的经久不息的掌声，而是让我感受到了友善的力量。

运动会上，我们班参加的第一个项目是"毛毛虫接力大赛"。老师首先把参赛的同学分成了三个小组，每组十人，后一个同学拉着前一个同学的衣摆，然后像毛毛虫一样向前蹲行，行走期间人不能站立起来，也不能放开前面同学的衣摆让"毛毛虫"断裂，第一组最后一个人过接力点后，下一组再继续前行，最快到达终点的班级获胜。这个比赛需要大家紧密配合、相互的信任和团结才能做到整齐划一，步调一致，速度一致，最终快速地到达终点。

虽然比赛之前我们已经练习了很多次，但到比赛的时候，我仍然非常紧张，握着同学衣摆的手都出了汗，不但担心自己的步伐乱了，导致后面队员摔跤，还担心自己速度慢了拖累队伍速度，更担心自己速度不够快影响班级成绩。

比赛时，经过前两组同学的努力，我们班暂时领先，我既激动又紧张。轮到我们组接力向前时，一开始"毛毛虫"顺利向前蹲行，当大家的速度越来越快时，我的鞋带却意外散开了，导致我不小心摔了一跤，我的脸顿时红了起来，紧张得不知所措。我后面的同学第一时间叫停了队伍，同时将我扶了起来。正在我为耽误比赛自责的时候，旁边不停给我们加油呐喊的老师第一时间跑到我的身边："雯雯，没事吧，赶快系鞋带！"接着又安慰鼓励我，"没关系的，我们还有机会，加油！"旁边呐喊助威的同学也大声鼓励说："别灰心，别泄气，我们行的，加油，加油！"这时比赛的队伍里，不知道谁喊了一声："赶快出发！"没有抱怨，没有指责，更没有放弃，随着领队的人"准备，出发！"的口号声再次响起，我们的毛毛虫又快速向前了。大家都异口同声地大声喊着："左、右！左、右！"旁边的老师、同学也大声地喊着"左、右！左、右！"这一刻我们的心里充满了力量，这一刻我们的心紧紧地连在了一起。这时我们的队伍就像一只龙舟，快速地、有力地向前行进着。我第一次感受到了友善的力量，是如此幸福而愉悦。

最终，我们班凭着微弱的优势拿到了第一名的好成绩，这个第一是如此珍贵，如此令人难忘。因为我们不仅收获了荣誉，更获得了珍贵的友情！

教师点评：

培养正确价值观是立德树人的重要内容，是教育的应有之义，小学也是学生价值观形成的重要阶段，因此我们应当于日常的教育之中重视价值观培育。但是道不可坐论，德不能空谈，对于年龄较小的小学生而言，价值观培育应当融入他们所熟悉的学习生活中，价值观才能内化为学生的精神追求，外化为学生的自觉行动。该生的这篇作文用生动的笔触记录了自己在运动会中所感受到的班级所带来的友善与爱。雯雯在集体项目中出现了突发状况，她的内心从担忧到放松再到团结拼搏，这样的转变正是得益于友善的力量。相信将来雯雯也会继续将"友善"之光传递给更多的人！

友善的力量

成都师范附属小学华润分校三年级4班　罗梓艺

指导教师　佘　润

今天，阳光明媚，金灿灿的太阳照耀着大地，我们期盼已久的校运动会终于开幕了。

我们班组织好队伍来到操场，同学们都很兴奋，欢笑声弥漫着整个校园。我们班参加了所有的项目。操场上，同学们有的在做热身活动，有的在比赛，有的在加油呐喊。大家相互鼓励，加油声此起彼伏，到处都洋溢着友好欢快的气氛。

很快，到迎面接力赛了。这是我们班的优势项目，既紧张又刺激。大家情绪高涨，都认为冠军非我们莫属。果然，比赛开始后我们班就遥遥领先，加油声一浪高过一浪，大家都提前沉浸在胜利的喜悦中。可当明上场后情况风云突变，一开始他就掉了接力棒，我心里咯噔一下，口里念念有词："糟了，他怎么这么笨啊！"等他捡起来时第二名超过了他，只见他涨红了脸，拼命向前冲，没想到脚底一滑，又摔了一跤。"完了完了！"我急得跺脚，恨不得自己冲上去替他完成比赛，同学们也像炸开了锅一样，埋怨声、指责声一片……等他站起来时，第三、四、五名都超过了他，但他依然冲向终点。

明垂头丧气地走过来，看着他眼角的泪痕，我心里一动，想到平时老师教导我们的"同学之间要学会换位思考，相互包容，相互理解，要友善团结"的话语，于是拍拍他的肩，大声地对明说："明，你已经努力了，你也想取得更好的成绩。"明的眼眶更红了。这时，杰紧紧拥抱着他。同学们渐渐意识到了刚才的不对，大家都纷纷过来拥抱着明，明再一次落泪了。同学们友善的举动深深地触动了明，从那以后我经常在校园里看到他和小伙伴们跑步的身影。

友善是一种态度，能让人相互理解，相互尊重。友善也是一种情感，能让我们更团结。友善更是一种力量，能帮助我们克服困难，达成目标。

教师点评：

"友善"即友好和睦。在社会主义核心价值观中，"友善"是公民维系良好人际关系和社会关系的基本道德规范。一个人多做善行善举，便有了丰盈的人生；一个班级积聚起正能量，便充满了温暖和力量。小作者留心生活，从一次运动会的迎面接力赛中，深深感悟了友善的力量。友善，是主动伸出援手，或是需要安慰时，投来的一个微笑、一个拥抱、一声问候。友善，是不经意间一句鼓励的话语。陪伴与支持，能够让人走出阴霾，重拾自信。友善，是"己所不欲，勿施于人"，自己不愿意的事也不要强加于他人，将心比心，方得人心。友善，是没有偏见，给予他人足够的包容与理解，消除隔阂，让彼此的心靠得更近。我们将无数的"友善"

串在一起，就好似我们的心紧紧依偎在一起，这条彩色的链子有多长，我们的善意就能走多远。当我们把友善的价值观融入生活与学习，行友善之事，做友善之人，我们的世界也会随之变得更加美好。

第二节　关于社会主义核心价值观的教育故事

立德树人　与"心"互动

成都师范附属小学华润分校　佘　润

"富强、民主、文明、和谐，从中国到世界，自由、平等、公正、法治，越长久越坚持。爱国、敬业、诚信、友善，生长在我们心灵，生长在我们心灵……"下课时，教室里总能传出悦耳的歌声。有时我故作疑惑的样子，向他们请教。他们自豪地说："佘老师，这是《世纪的约定》，你给我们介绍的社会主义核心价值观，就在里面呢。如果现在再来比赛记忆社会主义核心价值观，我们全班都没问题。"孩子们说的比赛是我们在学习社会主义核心价值观过程中，为了帮助孩子们理解、感悟，我们设计了各种活动来学习，包括价值观动画诠释、说文解字（从汉字的演变说起，由甲骨文、金文等孩子们感兴趣的点来理解价值观的含义）、游戏记忆等等。在立德树人的过程中，我们秉承"润物细无声"的循序渐进理念，在阳光校园里，常常与孩子们进行"心"互动。

还记得，第一次和孩子们交流，我们这一个半月重点学习的社会主义核心价值观是友善，话音刚落，善于举一反三的姿含说："友表示友好，善表示善待他人。"真了不起。看来我们前面学习时用到的理解词语方法，她已经掌握了。接着，我又和孩子们分享了"友""善"是怎么来的。"友"指朋友，如同两个人伸出的两只手，表示以手相助。善字又怎么理解呢？"善"的羊字头，表示"吉祥"。善字上的两点表示眼睛，代表眼神安详温和，正所谓"慈眉善目"。善字本义指神态安详，言语亲和。在新华字典中"友善"指朋友之间亲近和善。通过交流，孩子们对"友善"一词已经有了初步的了解。每学习一个社会主义核心价值观，我们都会请孩子们找一个具有这个品格的动物作为品格小精灵。有的孩子说，家里的小狗很友善，对于主人总是很热情，可以作为小精灵；有的孩子说，可以选金鱼，金鱼很温和，如果有谁打扰它，它也就是很快悄悄地游走；有的孩子提出，海豚外形友善，喜欢助人，可以成为友善小精灵……看着孩子们你一言我一语地表达，我仿佛看到了孩子们平日仔细观察小动物，和动物做朋友的身影。在寻找表达的过程中，孩子们对于友善的理解更进一步了……就这样，我们拉开了友善品格学习的序幕。后来我们还渐渐了解了友善行为目标，同学们结合平时的学习生活畅谈自己对于友善的看法，分小组编排关于友善的小故事……友善的种子一点点种进了他们的心田。

一天清晨，我抱着一大堆作业，快步走向教室做课前准备。虽说抱作业这些对于老师纯属"基本功"，但对于我还是个不小的考验。我正使出全身劲快步走向教室时，一位笑脸盈盈的女孩走到我身旁，拍拍我的肩，大声说："佘老师，我来帮帮你。"说着，她抱着我手上的一沓作业本走进了教室。我紧随其后走进教室，非常感谢她的帮忙。她潇洒地手一挥："佘老师，我妈妈常说我是女汉子呢，我在家也经常做事情。"哈哈，可爱的女孩！我开始为课前准备忙碌起来，一会儿，她又有些腼腆地来小声告诉我："佘老师，不用谢，我们不是在学友善吗，主动帮助别人，也是友善啊！"我不禁为她竖起了大拇指。她平时有些爱和同学发生"摩擦"，发生"摩擦"时，总是一脸"得理不饶人"的神情。此时此刻仿佛变了一个人，看来友善的力量真不小啊！

我们要继续发挥友善的力量。中午的午会时，我很开心地说道："同学们，今天佘老师发现有一位同学特别美。你知道是谁吗？"话音刚落，我看到孩子们面面相觑，过了会，又开始相互寻找，你看看我，我看看你，仿佛要找出今天自己觉得特别美的同学。我提高嗓门，大声说："这位特别美的同学是小星。""不会吧，我觉得她和平时没有什么不同，也没穿好看的衣服啊。"我听到第一排的小为小声嘀咕。"她今天看到老师抱着一大沓作业本到教室，主动地帮助老师，她美不美？"教室里响起了雷鸣般的掌声。小聪举手说："老师，我建议，可以奖励她一个友善品格章。"哈，和我想到一块了。后来，我们专门设立了一个"最美时间"，同学们可以谈谈自己今天的最美行为，还可以推荐同学的最美行动……这些美好的瞬间都一一记录在我们的班级记录册《最美印记》里。渐渐地，我们班也越来越美了，同学间的矛盾越来越少了，即使发生了，其他同学也积极帮着解决，过一会儿，大家又言和了；同学的本子没找到，不需要老师组织，大家已经开始热心地寻找……

友爱于心，善行于微。潜移默化中，孩子们成为友善的践行者，友善的行动者，友善的使者。

"教育是一棵树摇动另一棵树，一朵云推动另一朵云，一个灵魂唤醒另一个灵魂"。所以教育应是一场温暖的心灵之旅——用心灵唤醒心灵。孩子们的价值观教育中，更需要教育者如春风细雨般慢慢氤氲心灵、丰富生命、滋养心田，与"心"互动。

心中有责任
——价值观教育故事

成都师范附属小学华润分校　李佳芮

在繁忙的校园里，每一个角落都充满了青春的活力和蓬勃的朝气。我们的班级也是一个友爱、和谐、团结的集体。班级的管理非常民主，每一个孩子都有机会参与，每一位孩子也都是"决策者"，孩子们能充分发挥主观能动性。当然作为班主任，我也必须要给孩子树立正确的价值观。在孩子们担任老师小助手、第一次竞选班干部时就特别说明担任班干部要有责任感，要服务班级和同学，而不是当上"官"就觉得很骄傲很威风。所以孩子们在自己的岗位上非常谦虚认真，都积极踏实地做事。

小林是班级的班长，是老师们的"得力干将"。每天她总是认认真真先把自己的作业完成，还主动帮助同学们解决学习上的困难，推动班级学习氛围的营造。得空时，她还主动找我，询问有什么需要帮助，真的是老师的贴心小棉袄。当然对于孩子来说，奖励和表扬是对他们最大的认可和肯定，让孩子保持热情、树立正确的价值观也要及时给予他们表扬，对待任何一位孩子都是如此。正向的强化会帮孩子辨别可以做什么，并且在长久持续的激励中形成正确的思想和价值观。因此她总是以饱满的热情和认真负责的态度去对待每一项工作，用实际行动诠释着敬业的精神。

除此之外，我还鼓励小林在自己学有余力的情况下，尝试组织班级的各项活动。后来，无论是组织运动会、庆祝节日还是筹备班级节目，她总是冲锋在前，任劳任怨。在她的带动下，班级的氛围越来越融洽，同学们之间的关系也越来越紧密。所以要给孩子锻炼的机会，要相信孩子。

在不断地尝试中，小林逐渐清楚自己作为班长的责任与担当。她用实际行动诠释了什么是敬业，什么是责任。在她的带领下，我们的班级变得更加团结、和谐，充满活力。

令人动容的"平凡"力量

成都师范附属小学华润分校　罗域菀

在学科教育教学中融入社会主义核心价值观，是学校育人的重要途径。小学语文课程标准明确指出，应该重视语文课程对学生思想情感的熏陶感染作用，注意课程内容的价值取向，要继承和发扬中华优秀传统文化和革命传统，体现社会主义核心价值体系的引领作用。小学语文作为学生学习的基础学科，肩负着培养学生正确的社会主义核心价值观的重任。

六年级上册第四单元主要围绕"人性的光辉"这个专题进行编排，课文选取了中外作家各具特色的三篇小说——《桥》《穷人》和《金色的鱼钩》。这些小说都以现实生活为题材，刻画了普通人物在困境时所闪现的人性光辉，内容生动感人。在备课之初，这个主题便深深地触动了我。不仅因为小说本身这样一种体裁形式的趣味性、情节性，更是因为这个单元的主题和内容具有德育价值，非常适合向学生进行社会主义核心价值观培养。

　　小说里、生活中，处处都有令人动容的"平凡"力量。《桥》是第四单元的开篇第一课。作家谈歌在这篇微型小说中，写了一个受全村人拥戴的老支书，在山洪暴发、村民惊醒，乱哄哄地涌向一座窄窄的木桥时，临危不乱，处变不惊，果断地组织人们有序过桥。在过桥时，他不仅先己后人，让群众先行、党员在后，还大公无私、不徇私情，揪出了混在队伍里的亲生儿子。最后，父子双双被洪水吞没。小说篇幅短小，仅数百字；情节跌宕，直到最后才揭示老汉和小伙子的父子关系。

　　在课堂之初，我便引出本节课的学习情境：小说里、生活中，处处都有令人动容的"平凡"力量。开展凡人不凡故事会，叙说普通人的故事，唤醒内心的真善美，做一个有温度的人。孩子们通过第一节课的初步学习，了解到了这样一篇微型小说，全文 634 个字，27 个自然段，最短的一段才仅仅 7 个字，却为我们塑造了一个如此鲜明的人物，那就是——老汉。一篇读罢，令人感喟。

　　这让孩子们不禁都想到了学习过的课文，比如托尔斯泰的《跳水》，雨果的《诺曼底号遇难记》。文中都是在生死攸关的时刻，有一位冷静、智慧、充满大义的主人公挺身而出，拯救一群人或者一个人，让我们看到了人性的光辉，也正是有这样一些人，才让人类文明得到延续。可以说，这类文本的学习，让我们对世界充满希望，对人性充满希望。孩子们对于本篇课文的学习，一下子在情感方面有了联结之处。

　　不过在本单元中，学生在阅读文本时，不仅要注意人物的语言、动作、神态等细节，而且要注意情节和环境的变化，从不同角度感受人物的丰富立体感。

　　在第一个课堂活动中，我们便聚焦环境描写，让学生快速找到环境描写的句子。引导他们感受环境的变化，及对营造氛围的作用。"黎明的时候，雨突然大了。像泼。像倒。""山洪咆哮着，像一群受惊的野马，从山谷里狂奔而来，势不可当。"开篇两个自然段，短短 39 个字，就把我们带到那个可怕的情境中。随后，又有四次写到洪水："近一米高的洪水已经在路面上跳舞了。""死亡在洪水的狞笑声中逼近。""水渐渐蹿上来，放肆地舔着人们的腰。""水，爬上了老汉的胸膛。"

　　孩子们随着文字发现，情况越来越危急，村民受到的威胁越来越大，生存的机会越来越小……他们仿佛也身临其境，被带入进这样一种危机的情境当中，朗读的声音也越来越紧张。

环境不断在变化，而小说的情节也随之跌宕起伏。我们一起梳理了《桥》这一课的情节鱼骨图，上骨所写，均为环境；下骨所及，均系情节。而联结环境和情节的，便是人物——小说以塑造人物为要。人物的活动，情节的推进，无不在环境中。

这样危急的情况下，你会怎么做？这个问题我直接抛给了学生。学生一下子有一点懵，但随后坦诚地说出了自己可能的抉择，他可能会像文中的村民一样惊慌跑掉。其实这也可能是大部分人的抉择。

此时，我再提问：老支书是怎么做的？在这样的情况下，将人物的活动置于种种的环境中加以审视，学生的内心才会更加深刻地感受到老支书做出这样抉择背后的精神信念。

有人说老汉在洪水中经历了一次又一次抉择，他的每一次抉择都影响着人物的命运。他的内心会想些什么？于是第二个重要的课堂活动便是学生通过小组合作学习，寻找矛盾冲突，还原人物内心，读懂老汉的抉择，品味人物的形象。

故事情节中的矛盾冲突是小说的灵魂。设置"矛盾冲突识人物"这一活动环节，让学生聚焦四次矛盾冲突，感受矛盾冲突震撼人心的艺术魅力，进一步落实语文要素。

学生在互动讨论的时候非常积极，从不同的身体姿势，呈现出不自觉的本能表达。这样一种体验，也都是积极价值观生长的源泉。汇报时，几个小组分别理清了小说的四次冲突，在我的引导下，抓住老支书的动作、语言、神态描写，从党员和父亲两个角度，感受老支书的形象。

环境、情节集中指向对"人"的认识。小说说白了就是在写人，情节、环境都是为了在读者心中立人。以此为主线来贯穿文章，合理组织教学，就会潜移默化地融入社会主义核心价值观的教育。《桥》这篇微型小说就是利用环境描写、情节设计为我们塑造了一个忠于职守、以身作则、一心为民、临危不乱、不徇私情、深爱孩子的老支书形象。

课堂的最后，我再引用作家谈歌对这位老支书的评价：神圣、伟大。究竟是什么样的原则才够得上神圣？什么样的人格才能称得上伟大？请学生齐读：也许正是那种群体利益至上的原则，把他人的生命凌驾于自己之上的人格，才能触及"神圣"和"伟大"吧！孩子们读到这里时，声音比以往的课堂上更加充满了张力，老汉在危难时刻的英雄壮举、始终把群众利益放在首位的坚定信念和大公无私、舍己为人的崇高精神深深地打动了每一个学生的心。我相信他们的内心一定涌动着一种坚定的情感和信念。

这节课结束后，其实还发生了一个小插曲。有学生主动围在我身边提了一个问题：文中的老汉为什么连个名字都没有？甚至连个姓也没有留下？我没立即选择解答，而是随机让旁边的另外一位学生进行回答。他说：因为，老汉在这里是一个缩影，他是千千万万优秀共产党员的一个代表！周围的学生立即给他竖起大拇指点赞，而我的内心也被学生的回答触动。

是呀，"老汉"就是一座桥，一座让人民群众通往生命的桥，一座将党同人民群众紧紧拴在一起的连心桥！正是因为有了这样的共产党员，人民群众才热爱共产党，才这样拥护共产党，才无限信任共产党。在课前的他们也许不能够真切地领悟，但这节课后，价值观教育静静流淌、自然生成，对于学生的培育和养成起到润物有声的积极效果。

小说来源于生活。走出《桥》，走进生活——依然会遇到那位"老汉"。无论是在曾经的汶川地震、南方洪水，还是当灾害来临时，我们会看到平凡却神圣的灵魂，那是"人"应有的模样！

其实教材中还有很多这样具有代表性的人物，其言谈举止能对学生起到感染、熏陶作用。我们教师要善于挖掘，在引导学生感悟人物优秀品质的同时，进行价值观教育，让学生体会到榜样的力量，进而完善自我。

赏识，激起向上的力量

成都师范附属小学华润分校　张安全

赏识，如细细的春雨，滋润着学生；赏识，如灿烂的阳光，照耀着学生；赏识，如明亮的路灯，指引着学生。赏识给他们无穷力量，让他们蓬勃发展，做最好的自己。

九月，校园里的银杏叶微微泛黄时，我一接手二年级二班，便积极了解班级情况。经过一段时间的观察，一位叫李俊的男生引起了我的注意。他长得眉清目秀，壮壮实实，却很调皮：不守课堂纪律，转来转去，随意说笑话，引起大家注意；作业马马虎虎，有时甚至不做；与同学玩，不守规则，比较蛮横，闹矛盾时爱吵闹，还挺凶，常指责别人，掩饰自己的错误；不收拾物品，不讲卫生。老师教育他时，他还满不在乎，转身就忘了老师的叮嘱。同学们不喜欢他，任课老师也觉得很头疼。

遇到这样顽皮的孩子，怎么办？当然，首先是接纳孩子，再去了解出现这些行为背后的原因，才能真正去引导。

于是，我向任课老师了解李俊课堂的表现，请他们分析原因、提出对策；巧妙地向孩子们了解李俊与同学相处的情况，从孩子的视角找原因。同时，我也在继续悄悄观察孩子的表现。除了上述情况，我还发现，其实李俊比较单纯。他很喜欢银杏树，常常望着银杏树入神。我心里似乎有底了，约莫知道孩子的症结在哪里了。

孩子是家庭的缩影，首先得与家长进行深入交流。紧接着，我与李俊的家长进行联系，我们坐在操场边的银杏树下的石凳子上交流。原来，该家庭是再婚家庭。妈妈全职带孩子，却没有恰当的方法管教孩子，更多的是简单的打骂；爸爸比较宠孩子，长期在外面做生意，没有时间管理孩子，还常常埋怨妈妈没有管好孩子。他们的意见常有分歧，尤其在管理孩子方面，为此互相指责，经常争吵。他们希望孩子转变，为孩子的调皮伤透脑筋，想尽办法，却不见成效。找到症结，解决的办法就有了。我把孩子在学校表现告诉了家长，并给他们指出："谢谢你们真诚的交流，孩子和我们一样，都希望变得优秀！但是，孩子这些行为的背后，有家庭的原因。孩子从小就会模仿家长的言行，潜移默化受到影响。要想改变孩子，就得从改变家长自己开始……"孩子的爸爸妈妈当即表示，要以孩子为重，愿意从自己做起，与老师配合，多鼓励孩子，让他有自信，有动力去改变自己。

可是，从什么地方入手去引导孩子呢？我一直在苦苦寻找着教育的契机。金秋十月的年级篮球比赛场上，我终于找到了机会——一个极好的突破口。

那天，在高大的银杏树下，我们班与四班进行篮球比赛，球场上你争我夺，竞争激烈。我们班的啦啦队也是相当卖力。李俊就是一名极为尽职的啦啦队员。只见他跳起来，挥舞着旗帜，为班级呐喊助威，小脸红彤彤的。不料，上学期夺冠的我们却输给了四班。李俊顿时竟然伤心地哭了起来，集合时还靠着银杏树抹泪水。我大为吃惊，但更多的是惊喜，原来他内心是积极向上的，也有集体荣誉感，是一个有情感的男孩！

我轻轻拉着他的手，一边给他擦眼泪，一边高兴地对他说："孩子，你的心里装着集体，希望我们班胜利，多了不起啊！老师很欣赏你！"他抬头看了我一眼，又看了一眼银杏树，我指着半绿半黄的银杏叶说："天气渐凉，但是银杏叶不怕冷，反而变得更美了。比赛输了，我们都很难过，但是我们好好总结，不怕失败，继续加强训练，争取下一场胜利！就像美丽的银杏叶，好吗？"他用手背擦擦眼泪，朝我点点头。我们一起走，一起讨论，怎么样才能进球。他滔滔不绝，好像从来没有那么兴奋过。球场边的银杏树正哗啦啦地随风欢唱。

在接下来的篮球比赛总结会上，我讲述了李俊的故事，大力表扬李俊的爱班之心，还让他说说取胜的建议。他鼓足勇气说出了自己的想法，同学们很诧异，似乎不敢相信，一贯捣乱的他居然有这般集体荣誉感，有这样的好方法。此时，我不禁带头鼓掌，孩子们也为他鼓起掌来。他觉得很不好意思，憨憨地笑了一下，小脸红扑扑的。我知道，他的内心肯定有所触动。我把这件事，及时告诉了他的爸爸妈妈，要看到他积极阳光的一面，大力夸赞。家长听了很高兴，也很欣慰。努力放大孩子的闪光点，才好照亮他前进的路！

从那以后，我总给他创造表现的机会，让他在同学们心里的积极形象更多起来，让大家接受他。上课时，只要他一举手，就尽量抽他回答，及时表扬；下课了，就让他帮我拿教具，送回办公室。慢慢地，他的自信更多了，课堂安静了，作业也能主动做了，对我更亲近了。他对同学也多了一份耐心，同学也渐渐地接纳了他。

金黄的银杏叶开始飘落时，年级组需要各班带几盆花来布置平台。大家争先恐后，尤其李俊特别积极，主动争取带花来。我担心他一时忘记，就悄悄联系他爸爸，肯定孩子的热心，希望他协助孩子准备好一盆花。第二天，他兴高采烈地提来了一盆花，花盆边还贴着黄澄澄的银杏叶做装饰。多用心的孩子，多爱美的孩子！我开心地笑了，当着全班同学的面，夸奖他是个男子汉，说到做到。他的那份自豪感洋溢在脸上，犹如盛开的花儿，兴奋了好一阵子。中午，他还代表班级去平台种花。回到教室，他自豪地告诉我："张老师，科学老师夸我不怕脏，很能干呢！"任课老师关注着他，鼓励着他，给了他力量！

是的，孩子正从淘气的局面里走出来。正面的引导，反复的表扬，多次的强化，孩子的不良行为就越来越少了。即使与同学发生矛盾时，他也没有原来的蛮横不讲理，能耐心听取别人的讲述，认识到自己的错误，主动道歉。他的内心，多了是非的观念，多了正义的力量。经常跟他玩耍的个别调皮娃，也收敛了很多，他经常劝告他们守纪律呢。

找到自我的李俊，在作业方面，也主动认真完成了，很少拖拉。有一次课堂上，同学都在写作业，我瞟了一眼他。他非常专注，还不时悄悄蒙住作业，生怕别人发现似的。过了一会儿，他兴冲冲地走过来，双手背在身后，神秘地说："张老师，我要给您一个惊喜！""什么？惊喜！"我的心"扑通扑通"地跳了起来。只见他从背后拿出本子，啊，本子上的字一笔一画都很工整，那是用心用情在写啊！他居然在作业本的右下角，还画了一片金黄的银杏叶，让作业更美了。我被深深地打动了，激动地说："孩子，谢谢你的礼物！这是今天我最大的惊喜了，我要收藏起来！"我把他的作业投影出来，同学们投来羡慕的眼神。他眼里闪着光，很快乐，很满足。我顺势告诉他，也把这份惊喜送给爸爸妈妈吧。他开心地点点头。当天，家长反馈他们看到作业也很感动，亲眼看到孩子一点一滴的可喜变化，很感激老师的付出。

深冬，银杏树只剩下光秃秃的树干，而教室里的绿萝却绿油油的。散学典礼后，李俊主动要求把教室里的绿萝带回家照顾。课堂上，他禁不住诚恳地连说两遍："张老师，放假我会想您的，会养好绿萝的！不信，咱们拉钩！不信，咱们拉钩！"于是，大手与小手紧紧地勾在一起，那份信任，那份快乐，那份欣慰，难以言表！他把绿萝带回了家，他的妈妈给我微信留言："张老师，孩子说最喜欢您了，真心感谢张老师的悉心教导！另外，他带回来的绿萝，我会协助他照顾，他还给旁边阳台笼子里的兔子说，叫兔子不要吃它……"

春天到了，窗外的银杏树萌出绿芽，又开学了，李俊兴致勃勃来到学校，如约捧回了那盆泛着光泽的绿萝——更加茂盛，更加翠绿！

赏识，多么神奇，唤醒孩子沉睡的自信，激起孩子向上的力量，孩子就会充满干劲，奋发图强，快乐地行走在成长之路上！

在低段学生的心中构筑诚信之桥

成都师范附属小学华润分校　　周靖梅

诚信教育要从小事抓起，抓点滴，才能见微知著，正所谓"教育无小事，事事皆育人"。在我们的小学教材中有很多故事都非常贴近学生的生活，是孩子们喜闻乐见的。我们可以利用这些素材，通过多种形式去对学生进行诚信教育，同时，用学生身边的鲜活事例来进行教育，以产生"亲近感"，这样会收到事半功倍的效果，让低年级的小朋友领悟到什么是诚信，如何做到诚信。

在进行诚信教育时，我们也要根据班级情况、学生年龄特点，在教育内容上体现教育目标的递进性。针对一年级的孩子，主要以"不说谎话""不随便拿别人的东西""借东西、捡东西要还"为主，引导学生谨慎使用"偷"这个词语。一年级部分小朋友对自己物品的辨识能力还不够。如班上有一位小朋友，时常认为捡到的东西就是自己的，班级同学时常在那位同学那儿发现自己的物品，并常跑来说："××又偷东西了。"我多次尝试与这位同学沟通，给他讲什么是诚信，如何去做一位讲诚信的好孩子，但这位同学较为内向不爱说话，且对于他来说理解这些道理较为困难。有一次，我刚好在班级捡到了一位同学的物品，我在班里大声询问是哪位小朋友的。刚好就是这位同学的，我看见他站在原地犹豫了很久才来找我说是他的，而他来认领自己物品时也主动对我说了："谢谢。"刚好借此机会，我问他："周老师捡到了你的东西，那这个东西现在是周老师的吗？"他想了一会对着我摇了摇头，我也面带微笑地对他说："××懂得思考问题，是个很棒的小朋友，周老师希望以后你捡到别人的东西，也能像周老师一样还给小朋友。"借此事例，我也在班上告诉了小朋友们，捡到东西要及时归还，不知道是谁的，可以交给老师或交到大队部去。之后有一次，他在操场上捡到物品，主动来交给我，我及时当着全班同学表扬了他，说："××这学期进步很明显，学会了正确地区分是不是自己的物品，而且捡到了不属于自己的物品能及时地交给周老师，周老师要表扬他。"我边说的时候，边观察他的表现，看着他自信地抬起头，脸上浮现笑容时，我知道，他明白了什么是诚信，明白了今后该怎么做。趁热打铁，我给了他一个兑换奖章。之后，他无论捡到什么，都会第一时间交到我的手里。

通过这件事，我也在思考，在引导学生行为时，要从大处着眼，小处入手，从远处着眼，近处入手。同时，在进行诚信教育的过程中，要针对学生在道德实践中的错误认识和行为，有的放矢地进行教育。如有些学生认为做错事情的时候，自己能够主动承认是诚实的表现，帮别人隐瞒错误则是讲义气的表现。我们在教育时要深挖产生这种错误认识的根源，利用学生熟悉的事例，使学生知道什么是真正的讲义气，而他们所认识到的义气，所表现出来的行为，是隐瞒别人的错误，是袒护，是包庇，是最不讲义气的。刚好一年级下册《语文》中第二次学习口语交际的主题即为"请你帮个忙"，其中，我们也特别向孩子们强调了有些忙是不能帮的，要学会区分什么忙可以帮，什么忙不能帮。在上完这一课的内容后，我们也要及时进行教育引导，结合课文教学、典型事例，辨析讨论，让学生明确什么该做，什么不该做，真正让"诚信"成为每位同学的行为准则。

诚信教育是小学生思想道德建设的内容之一，是提高小学生思想道德素质的重要途径，而诚信教育也是一项长期而艰巨的任务，需要我们长期的坚持与努力。我们每位老师都应该立足于学生实际，结合身边的点滴事例，不失时机地对学生进行潜移默化的教育。我相信，只要我们用心去做，一定能够在学生的心中构筑起诚信之桥，树立正确的价值观，培养出具有诚信品质的学生。

行动积淀丰盈　梦想成就未来

成都师范附属小学华润分校教师　张　悦

　　少年儿童是祖国的未来，是中华民族的希望，也是党的未来，党和人民的事业需要薪火相传。

　　在学校"华枝春满，润物无声"的办学理念下，我始终秉持把少先队队员们培养成为"赤诚、阳光、丰盈"的队员的理念，希望他们都能"做最好的自己"，化作一只只羽翼丰满的雏鹰飞离校园。

榜样如炬，照亮前路

　　红色，是少年儿童记忆里最初的颜色，也是最深刻的颜色。红色，是追求进步的见证，是发扬少年志气的印记。

　　作为新时代的少先队员，要坚定这最初的红色信仰，传承红色基因，汲取红色力量。

　　10 月 13 日，队旗飘扬，星星火炬闪耀金光。操场上队歌嘹亮，正唱着队员们心中不变的梦想。胸前飘扬的红领巾，是时代的号角在召唤。

　　光荣的使命，责无旁贷。

　　中队队员们在建队日前，小队里，中队中，反复重温"少先队队员六知六会"，不仅要会自己正确佩戴红领巾，还要一遍遍练习如何给新队员系上红领巾。队员们走进了二（3）中队，通过一对一结对子，教会新队员唱队歌、敬队礼、呼号等。

　　队员们都知道：红领巾是国旗的一角，是用烈士们的鲜血染红的。站在操场上，队员们身姿笔挺，神情专注地为新队员戴上红领巾，新队员喜滋滋地摸着红领巾，这就是光荣、使命与职责的赓续。

　　此刻，老队员与新队员一起，并肩站在队旗前，怀着崇高的敬意，共同重温入队誓词。誓词是行动指南，队员们要时刻牢记热爱中国共产党，热爱祖国，热爱人民，为全面建成社会主义现代化强国时刻准备着！

致敬榜样，续写荣光

巍巍华夏五千年，千难万险皆云烟。中华民族从文明中走来，亦在文明中强大。如今，时代的号角已吹响，队员们要致敬榜样，传承先辈之志，续写无限荣光。

百年前，鲁迅先生对青年说："你们所多的是生力，遇见深林，可以辟成平地的，遇见旷野，可以栽种树木的，遇见沙漠，可以开掘井泉的。"队员们通过学习"红领巾爱学习""晞光姐姐课堂"，仿佛看到了历史的漫漫画卷，冲刷了无数记忆；战火熊熊，湮没了无数的生命。沧海桑田，时光如梭，英雄的生命已定格，英雄渐行渐远，精神永存。

知所从来，思所将往。队员们积极参与到了志愿服务一年级新同学的活动中。清晨，能看到手举班牌的队员们，穿梭在走廊，奔波于校门口和教室间，他们准确无误地将新同学们送到教室，还耐心细致地告诉他们行走的最佳路线；午餐时间到了，队员们准时出现在了分餐点，有序地为新同学打餐，嘴上还不忘叮嘱要不挑食、均衡营养；课间休息时，能看到队员们，耐心提醒新同学安全游戏……

纵然时代日新月异，但无论何时，无论何地，爱在复苏，爱在萌芽。

不忘初心，少年闪亮

金桂飘香，在华润里仁街，穿越时空隧道，华润市集又开市了，队员们迫不及待地开启了一段新的大商之旅。热闹的市井，各色琳琅商品，队员们化身摊主、市场管理人员、博物馆解说员、顾客……在体验区，队员们大胆尝试；在购买区，队员们尽情享受公平交易的乐趣；在钱币博物馆，队员们树立了正确的金钱观。队员们在真实情景中，体验传统文化，融会大商之道，涵养廉洁品质。

少年强，则国强。少年有爱，则国有爱。

菊花黄，又重阳。队员们在整理各小队在"华润市集"的收支时，有些小队商品价廉物美，宣传营销到位，最终盈利颇丰。怎样让市集之旅更有意义？队员们想到了走进养老院，慰问孤寡老人。队员们在慰问前，多角度、深入地了解了老人们的需求，然后为老人们采购了丰富的生活用品，把温暖与爱带到了老人们的身边。

行动吧，争做好少年，行大爱者方能坐拥鸟语花香的美丽世界。追寻信仰之光，矢志不渝守初心。

向阳花开，一路芬芳

萤火微光，愿为其芒。队员们拥有梦想，曾仰望星空，见神舟飞天；曾俯视大洋，见蛟龙探海。

在伟大祖国的光芒照耀下，队员们争做新时代好少年。

是花，就要尽情绽放。是树，就要挺拔生长。是小溪，就要奔向远方……

归还没收物品

成都师范附属小学华润分校　廖腊梅

俗语说"以理服人，以情动人"。数学教师与学生在教与学的互动中也伴随着情感交流和对学生核心价值观的引领。下面我要讲的情感小故事是发生在小七班一年级下学期的三个"没收物品"事件。

小七班的孩子经历了一年级上学期的入学适应期，到了一年级下学期，大部分孩子的数学课堂学习有了良好的习惯。但毕竟只有六七岁，班上还是有一小部分孩子课堂学习注意力不够持久，自控力弱，上着上着课，不知不觉就去干其他的事情了，学习上遇到困难，不知道怎样积极应对，而是动些歪脑筋。作为数学老师的我，在引领他们学习数学的同时，也关注他们的情感和价值观，尽我所能让成长的小树苗及时归正。

小然是一个体弱多病的孩子，开学时并没有按时返校，因为她生病了。"五一"过后，小然回到了学校，数学已经从20以内退位减法学到了100以内的加减法。小然生性腼腆，不爱说话。我通过课堂观察和全班的口算练习，发现她的计算很吃力。利用课余时间，我给她补习了20以内退位减法的计算方法，并鼓励她要背熟减法表。时间在流逝，孩子们非常认真地学习着，都想在每次的计算练习中全对。一天延时服务课时，我正在批改作业，发现下面有几个学生围着小然在说些什么。我正打算走过去，一个男生奔向我，喊道："老师老师，快去看，小然在用计算器做口算。"我立刻走到小然身边，只见她默不作声，双手紧握着一个计算器。"小小年纪，怎么就这样？"我心里正打着鼓，"先批评教育，再请她把计算器收起来，带回家交给家长保管。"我盘算着处理办法。"哎呀呀，你怎么不自己算啊？""用计算器算，这就是不劳而获！"我身边的孩子七嘴八舌地议论着。"小然，你觉得大家的话有道理吗？"小然点了一下头。"100以内的进位加法你会吗？"小然接着点头，"退位减法呢？"小然又点了一下头。"既然会，为什么不自己算呢？"小然终于开口了："我算得太慢了。""计算需要熟能生巧，慢慢会快起来的。"和小然对话之后，我改变了我的处理方法，我当着孩子们的面，没收了小然的计算器，并承诺到期末还给她。

乐乐是一个喜欢思考的孩子，她一直觉得自己的数学很棒，时不时会有一些小骄傲。一天数学课，学习认识平面图形，大家都用自己带的立体图形在纸上印着描出了三角形、长方形、正方形和圆，乐乐描得很好，我请她上台进行了展示。大家接着上课，我发现回座位后的乐乐一直埋着头，通过细致观察，我发现她在用剪刀剪纸。"乐乐，你在干什么？"听见我的询问，乐乐立刻抬起头，把剪刀塞进了课桌里面。我们接着上课。突然，乐乐后面的同学举手了，"老师，乐乐还在剪纸，还给我看她剪的图案。"这个乐乐，真的是不严要求，不行啊。我当即没收了她的小剪刀。

小瑛是一个非常喜欢阅读的孩子。她经常会把自己读到的故事和大家分享。为了提高她对数学的兴趣，我也会给她推荐数学读物，前提是她不能上正课的时候看。毕竟是孩子，自制力有限。有一天我正在给大家讲"填数游戏（数独）"，小瑛却在课桌上摆了一本《马小跳玩数学》。当然，我讲的思路，她一个也没有听进去。"小瑛，这道题你原来做错了，现在会了吗？"我冷不丁地问她。小瑛起立，满脸通红："老师，我错了，我又没有管好自己。"旁边同学把她的《马小跳玩数学》交到了我的手上。

时间在流淌着。到了六月底，孩子们结束了这一学期的学习任务。七月一日，他们参加完散学典礼，领到暑期作业，就放假了。我在办公室找到贴了标签的三样没收物品，准备还给三个孩子。是请她们到办公室来当面还呢，还是在教室里当着全班同学还？我有些纠结。三个孩子在犯错之后，都一直很努力，尤其是小然，课堂上已经悄悄举手了，我也在第一时间给了她锻炼机会，她的计算能力有很大提高。单独还给她们，她们自然会接受。当着全班同学还，孩子们自然会评议。就让全班孩子说一说吧。散学典礼结束了，孩子们在教室里等着语文、数学老师讲话。"老师今天要归还一些物品。"我对全班同学讲道。我先把计算器还给了小然，请她带回家交给家长。我再把剪刀还给了乐乐，乐乐马上把剪刀收到文具袋里了。"还有小瑛的书。"一个孩子在下面说了一声。"对，老师也要把《马小跳玩数学》还给小瑛。""到了期末，我发现她们都很认真，今天，我也就履行我的承诺，物归原主。希望同学们以后能专时专用，该干这件事儿的时候再干。"我讲完了，却发现下面举起了一些小手，"琦琦，你想说什么？""我妈妈告诉我，小学的计算都要自己算，不能用计算器，要不然，很多的计算都不会。""阿杰，你呢？""我想对乐乐说，我也喜欢剪纸，但我上课的时候不会剪，我会手工课的时候剪。""小宇，你想对谁讲？""我要告诉小瑛，要学会控制自己，学会合理安排时间，专时专用。""小雅，你也想说？""我想对她们说，你们知错能改，好样的！"小然也举手了，"我想感谢老师，信守了承诺。"此时，我无须多语，一个小小的物品归还仪式，已经将诚实的价值观慢慢根植于孩子心间。

教化无痕，播下诚信的种子，收获向上的力量。

一封写给老师的信
——基于价值观的教育叙事

成都师范附属小学华润分校 李中奇

今天，我收到了小女孩儿写给我的信。确切地说，是写在她日记里的信。这周，孩子的新老师批改她的日记时，惊喜地发现这封信，将它拍给了她妈妈，孩子妈妈连忙发给了我，这封"信"才辗转来到我手中。

我没想到我对孩子的影响这么重大。我只记得，上一次见她，是在我离开同学们半年后悄悄地回到班上，推门而入的那个午后。临近期末考试，教室里闹哄哄的，笼罩着六月的燥热与不安，沉浸在自习中的小家伙们有的在预习，有的在写作业，他们并未察觉我回来了。

是的，我在心里构想过多次这样的场景，我想趁他们不注意出现在他们面前，我想让孩子们一抬眼就发现奇奇老师真的在眼前，我猜这样的情境一定也在小家伙们的脑海中出现过千百遍。我悄悄地站在讲台旁，几秒钟后，坐在第一排的一位孩子终于抬头看到了我。这孩子先是愣了一愣，然后张大嘴巴，惊讶得失声，好半天才终于小声地喊道："奇奇老师？！"这时，教室里的同学才陆陆续续抬头，目光都投到了我身上。

先前教室里的轻声躁动一下子变得寂静。接着，孩子们瞪大了眼睛，好几秒钟，教室里突然爆发出一阵尖叫、惊呼，纷纷大喊道："天哪！奇奇老师！奇奇老师回来啦！"孩子们有的拍桌子，有的从座位上跳了起来，有的孩子一下子眼圈红了，半晌说不出话来。

他们立马围到我身边，我走一步，他们就跟着我走一步，我走到办公室，全班同学都跟着我涌进办公室。我说："孩子们，你们不用送我，快回去准备上课吧。""不，不，奇奇老师，我们就想跟着你。"我感到身后无数双依依不舍的目光包围着我，照耀着我。

人群边缘，女孩儿也默默无声地追随着我，她红着眼睛浅浅地笑着、望着我。此时孩子们一个接一个地挤着上前拥抱我，大家迫不及待地和我诉说好多故事。女孩儿安静地排在同学身后，默默地等在离我不远处。她似乎想上前一步，但总是被别的同学插了队；她鼓足勇气张了张嘴，像有很多话想说，但话到嘴边又紧紧地咬住了嘴唇；她伸出手可能想拉拉我，但手伸到了半空又犹豫地退回去。

我注意到了人群中的她。半年不见，她一下子长高了好多！齐肩的短发含蓄地垂在耳后，脸庞泛着淡淡的红；身上原本宽松的粉白T恤衫，被她一下子长高的身体穿成了紧身衣，微微内含的双肩含着青春期常见的羞涩与不安。她并不是相貌出众的孩子，性格也比较内向，可能因为这方面原因，一些同学不愿意和她做朋友，她也因此有些不自信。但我能从她每周交来的周记中了解到，即便如此，她依然真诚地渴望纯真的友谊。她常常将她的心思写在每周交给我的周记中，她那敏感细腻的文字让我深深地感受到一颗善良柔软的内心。我想，她平时不太爱说的话，全包含在文字里了。

人群中，我叫住了她。"小×，快过来，让奇奇老师抱抱你。"她像获得了许可令般，惊喜地向我迈了一步。

我伸出双手，大大地向她敞开，她也伸出双手，轻轻地、含蓄地，双手绕过我的后背搭在我的肩上。

这时她踮起脚，小心翼翼地凑到我的耳边："奇奇老师……我……我有个秘密想告诉你。"

"什么秘密呢？"

"下学期……我……可能要和你永别了。"

孩子说永别，把我吓了一跳："为什么要永别呢？"

"因为……可能要转学了。"

"傻孩子，这不叫永别，这只是离开。"我摸摸她的头，"奇奇老师也有个秘密要告诉你。"

她很惊喜，期待地凑近了耳朵。我悄悄地凑到她耳旁，一字一句、认真地说："孩子，你很漂亮！"那一刻，她愣住了，对于我的这个秘密她毫无准备，"相信我，在奇奇老师心里，你非常漂亮。你是一个美丽、善良、可爱的姑娘。无论下学期你在不在我们班级，你都永远是奇奇老师爱的孩子。"突然，我感到她的身体微微地颤抖。这次，她紧紧地抱着我，久久不放。当她终于依依不舍地松开手时，我发现她已经悄悄湿润了脸颊，红了眼眶。

回到家里，我接到孩子妈妈打来的电话："奇奇老师，今天孩子一回到家就好高兴啊！她兴奋得手舞足蹈，迫不及待地告诉我和她爸你回来了！连她自己也说这是她半年以来最开心的一件事情。"孩子妈妈抑制住激动的情绪接着说，"她还说你们分享了一个秘密，但是她怎么也不肯告诉我们是什么……"

电话里，孩子妈妈还告诉我，上学期孩子写过一篇关于我的作文，被她锁了起来怎么也不肯给别人看；这学期，孩子转学了，孩子妈妈告诉我，在新的班级里，孩子的写作常常是班级里的最高分。

昨天，我收到孩子妈妈发来的QQ消息，点开一看，是孩子教师节写的作文——一封致老师的信。怀着愉悦的心情点开读了，却不知从哪一个字开始，我已热泪盈眶。

在心中播下尊重和友善的种子

成都师范附属小学华润分校　　王　捷

　　班上有一位名叫小可的男孩子，只要你和他一接触，便能发现他的独特之处：酷爱沉默，没有交流。他课间趴在桌上，根本不理任何人；除了上厕所，起身更是不可能。你叫他的名字，他抬头看你一眼，又趴了下去，更多的时候头也不抬。课间操也不会运动，直直地站在那，自己不会觉得拘谨。你问他问题，得到的几乎永远是沉默；当你再多问几遍，他便到处乱跑……

　　是的，这个孩子被诊断出患有孤独症。知道这个信息的我，心里紧了紧。现在才开学，孩子们对小学有着新鲜感、好奇心。面对这样沉默的、不会沟通又不会保护自己的孩子，他们会怎么做呢，回去又会怎么和自己的父母进行转述呢，其他父母会焦虑吗？我陷入了沉思。

　　我发现小可虽然不与任何人说话，但是他的专注力特别强，还特别爱看书，知识比同龄孩子更为丰富。一天我悄悄翻了翻孩子的语文书，发现他在书上画了好多思维导图，上面标注着很多连我也不清楚的知识。才一年级，已经可以进行三位数、四位数的加减法了。

　　于是，在一节班会课上，我让科任老师把小可请到办公室，我给孩子们上了一节特别的班会课：每个人都是不同的，我们都是平等的，我们要尊重每个人，要对每个同学都持有友爱、友善之心。在不伤害他人的前提下，我们每个人都可以选择自己舒服的方式来生活。你可以选择活泼开朗，我也可以选择沉默寡言，只要在这种状态中我们感到快乐。小可就是这样一个懂得遵从自己内心选择的孩子，他可以选择和你们少说话，就像你们选择多说话、多跳蹦一样。这不奇怪，每个人的选择我们都要尊重，我们要去关爱每个同学。

　　接着，我把小可的语文书投影到了屏幕上。毫无意外地得到一阵阵惊叹，"原来他虽然不说话，但他懂得这么多呀。"孩子们对他肃然起敬，都觉得小可是我们班的学霸，特别地崇拜他。

当一个人去崇拜另一个人的时候，他的奇怪，也就不奇怪了。孩子们学着去尊重他的沉默和特别。当班级竞选小小管理员时，小可得到的票数是最高的，几乎满票！在孩子的心中播下一颗平等、友善、尊重他人的种子，我相信，在今后的成长过程中，他们会拥有更多美好的体会。

电话风波

成都师范附属小学华润分校　袁晴芩

我激情澎湃地讲课，孩子们专注聆听，他的双手却在抽屉下面写着什么。我悄悄地靠近他，脚步越来越近。"啪嗒"一声，一个本子从抽屉掉到了地上。我正要去捡，他却一个箭步冲过去将本子捡起来攥在手里。我伸出手，要他把本子给我，他却将本子放到身后。我生气地说："现在是上课时间！"他依然不给。其他小朋友小声议论着，我又补上一句："那我只有给你妈妈打电话了。"他才慌了神，不情愿地将本子摔在桌子上，挑衅地说："我讨厌数学，讨厌你！"

这一句"讨厌数学、讨厌你！"深深刺激到我，我得捋一捋我和小智之间的故事了。

有一次，他上课时玩尺子，我反复提醒，他依然我行我素。于是，我就将尺子没收了。没想到，他却淡淡地说了一句："老师是要把尺子收去给你的女儿用吧！"下课后，我给小智妈妈打电话告状，妈妈连连道歉，并表示一定配合。第二天上课，小智乖多了。

还有一次，我给学生发奖品——薯条。发完后，还剩下两袋，于是，我顺手捡回袋子里。没想到，小智嘟嘟囔囔道："老师要带回去给你女儿吃。"想到上次家校沟通效果很棒，我向小智妈妈又告一状。第二天，小智果然又变好了。

平常上课，我对小智一直严格要求，盯着他做作业，催着他改错。这会不会让他心生不满？这些难道不是我作为老师应该做的吗？我百思不得其解，于是拨通了小智妈妈的电话，把她请到学校，进行了一次深度交流。

家校沟通，了解心结

原来被我没收的尺子是他的心爱之物，没有吃到的薯条也是他的最爱，而我每一次告状之后，他的"听话"都是源于他妈妈的一顿狠揍。这一次次的"劫"，在他心里慢慢结成了大大的"结"。而他把这一切都归因到老师身上，所以上课的时候在本子上写一些关于我的笑话来表达内心的不满，却恰好被我发现，直到我又搬出要给他妈妈打电话这一"法宝"激怒了他，才有了开头的一幕。

抓住契机，打开心结

那次他最喜欢的活动——华润市集，差点又成了另一场"浩劫"。小鹏从市集上买了一根魔术棒，回教室后不翼而飞。小智手上恰好出现了同款，他断定是小智拿的，还有同学证实小智没有买过魔术棒，矛头指向小智。

只见小智冲出去找来送他魔术棒的外班小朋友替他证明，而这个小朋友也澄清了魔术棒是他送的。

我看着小智着急的模样，选择了相信他，并开始调查魔术棒的去处，果然有小朋友捡到了，并还给了小鹏，刚刚满脸愤怒的他，此刻看我的眼神多了一些信任、感激。

巧用对策，化解心结

虽然小智有时态度松懈，但他是一个聪明的孩子，我想与其长期批评他作业糟糕，追着他改错，不如让他成为我的小助手，去监督改错情况。当我当着全班同学宣布任命小智为我的小助手后，他的眼神充满激动。自此，他上课积极了，作业认真了，改错主动了。我知道，他对我的敌意化解了。

冰冻三尺非一日之寒，小智的坏习惯在短时间内虽有了改善，但还是会不时出现反弹。有时候不改错，有时候没有履行小助手的职责，但我不再像从前那样，只盯着他的缺点批评，更多的是发现并放大他的优点。我发现越表扬，他就越有学习的劲头，到现在，他已是一名称职而优秀的小助手。我深深体会到了夸奖对于孩子的神奇力量。

教育是一门"仁而爱人"的事业，爱是教育的灵魂，没有爱就没有教育，教师应当把爱作为永恒的主题融入教育工作中。我们每一位教师都应该严爱相济、润己泽人，以人格魅力呵护学生心灵，把自己的温暖和情感倾注到每一个学生身上。今后，我会更细心、更耐心地分析学生行为背后的原因，用爱与信任助力学生成长，让每一个孩子都有人生出彩的机会。

一张"特殊"的留言条

成都师范附属小学华润分校　　杨　慧

初春三月，乍暖还寒。忙碌了一天，送别学生回到办公室，我正准备梳理第二天的教学工作。桌上一张便利贴吸引了我，上面的话让我震惊不已："杨老师，你是个傻大个，不分青红皂白就冤枉我，祈祷你晚上睡不好觉。"瞬间，仿佛空气都凝固了，我的大脑"嗡"地一下，空白一片，像午夜的电视，满屏闪烁的都是雪花点，过了好几秒才感觉到心口开始刺痛起来。教了二十多年书了，第一次遇到这种公然留字条骂我的事。在这之前我一直认为自己是一名对工作认认真真，对事公平公正，对学生也是关爱有加的好老师，我的自信心在这一刻被击得粉碎，这是出了什么事啊！我努力地回想着。我该怎么办？假装没看见？不行，我不能做一只遇事退缩的鸵鸟，不然怎配做教育者。我心里暗下决心，一定要把这件事的原因找到，而且要处理好，挽回我在学生心中的美好形象。

我拿起纸条认真琢磨起来，人家说孩子是最纯真率性的，孩子一定感到委屈极了，才能写出这样一番话来。是什么事情让他感到如此委屈呢？又是谁留的纸条呢？虽没署名，但看书写，让我心中立刻闪现出小郑的身影。当天午管时，我在班上调查谁把我抄在黑板上的学生名单擦了一事，因一个同学表达不清楚，误会了小郑，但经同学的及时解释，我也没有批评他，就让他回了位置。我简直没当回事，如今看来小郑却把这件事当成了一件相当大的事，敏感脆弱的他觉得老师调查他就是怀疑他，冤枉了他，心里一定觉得委屈极了。小郑在我班年龄最大，因在外地上的幼儿园和一年级，与我们学校使用的教材差异较大，所以转来后又重新读了一年级。小郑刚来时，普通话说得不好，不喜欢和同学交流，显得有些孤僻。虽说年龄最大，但总觉得其他同学和他玩闹是在欺负他，非常没有安全感。老师问他话，他也总喜欢反着回答。但为了让他尽早地适应新的学习环境，老师们对他也是特别关爱。对于这样一个既有些敏感，又缺乏安全感的孩子，我想在处理这事上一定要注意方法。

第二天中午，我把他请到办公室里来，我没提纸条的事，就前一天中午的调查事件，问他："昨天老师请你来调查擦名单的事情，你是不是感觉特别委屈？"他有些理直气壮地答道："是啊！明明就不是我擦的。"呵！小家伙还气得不浅嘛。我诚恳地说："昨天误会了你，非常对不起。""我说我没擦过嘛，你还冤枉我。"他居然没有说"没关系"，而是继续嘟嘟囔囔的。我耐心地解释："老师也不是冤枉你，只是请你来调查情况，解释清楚了，就请你回了位置，是吧？"我接着说，"只是在没有调查清楚的情况下，老师就请你到了前面，确实有些不妥，在此老师向你道歉，你能原谅老师吗？"他摇了摇头带着一丝不易察觉的笑说："不原谅！"这简直让我大跌眼镜，我心里"咯噔"了一下，小家伙还得理不饶人了，怎么就遇到了这么不依不饶的孩子呢？我尽量克制住情绪，温柔地说："那你说说为什么呢？"他淡淡地说："没有原因。""老师不是给你道歉，说了'对不起'了吗？"他答道："说对不起有什么用？""说对不起，可以让受伤的人心里得到安慰呀。"我继续解释道。"可我还是受伤了啊。"我简直要崩溃了。

现在的学生和以前是大不同了，新时代的学生在社会的影响下发生了巨大的变化，他们追求平等，渴望被尊重，对老师的话不再是唯命是从，有自己的个性与思想，敢于表达自己的想法。看来我也要跟上时代的步伐，放下老师高高在上的优越感，蹲下来与学生平等地交流，用自身的宽容大度向学生做出示范，给学生做出表率，与学生建立起新型的师生关系，让学生充分张扬自己的个性，引导他们建立起健康的人格。想通了这些，我心情舒展开来，慢慢给他讲做人的道理："人要宽容大度，学会原谅别人，才能和别人友好相处，这也是男子汉应有的风度。"他轻松地说："可你们大人就喜欢冤枉人。"我一听，这话外有话呀，就问："难道还有其他人冤枉你了？"这一问，触动了他，他说："妈妈也总冤枉我。"说完，他的眼泪夺眶而出，我知道我打开了一道门，我什么也没说，抽了一张纸巾给他，他哭诉起来："妈妈总冤枉我拿了阿姨的买菜钱，我说我没有拿，妈妈认为我在撒谎，就是不相信我。"我认真地倾听着，他接着说："你想嘛，我有自己的零花钱，我怎么可能去拿买菜的钱嘛。"我冲他点点头表示我对他的信任。他的泪还在使劲地流着，我又递了一张纸巾过去："那你有没有和妈妈好好解释一下呢？"他用力抽了一下鼻子说："我同妈妈解释，她不听，她就说'好了，好了，不说了'。"我轻轻抚摸着他的背，安慰着。我明白了影响他性格的症结在哪儿了，他在家里就得不到家人的信任，得不到倾诉，所以他也不信任别人，缺乏安全感。多么可怜的一个孩子！我的心也由最初的些许气愤，慢慢地被同情占满了。教育孩子不能只看他们在学校的表现，还要了解他们学校之外的情况，这样你才能真正地认识他们，理解他们。

我们聊了许久，教了他一些怎么与同学交往，与家人交流的方法，直到他离开，我都忘了谈纸条的事。在接下来的大半学期里，他在我的课堂上举手明显积极了，和同学的谈笑也多了，看见我会主动对我微笑，时不时地还跑到办公室里来看看我在干什么，有时主动找话题和我聊聊。六一儿童节那天，每个孩子都领到了一把糖果，他拿到后就马上跑到我面前说："杨老师，我请你吃糖。"他举着糖果的那一刻，我的心就已经甜得融化了。我知道他已经把我当朋友了，一个能理解他，关爱他的朋友。此刻我的内心充满了自豪和骄傲。

新时代的老师是学生学习上的引领者，生活中的朋友，只有放低自己的身段，和学生平等交流，你才能真正走进学生的内心。这件事不仅挽回了我在他心中的美好形象，更让我走进了孩子的内心。我发现当蹲下身来，和学生朋友似的平等交流，就能打开孩子的心窗，看到一个个不一样的世界，而我拥有这样一个个精彩的世界，我是何等的幸福啊！

以爱培诚信之根，用情铸道义之魂

成都师范附属小学华润分校　马立君

刚开学的一次课间，我坐在办公室里休息。门轻轻被推开了，一个小女生脚步踉跄，眼含泪光，缓缓步入。见状，我连忙站起身，温柔地询问："孩子，你这是怎么了？"她哽咽着，断断续续地告诉我："是某某，他……他把我推倒了。"这句话如同一阵微风，轻轻吹皱了我心中的平静湖面。平日里，我常常叮嘱孩子们"走路要慢慢走，不许跑，要互相谦让，不能推搡"。却未料到还是发生了这样的意外。我立即吩咐旁边的小朋友去把那个男生找来。

不久，男生被带了进来。他的眼中也泛起了泪光，坚定地否认："老师，我没有推她，是她自己跑的时候摔倒的。"而女生则坚决反驳，双方各执一词，气氛一时凝重。我一边安抚着受伤的女生，为她处理伤口，一边用略显严厉的口吻询问男生。然而，没想到男生大声地哭起来："我没有推她，是她自己摔倒的，不信你问其他同学。"他的哭诉让我开始怀疑起事情的全貌。女生立刻反驳道："我没有跑，是你在跑。"为了查明真相，我转而询问其他在场的同学，真相逐渐浮出水面：男生在前面跑，女生在后面追，不慎摔倒。得知这一结果，我转而看向那位女生，语气柔和了许多："孩子，你当时是不是也在跑呢？"她点了点头，泪眼婆娑中透露出几分羞愧。"那，有人推你吗？"我进一步追问。她轻轻地摇头，声音细若蚊蚋。这时，我意识到，这是一个教育她为人诚信的绝佳时机。我轻轻握住她的手，耐心地告诉她："孩子，诚实是一种美德，它比金子还要宝贵。每个人都会犯错，但勇于承认错误，并努力改正，才是我们最应该做的。"接着，我为她讲述了《狼来了》的故事，她听得入神，眼中闪烁着思考的光芒。我问她："狼来了这个故事里的小朋友做法对吗？你想成为那样因撒谎而失去大家信任的小朋友吗？"她真诚地看着我的眼睛说不愿意，今后一定会成为一个诚实守信的孩子。

最终，她鼓起勇气，在全班同学面前承认了错误，并向那位男生诚恳地道了歉。那一刻，我看到了她内心的成长与蜕变。为了鼓励她的勇敢行为，我在全班面前表扬了她，并希望其他同学也能从她身上学到诚信的可贵。

这个案例深刻地提醒我们，面对孩子成长中的小插曲，尤其是诚信教育的关键时刻，我们应当采取一系列具体而有效的做法。

首先，保持冷静与耐心是首要原则。当孩子出现不当行为或说谎时，我们应避免立即发火或严厉指责，而应深呼吸，给予自己与孩子一个冷静下来的空间。

　　接下来，倾听孩子的声音是关键。我们要耐心听取孩子的解释和感受，尊重他们的立场，这有助于我们更全面地了解事情真相，同时也让孩子感受到被尊重和理解。同时，我们要明确表达诚信的重要性。用简单易懂的语言向孩子解释为什么诚实是一种美德，以及它如何影响我们的人际关系和社会信任。此外，营造一个充满爱与支持的家庭氛围和学校环境也至关重要。我们要让孩子感受到无论他们犯了什么错误，我们都会站在他们身边支持他们、帮助他们成长。

　　相信他们那颗诚信的种子会在心中生根发芽，在生活的点滴中变得枝繁叶茂。